典藏風華，品悅智識

典藏閣

智慧，

不是死的默念，而是生的沉思。

——巴魯赫·斯賓諾莎（Baruch de Spinoza）

典藏風華，品悅智識

典藏閣

智慧，

不是死的默念，而是生的沉思。

——巴魯赫·斯賓諾莎（Baruch de Spinoza）

神拿分

核心選文15篇 國寫滿點神功略

國學大師 **遲嘯川** / 編著

讀書破萬卷，下筆如有神

在研討一〇八年度的高中國語文新課綱之初，從文言和白話之間的比例調整，再到文言文推薦選文的篇目內容，無不吵得沸沸揚揚，令衆人宛如霧裡看花。從舊課綱的三十篇核心選文，再到新課綱的十五篇推薦選文，還有大考試題中越來越冗長的文言文、白話文閱讀題，都令家長和學生無所適從，不知道該如何應對。

而目前已經正式獨立爲一個考科的國文寫作能力測驗（簡稱國寫），更是家長、學生、教師皆頭痛的一大問題。寫作本來就是學生們苦惱的一大科目，該「寫什麼」？又該「怎麼寫」？如今國寫測驗的巨大變革，使得作文題型更加靈活、考試時間越加縮短、作文分數佔比加重。這些無不使得如今的學子們，不再能單靠著「背多分」，就輕鬆高分通過學測國文考試；而是必須活學活用，在國寫測驗中兼顧寫作內涵和形式技巧，才能成功獲得閱卷老師的認同與感動，才能在考場上順利迎戰他人。

在這場國文大考混戰中，究竟要不要閱讀文言文？應該學習哪些文言文？該如何研讀文言文？又該如何準備毫無考試範圍的國寫測驗呢？編者認爲，唯有在解答這些問題之後，才能在這新舊課綱交接的震蕩時期殺出一條血路，成爲考場黑馬。

語言是具有生命力的，隨著時代的發展演化，不斷地有新辭彙、充滿創造力的文法揉入人們的日常生活，讓語言得以豐厚飽滿，展現它的無限可能。所以，換個角度思考，除了向上關注語言現階段的發展之外，人們也不可不向下探索使得語言能夠生機勃勃的歷代文學。歷代文學是經過時間淬鍊而留存下來的寶貴資產，它不僅是國語文教育中重要的組成部分，也是文化的底蘊以及文學的養分。唐代詩史杜甫曾說：「讀書破萬卷，下筆如有神。」現在的大考國文測驗和國寫測驗皆強調閱讀、理解、分析等各方面的能力，唯有持續不斷地閱讀，才能輕鬆應對長文閱讀題和靈活的國寫題。所以，閱讀文言文以及學習文言文，正是面對現今國文測驗和國寫測驗的最佳法寶。

是故，編者根據現階段教育現場考生學習與教師教學的需求，完整輯錄教育部最新頒定的十五篇推薦選文，包含《鹿港乘桴記》、《畫菊自序》等最新關鍵篇章，並且收錄古文鑑賞、說文解字、白話賞析、國學常識、修辭薈萃、成語集錦、高手過招、旁徵博引八大單元，兼顧研讀古文的深度與廣度，讓讀者完整精讀十五篇必考文言文。編者更精心編寫國寫測驗說明以及國寫ＳＯＰ，不僅收錄大學入學考試中心官方內容，更包含編者詳細整理的國寫步驟，讓考生們能一手掌握最新且最正確的大考資訊，輕鬆應對來勢洶洶的國寫試題。最後，獨家收錄國寫一〇六年試辦題、一〇七年試題、一〇八年模擬題，讓學子們在應考之前率先掌握考古題，了解最新國寫題型的出題方向，以利考生面對學測新國文。

本書的每一篇文言文均先從原文、註釋、翻譯等單元著手，幫助讀者掌握基本知識和考試內容，再輔以修辭薈萃，詳細剖析文章內的各種修辭、章法、句式和體裁，深入淺出地引導讀者從古文中學習國寫技巧，並且提供課外的例句閱讀與說明，以利舉一反三。除此之外，還提供各篇章的國學常識，在閱讀文學作品的同時，更增進讀者的文學涵養，在考場上得以實際應用。另外，豐富的考古題與編者自編的試題演練，則讓讀者馬上驗收學習成果，事倍功半。最後，更旁徵博引與該篇有關的歷史背景、人物簡介、延伸閱讀等相關知識，讓你不僅僅讀完關鍵十五篇文言文，更加深加廣自己的國學資料庫。

就讓本書打通你的古文任督二脈，全方位操練你的國文即戰力。帶你輕鬆應對新舊課綱交接的震盪時期，高分通過感性與知性的國寫測驗，打敗學測考場上的眾多神對手，成爲你迎戰學測新國文的最佳神隊友！

編者　謹識

目錄

目錄

目錄

目錄

依文體檢索

依文體檢索

一、文言文十五篇

1

秦和兩漢

燭之武退秦師

作者簡介

左丘明（生卒年不詳），為《左傳》和《國語》的作者。據說左丘明是春秋時期的盲人史官，與孔子同時代或在其前。漢代司馬遷《史記》稱其為「魯君子」，又說他失明或無目。左丘明知識淵博，品德高尚，孔子曰：「巧言、令色、足恭，左丘明恥之，丘亦恥之；匿怨而友其人，左丘明恥之，丘亦恥之。」《左傳》重記事，《國語》重記言，《左傳》為解釋歷史著作《春秋》的作品。

出處：左傳
出題率★★★★★

古文鑑賞

晉侯、秦伯圍鄭，以其無禮於晉❶，且貳於楚也❷。晉軍函陵，秦軍氾南。

佚之狐言於鄭伯曰❸：「國危矣，若使燭之武見秦君❹，師必退。」公從之。辭曰：「臣之壯也，猶不如人；今老矣，無能為也已。」公曰：「吾不能早用子❺，今急而求子，是寡人之過也。然鄭亡，子亦有不利焉！」許之。

夜縋而出❻，見秦伯。曰：「秦、晉圍鄭，鄭既知亡矣。若鄭亡而有益於君，敢以煩執事❼。越國以鄙遠❽，君知其難也。焉用亡鄭以陪鄰❾？鄰之厚，君之薄也。若舍鄭以為東道主❿，行李之往來⓫，共其乏困⓬，君亦無所害。且君嘗為晉君賜矣，許君焦、瑕，朝濟而夕設版焉⓭，君之所知也。夫晉，何厭之有⓮？既東封鄭⓯，又欲肆其西封⓰。若不闕秦⓱，將焉取之？闕秦以利晉，唯君圖之。」秦伯說⓲，與鄭人盟。使杞子、逢孫、楊孫戍之，乃還。

子犯請擊之⑲，公曰：「不可！微夫人之力不及此⑳。因人之力而敝之㉑，不仁；失其所與㉒，不知㉓；以亂易整㉔，不武。吾其還也。」亦去之㉕。

【說文解字】

❶以：因爲。❷貳：違背、叛離，此爲依附之意。❸佚之狐：鄭大夫。❹燭之武：鄭大夫。❺子：古代對男子的尊稱。❻縋：繩索。此處指用繩子綁住身體，從城牆上往下放。❼執事：左右辦事的人。此處爲敬詞，指秦穆公。❽鄙：邊疆。此處作動詞使用，以……爲疆界。❾陪：增厚、增強。鄰：晉國。❿東道主：鄭國作爲東路上的主人，必須招待來往的秦國使者。因鄭國在秦國東面，故稱之，後泛稱接待或宴請賓客的主人。⓫行李：使者。⓬共：通「供」。⓭設版：指築城備戰。版，古時築牆所用的木夾板。⓮厭：通「饜」，滿足。⓯封：疆界。此處作動詞使用，以……爲疆界。⓰肆：放肆，此處指極力擴張。⓱闕：損害。⓲説：通「悦」。⓳子犯：即狐偃。晉大夫，晉文公的舅父。⓴微：非、沒有。夫人：指秦穆公。㉑敝：敗壞、損害。㉒所與：同盟者。㉓知：通「智」。㉔亂：指秦、晉兩國同盟破裂，互相征戰。易：代替。整：指秦、晉兩國和睦相處。㉕去：離去。

翻譯賞析

晉文公、秦穆公率軍圍攻鄭國，因爲鄭文公曾經對晉文公無禮，而且在與晉國交好的同時，又同時依附楚國。當時晉軍進駐函陵，秦軍進駐氾南。

鄭國大夫佚之狐對鄭文公說：「國家情勢告急，若派大夫燭之武去見秦穆公，一定能使敵人的軍隊撤退。」鄭文公採納了他的建議。然而燭之武卻推辭道：「我年輕力壯時，尚且比不上別人；如今老了，更辦不好事。」鄭文公說：「我不能及早重用您，直到危急的關頭才來請求您，這是我的過錯。但如果鄭國因此滅亡，對您也沒有好處啊！」燭之武聽了覺得也有道理，便答應他。

夜裡，燭之武用繩子縛住自己，從城牆上下來，到秦軍營拜見秦穆公。燭之武說：「現在，秦、晉兩國圍攻鄭國，鄭國人知道自己就要滅亡了。如果滅亡鄭國對您有好處，那還得麻煩您呢！越過他國佔領遙遠的國家作為自己的邊境，您一定知道其中的困難。又何必滅掉鄭國以增強鄰國的實力呢？鄰國實力的增強，就等於削弱秦國的實力啊！若您放棄攻打鄭國，並將它視為東方為秦國準備食宿的主人，貴國的使者經過這裡，鄭國便供應他們缺乏的東西，這對您也沒有什麼害處。再說，您曾經協助晉惠公回國繼位，他答應把焦、瑕兩地送給您作為酬謝，可是他早晨才剛渡過黃河，傍晚就修築城牆防備您，這是您知道的。晉國又怎麼會滿足於小小的鄭國呢？等到晉國東邊的疆土擴展到鄭國，勢必會接著擴張西部。如果不侵犯秦國，那他要從哪裡獲得土地呢？如此損害秦國而謀利於晉國之事，希望您能好好考慮。」秦穆公聽後非常高興，於是決定和鄭國聯盟，派杞子、逢孫、楊孫守衛鄭國，自己率軍回國。

此時，子犯請求出兵襲擊秦軍。晉文公說：「不行！如果沒有秦穆公的幫助，我也不會有今天。受過他人的幫助卻反過頭來危害他人，這是不講仁義；失去自己的盟友，這是不明智；用交戰來代替結盟，這是不勇武。我們還是回去吧！」於是晉軍也撤離了鄭國。

國學常識

一、經部三傳——《左傳》、《公羊傳》、《穀梁傳》

①**總論**：《春秋》爲儒家「五經」之一，是現存中國古代第一部編年體史書。而解釋《春秋》的著作主要有《左傳》、《公羊傳》、《穀梁傳》，合稱爲「三傳」。唐代時期，「三傳」正式列入九經之列。

②**《春秋》**：主要記載從魯隱公元年至哀公十四年（西元前七二二年—西元前四八一年），共二百四十二年，各諸侯國之間的重大歷史事件，內容包括政治、軍事、經濟、文化、天文氣象、物質生產、社會生活等諸多方面。《春秋》相傳爲孔子所作，孟子說：「世道衰微，邪說暴行有作，臣弒其君者有之，子弒其父者有之，孔子懼，作《春秋》。」他認爲孔子在《春秋》中寄寓了自己的政治理想和主張，以供後人效法。

③**《左傳》**：亦作《春秋左氏傳》、《左氏春秋》。《漢書．藝文志》認爲是春秋時期的左丘明所撰。《左傳》以文史見長，記事詳實，多用事實解釋《春秋》，所記載的事件甚至比《春秋》多出十七年。《左傳》記載的思想對後世影響極大，其史學、文學、美學的價值尤其顯赫。

④**《公羊傳》**：亦作《春秋公羊傳》、《公羊春秋》。相傳爲子夏傳授公羊高，而公羊一氏口耳相傳，至漢景帝時，由公羊壽與胡毋生寫定。《公羊傳》以問答形式解經，著重闡釋《春秋》的「微言大義」，發揚其中的政治觀點和社會理念。經過董仲舒的宣揚，《公羊傳》在漢代具有崇高的地位。

⑤**《穀梁傳》**：亦作《春秋穀梁傳》、《穀梁春秋》。相傳爲子夏所傳授，戰國時由穀梁赤所撰。據後人考證，《穀梁傳》亦經過口授，在西漢時始寫定，成書應晚於《公羊傳》。《穀梁傳》的體裁和《公羊傳》相似，亦側重傳《春秋》之「義理」，但其地位與影響則不及《左傳》和《公羊傳》。

修辭薈萃

一、**婉曲**：以委婉、含蓄、暗示的言辭表達本意。

例1：臣之壯也，猶不如人；今老矣，無能為也已。

✩Tips. 委婉地表達「君王為何不早重用我」之意。

例2：柳原笑道：「這一炸，炸斷了多少故事的尾巴！」流蘇也怡然，半晌方道：「炸死了你，我的故事就該完了。炸死了我，你的故事還長著呢！」柳原笑道：「你打算替我守節嗎？」（張愛玲《傾城之戀》）

✩Tips. 委婉地表達「柳原用情不專」之意。

二、**設問**：文句中故意採用詢問語氣，以引起讀者注意的修辭技巧。

提問 先假設問題激發讀者疑惑，再說出答案。有引起注意、加深印象、凸顯論點的效果。

激問 又名「反問」或「詰問」，為激發本意而問。表面上雖然沒有說出答案，但其實答案就在問題的反面，所以「問而不答」。

懸問 作者內心確實存有疑惑，並刻意將此疑惑說出詢問。

例1：焉用亡鄭以陪鄰？鄰之厚，君之薄也。

✩Tips. 激問。

例2：夫晉，何厭之有？既東封鄭，又欲肆其西封。

✩Tips. 激問。

高手過招（＊為多選題）

請閱讀下文，並回答1—2題。【一〇七年學測試題】

在發現澳洲之前，舊世界的人相信所有的天鵝都是白的——這個想法其實沒有錯，因為它和實證現象完全吻合。但只要一隻黑天鵝，便足以讓一個基於白天鵝被看到千萬次所形成的認知失效。出乎意料的黑天鵝事件，說明了人們從觀察或經驗所學到的事物往往有其侷限。人們無力預測黑天鵝事件，也顯示了人們無從預測歷史發展。但黑天鵝事件發生後，人們又會設法賦予它合理的解釋，好讓它成為是可預測的。因此，許多學說總在黑天鵝事件後出現。

雖然令人難以置信的黑天鵝事件經常衝擊現有的局勢，但我們如果願意反知識操作，或許可以從中僥倖獲利。事實上，在某些領域——例如科學發現和創業投資，來自未知事件的報酬非常大。發明家和企業家往往注意雞毛蒜皮的小事，並在機會出現時認出機會。（改寫自Nassim Nicholas Taleb《黑天鵝效應．前言》）

1.（　）下列敘述，符合作者看法的是：

A.黑天鵝事件向來離奇，人類的經驗難以理解。

B.留意細微徵兆，有助於防範黑天鵝事件發生。

C.投資致富的關鍵，便是懂得避開黑天鵝事件。

D.科學研究若出現黑天鵝事件，可能翻轉知識。

2.（　）下列作品中人物始料未及之事，最接近黑天鵝事件的是：

A.《三國演義》：曹操沒料到，赤壁在冬天會吹東南風。

B.《儒林外史》：胡屠戶沒料到，女婿范進能鄉試中舉。

C.〈燭之武退秦師〉：鄭伯沒料到，鄭國能倖免於秦晉聯軍。

D.〈馮諼客孟嘗君〉：孟嘗君沒料到，薛地百姓會夾道相迎。

＊3.（　）「一分耕耘，一分收穫」之語意關係可以是「如有一分耕耘，則得一分收穫」，下列文字前後句具有相同語意關係的選項是：【一〇六年學測試題】

A.怨不在大，可畏唯人。

B.聞道有先後，術業有專攻。

C.若鄭亡而有益於君，敢以煩執事。

D.斧斤以時入山林，材木不可勝用也。

E.人之不廉而至於悖禮犯義，其原皆生於無恥也。

4.（　）下列文句中的「焉」字，何者用來表達「疑問」的語氣？

A.為機變之巧者，無所用恥「焉」。

B.上有好者，下必有甚「焉」者矣。

C.越國以鄙遠，君知其難也。「焉」用亡鄭以陪鄰？

幸福人生
成功創業學
11/16 六
13:30 ~ 21:00
B&J 保證教會您成功創業、財務自由之外，
更提升您的人生境界，富足一生！
定價：19800元
憑本票券
免費入場
★ 主講人 ★
王晴天
★ 主講人 ★
吳宥忠
地點：新店台北矽谷國際會議中心 大坪林站
新·絲·路·網·路·書·店
更多詳細資訊請上 silkbook ● com www.silkbook.com

D.古之聖人，其出人也遠矣，猶且從師而問「焉」。

5.（　）燭之武對秦伯說：「越國以鄙遠，君知其難也。焉用亡鄭以陪鄰？鄰之厚，君之薄也。」關於這段引文的意旨，下列敘述何者錯誤？

A.秦若取下鄭國為邊邑，亦難以越晉而常保。

B.秦攻鄭，徒以土地增益晉國。

C.秦晉相鄰，晉國增強，秦國便可減少軍事支出。

D.滅亡鄭國，將種下禍根。

6.（　）同一詞語在不同的語境中，常會產生不同的意思，下列「」內的詞語何者兩兩相異？

A.酒債「尋常」行處有，人生七十古來稀／歧王宅裡「尋常」見，崔九堂前幾度聞

B.居處恭，「執事」敬，與人忠／若鄭亡而有益於君，敢以煩「執事」

C.搖落深知宋玉悲，「風流」儒雅亦吾師／吾愛孟夫子，「風流」天下聞

D.晉侯、秦伯圍鄭，以其「無禮」於晉／秦師輕而「無禮」，必敗

7.（　）下列「」內成語的使用，何者不恰當？

A.做人要言而有信、重然守諾，絕不可以「朝濟夕版」。

B.林先生夫婦淡泊名利，即使身居陋屋、「簞食瓢飲」，兩人仍甘之如飴。

C.許多事情的弊端，皆由於執行者總是「空言立說」、疏忽細節所導致的。

D.克勤做事認真、積極奮取，常常「枵腹從公」，因此深得主管賞識。

8.（　）在古代，「東西南北」除了實指方向，亦可借代指稱身分。下列代稱何者正確？

A.「東道」指主人

B.「南面」指臣子

C.「西席」指大夫

D.「北面」指君王

解答：1.D 2.A 3.C D 4.C 5.C 6.B 7.C 8.A

旁徵博引

左傳　定公四年

定公四年。初，伍員與申包胥友。其亡也，謂申包胥曰：「我必復楚國！」申包胥曰：「勉之！子能復之，我必能興之。」

及昭王在隨，申包胥如秦乞師，曰：「吳為封豕、長蛇，以荐食上國，虐始於楚，寡君失守社稷，越在草莽，使下臣告急。曰：『夷德無厭，若鄰於君，疆埸之患也。逮吳之未定，君其取分焉。若楚之遂亡，君之土也。若以君靈撫之，世以事君。』」

秦伯使辭焉，曰：「寡人聞命矣。子姑就館，將圖而告。」對曰：「寡君越在草莽，未獲所伏，下臣何敢即安？」立依於庭牆而哭，日夜不絕聲，勺飲不入口，七日。秦哀公為之賦《無衣》，九頓首而坐。秦師乃出。

賞析

定公四年。一開始，伍員和申包胥交好。伍員逃亡的時候，對申包胥說：「我一定要讓楚國滅亡。」申包胥說：「好好努力吧！若你能滅亡它，我也一定能復興它。」

之後，昭王逃亡至隨國，申包胥前往秦國求救，說：「吳國就像大豬、長蛇一樣貪暴，屢次侵伐，吞食諸侯，最先被侵害的一定是楚國。我的國君不幸失守，現在逃亡至民間僻野之地，派下臣來報告急難。我的國君說：『那些夷人貪得無厭，如果他們滅了楚，便會和您成為鄰國，將成為您邊境的禍患。趁著吳國尚未平定楚國，您就趕快去奪取一部分的楚國土地吧！如果楚國就此滅亡，那一部分就是君王的土地了。如果您願意派兵救楚，那楚國世世代代的國君都將侍奉秦國。』」

秦伯派人辭謝，說：「寡人聽到您的求救了，您姑且到旅館安歇，等我們考慮好了再通知您。」申包胥回答：「我的國君遠在雜草叢林之中，我不知道他躲藏在哪裡，下臣怎敢到安逸的地方啊！」說完，他便靠著院牆號哭，七天七夜哭聲不斷。秦哀公為他做了一首賦，名為《無衣》，申包胥這才叩頭九次，然後坐下。最後，秦軍出兵救楚。

大同與小康

作者簡介

《禮記》是孔子的學生及戰國時期儒家學者的作品。西漢戴德將稍早於他的劉向所收集的一百三十篇綜合簡化，共得八十五篇，稱為《大戴禮記》。後來其姪戴聖又將《大戴禮記》簡化刪除，得四十六篇，再加上〈月令〉、〈明堂位〉和〈樂記〉，共四十九篇，稱為《小戴禮記》。

出處：禮記‧禮運
出題率★★★☆☆

古文鑑賞

昔者，仲尼與於蜡賓❶，事畢，出游於觀之上❷，喟然而嘆。仲尼之嘆，蓋嘆魯也。言偃在側❸，曰：「君子何嘆？」

孔子曰：「大道之行也❹，與三代之英❺，丘未之逮也❻，而有志焉❼。大道之行也，天下為公❽；選賢與能❾，講信修睦。故人不獨親其親，不獨子其子❿；使老有所終，壯有所用，幼有所長，矜⓫、寡⓬、孤⓭、獨⓮、廢⓯、疾者皆有所養⓰。男有分⓱，女有歸⓲。貨惡其棄於地也，不必藏於己；力惡其不出於身也，不必為己。是故謀閉而不興⓳，盜竊亂賊而不作，故外戶而不閉。是謂『大同』。

今大道既隱，天下為家⓴，各親其親，各子其子，貨力為己；大人世及以為禮㉑；城郭溝池以為固；禮儀以為紀——以正君臣，以篤父子，以睦兄弟，以和夫婦；以設制度，以立田里；以賢勇知，以功為己。故謀用是作，而兵由此起㉒。禹、湯、文、武、成王、周公，由此其選也。此六君子者，未有不謹於禮者也。以著其義㉓，以考其信，著有過，刑仁講讓㉔，示民有常㉕。如有不由此者，在勢者去㉖，眾以為殃。是謂『小康』。」

【說文解字】

❶與：參加。蜡：於歲末大祭萬物的祭禮。賓：協助祭祀之人。❷游：通「遊」，閒遊、散步。觀：古代宮門外懸掛告示的地方。❸言偃：字子游，孔子弟子。❹大道：至公至正之道，儒家理想的治國之道。❺三代之英：指夏、商、周的英明君主，如禹、湯、文、武等。❻逮：及、趕上。❼志：通「誌」，記。❽天下爲公：君位傳賢不傳子，天下爲大家所共有共享。❾與：通「舉」，選舉。❿不獨親其親，不獨子其子：第一個「親」爲動詞，親愛。第一個「子」作動詞，慈愛。⓫矜：通「鰥」，老而無妻。⓬寡：老而無夫。⓭孤：幼而無父。⓮獨：老而無子。⓯廢：殘廢。⓰疾：久治不癒的疾病。⓱分：職業。⓲歸：古代女子出嫁稱爲「歸」。⓳謀：損人利己的奸謀。⓴天下爲家：天子將天下視爲自己的私產。㉑大人：在位者。世：父子相傳。及：兄終弟及。㉒兵：戰爭。㉓著：闡明。㉔刑：通「型」，典範。㉕示：昭示。㉖在勢：在位。

翻譯賞析

從前，孔子參與魯國歲末祭祀大典時，擔任助祭的賓客。典禮結束後，他走到宮闕附近遊覽，忍不住長長嘆了一口氣。孔子這聲嘆息，大概是在嘆息魯國祭典不夠周全吧！弟子言偃跟在他身邊，於是問道：「先生爲什麼嘆息呢？」

孔子說：「五帝實行大道之治和三代賢君當政時，我雖然來不及看見，但是古籍上都有記載。大道推行的時候，統治者將天下視爲衆人共有的天下。選舉有道德、有能力的人出來做事，講求信用，敦修和睦。每個人不只敬愛自己的父母，不只愛護自己的子女，對他人的長輩和晚輩也抱有同樣的心。所有老年人都能得到妥善的照顧，壯年人都有工作得以回饋社會，年幼的孩童都能健康成長、獲得良好的教育，鰥夫、寡婦、孤兒、無子無女的老年人、殘廢久病的人們都能獲得良好的安頓。男人都有工作，女人都有歸宿。沒有人浪費資源，衆人皆發展社會並與他人分享。每個人都貢獻自己的力量，而且不僅僅是爲了自己。所以，國家沒有陰謀暗算的行爲，盜匪惡徒也不再有機會爲非作歹，甚至連晚上睡覺時，庭外的大門都不用關閉上鎖。這就是『大同』。

如今大同之治已不存在，天下爲一家一姓所獨佔。每個人都只敬愛自己的父母，只愛護自己的子女，財寶、資源都只供自己享用，也只肯爲了自己努力。統治者以「父死子繼、兄終弟及」爲制度，修建內外城及護城河以抵禦外敵、鞏固政權，將禮儀作爲綱紀——用以匡正君臣分際、敦厚父子情誼、和睦兄弟關係、調和夫妻情感。又擬定了各種制度，開墾田地、建造房屋，推崇有智謀、有勇力的人，讓他們爲統治者建功立業。因此，國家開始出現陰謀詭計，戰爭禍亂也由此發生。夏禹、商湯、周文王、周武王、周成王、周公用禮義治理天下、選拔人才。這六位有才德的君子，沒有一位不遵守禮制、不注重規範。他們以禮明白規範應該做的事，以禮考驗臣民的誠信，以禮清楚昭示臣民的罪過，以仁德爲典範並講究禮讓，並且頒布人民必須遵守的常規。如果不能遵守禮法行事，即使是在位者也會被罷黜，因爲人民都把他視爲罪魁禍害。這就是『小康』。」

國學常識

一、**《禮記》簡介**

①**作者**：漢代班固於《漢書．藝文志．六藝略》自注：「七十子後學所記。」可見《禮記》應出自孔子弟子及其後學之手。

②**創作源始**：古人閱讀《儀禮》時，將悟出的道理附記在《儀禮》中。後來，《儀禮》的空白處被記滿，因此另取簡片記載。久而久之，其內容逐漸脫離《儀禮》，進而開始廣泛討論許多與禮相關的事宜，因此獨立成書為《禮記》。

③**正名**：因附於《儀禮》之後，故稱為《禮記》。

④**篇章**：原有劉向所收集的一百三十篇，漢代戴德選取八十五篇，綜合簡化為《大戴禮記》；後來，其姪戴聖選四十六篇，再加上〈月令〉、〈明堂位〉和〈樂記〉，共四十九篇，為《小戴禮記》。《大戴禮記》至隋、唐時期已散佚大半，如今僅留傳三十九篇，而《小戴禮記》則成為今日通行的《禮記》。

⑤**內容**：儒家禮治主義、人格教育之典籍，為古代生活大全、禮學叢書。其中〈大學〉、〈中庸〉兩篇已獨立為《四書》之一。

⑥**注疏**：漢代鄭玄注（鄭玄有「經神」之稱）、唐代孔穎達正義。

二、**三禮比較**

①**《周禮》**：古文經。原名《周官》，是理想中的官制，為中國最早的一部職官治事政典。後〈冬官〉亡佚，以〈考工記〉代替。

②《禮記》：今文經。解釋禮儀程序之緣由，本附於《儀禮》之後，後獨立成書。

③《儀禮》：今文經。記載周、秦許多禮儀的程序，在漢代被稱爲《禮》。

成語集錦

一、**講信修睦**：講求誠信，相處親善和睦。

原典 大道之行也，天下為公；選賢與能，講信修睦。

書證 1：朕唯自古小國之君，境土相接，尚務講信修睦。（明代宋濂《元史．日本傳》）

二、**夜不閉戶**：夜間不須關門防竊賊。後用以比喻社會安寧，盜賊絕跡。

原典 是故謀閉而不興，盜竊亂賊而不作，故外戶而不閉。是謂「大同」。

書證 1：君臣一心，不肆干戈，不行殺伐，行人讓路，夜不閉戶，路不拾遺，四方瞻仰，稱為西方聖人。（明代陸西星《封神演義》）

高手過招（＊為多選題）

＊1.（　）民生富裕一向被視為立國的基礎。下列文句，蘊含此一「藏富於民」思想的選項是：

A.貨惡其棄於地也，不必藏於己。

B.百姓足，君孰與不足？百姓不足，君孰與足？
C.老者衣帛食肉，黎民不飢不寒，然而不王者，未之有也。
D.河海不擇細流，故能就其深；王者不卻眾庶，故能明其德。
E.穀與魚鱉不可勝食，材木不可勝用，是使民養生喪死無憾也，王道之始也。

2.（　）**古文常有同為一字而詞性不同的現象，其中又以先動詞而後名詞的用法較常見。下列文句中的選項何者不屬於此種用法？**
A.「賢」「賢」易色，事父母能竭其力。
B.楚威王聞莊周賢，「使」「使」厚幣迎之。
C.不獨「親」其「親」，不獨「子」其「子」。
D.於是齊侯以晏子之「觴」而「觴」桓子。

3.（　）**《大同與小康》一文中對於「大同」與「小康」的闡述，何者有誤？**
A.大同強調以「天下為公」，小康則強調以「天下為家」。
B.在經濟方面，大同強調「貨力為己」，小康則強調「貨力不必為己」。
C.在政治方面，大同強調「選賢與能」，小康強調「大人世及以為禮」。
D.在社會方面，大同強調「人不獨親其親」，小康強調「各親其親」。

4.（　）**下列「」中的解釋，何者正確？**

解答：1. B C E　2. D　3. B　4. A

A. 男有分，女有「歸」：女子出嫁

B. 丘未之「逮」也：捕抓

C. 老有所終，幼有所「長」：擅長

D. 以「篤」父子：忠厚

旁徵博引

禮記．曲禮上　人生十年

人生十年曰「幼」，學；二十曰「弱」，冠；三十曰「壯」，有室；四十曰「強」，仕；五十曰「艾」，服官政；六十曰「耆」，指使；七十曰「老」，而傳。八十、九十曰「耄」，七年曰「悼」。悼與耄，雖有罪，不加刑焉。百年曰「期」、「頤」。

賞析

人的一生，十歲時稱為「幼」，開始外出就學；到了二十歲時稱為「弱」，舉行加冠之禮；三十歲時稱為「壯」，可以結婚，成立家室；四十歲時稱為「強」，可以出仕小官；五十歲時稱為「艾」，可以執掌一方，治理大眾之事；六十歲時稱為「耆」，可以憑藉經驗指導他人做事；七十歲時稱為

「老」，應把工作傳承後人。八十、九十歲時稱為「耄」，七歲以下的兒童稱為「悼」。即使這些兒童和八十、九十歲的老人犯了罪，也不得施以刑罰。百歲稱為「期」、「頤」。

禮記．檀弓上　成子高寢疾

成子高寢疾，慶遺入請曰：「子之病革矣！如至乎大病，則如之何？」子高曰：「吾聞之也：『生有益於人，死不害於人。』吾縱生無益於人，吾可以死害於人乎哉？我死，則擇不食之地而葬我焉！」

賞析

成子高臥病在床，慶遺進入寢室請示：「您的病已經很危急了，如果遭遇不測的時候，該怎麼處理後事呢？」子高說：「我聽說：『活著的時候要有益於人，死後也不要為害他人。』雖然我活著的時候無益於人，但是，死後難道就可以為害他人嗎？我死了之後，就幫我選擇一塊不毛之地安葬吧！」

諫逐客書

作者簡介

李斯（西元前二八四年—西元前二〇八年），楚國上蔡人，為秦代著名政治家、文學家和書法家。李斯和韓非拜師荀子學習帝王之術，後協助秦王嬴政統一天下，推行郡縣制，主張「書同文，車同軌」，以小篆為標準書體，並且統一全國貨幣制。始皇三十四年，建議銷毀民間所藏詩、書等百家之學，又坑殺儒生，史稱「焚書坑儒」。司馬遷著《史記》，將李斯和趙高並寫為〈李斯列傳〉。

出處：史記．李斯列傳
出題率★★☆☆☆

古文鑑賞

秦宗室大臣皆言秦王曰❶：「諸侯人來事秦者，大抵為其主遊間於秦耳❷，請一切逐客❸。」李斯議亦在逐中。斯乃上書曰：

「臣聞吏議逐客，竊以為過矣❹。昔穆公求士，西取由余於戎❺，東得百里奚於宛，迎蹇叔於宋❻，來丕豹❼、公孫支於晉。此五子者，不產於秦，而穆公用之，并國二十，遂霸西戎。孝公用商鞅之法，移風易俗❽，民以殷盛❾，國以富彊，百姓樂用❿，諸侯親服⓫，獲楚、魏之師⓬，舉地千里⓭，至今治彊。惠王用張儀之計，拔三川之地⓮，西并巴、蜀，北收上郡，南取漢中。包九夷，制鄢、郢，東據成皋之險，割膏腴之壤，遂散六國之從⓯，使之西面事秦，功施到今⓰。昭王得范雎，廢穰侯，逐華陽，彊公室⓱，杜私門⓲，蠶食諸侯⓳，使秦成帝業。此四君者，皆以客之功。由此觀之，客何負於秦哉？向使四君卻客而不內⓴，疏士而不用，是使國無富利之實，而秦無彊大之名也。

今陛下致昆山之玉，有隋和之寶㉑，垂明月之珠，服太阿之劍，乘纖離之馬㉒，建翠鳳之旗㉓，樹靈鼉之鼓㉔。此數寶者，秦不生一焉，而陛下說之，何也？必秦國之所生然後可，則是夜光之壁，不飾朝廷；犀象之器，不為玩好；鄭衛之女㉕，不充後宮；而駿馬駃騠㉖，不實外廄；江南金錫不為用，西蜀丹青不為采。所以飾後宮，充下陳㉗，娛心意，說耳目者，必出於秦然後可，則是宛珠之簪，傅璣之珥㉘，阿縞之衣㉙，錦繡之飾，不進於前㉚；而隨俗雅化，佳冶窈窕㉛，趙女不立於側也。夫擊甕叩缶，彈箏搏髀㉜，而歌呼嗚嗚快耳者，真秦之聲也；鄭、衛、桑間㉝，韶虞㉞、武象者㉟，異國之樂也。今棄擊甕叩缶而就鄭、衛，退彈箏而取韶、虞，若是者何也？快意當前，適觀而已矣㊱。今取人則不然，不問可否，不論曲直，非秦者去，為客者逐。然則是所重者在乎色、樂、珠、玉，而所輕者在乎人民也。此非所以跨海內㊲，制諸侯之術也。

臣聞地廣者粟多，國大者人眾，兵彊者士勇。是以泰山不讓土壤㊳，故能成其大；河海不擇細流㊴，故能就其深；王者不卻眾庶，故能明其德。是以地無四方，民無異國，四時充美，鬼神降福，此五帝三王之所以無敵也㊵。今乃棄黔首以資敵國㊶，卻賓客以業諸侯㊷，使天下之士退而不敢西向，裹足不入秦，此所謂藉寇兵而齎盜糧者也㊸。

夫物不產於秦，可寶者多；士不產於秦，而願忠者眾。今逐客以資敵國，損民以益讎，內自虛而外樹怨於諸侯，求國無危，不可得也。」

秦王乃除逐客之令，復李斯官。

【說文解字】

❶宗室：與國君同一宗族的貴族。❷間：離間。❸客：指當時在秦國任官做事的外國人。❹竊：私下。謙詞，用以謙指自己不成熟的見解。❺由余：晉國人，原本在西戎任職，後來秦穆公設法使他投奔秦國。❻蹇叔：百里奚的朋友，住在宋國，經百里奚推薦入秦，被封爲上大夫。❼來：通「徠」，招攬、網羅。❽移風易俗：轉移風氣，改良習俗。❾以：因此。殷盛：繁盛、充足。❿樂用：樂於被使用，意指願意爲國出力。⓫親服：親近順從。⓬獲楚、魏之師：楚宣王三十年，秦封商鞅於商，南侵楚。秦孝公二十二年，商鞅擊敗魏軍，俘魏公子卬，得魏河西之地。⓭舉：攻取、佔領。⓮拔：攻取。⓯六國之從：指韓、魏、趙、齊、燕、楚聯合抗秦的合縱政策。從，通「縱」。⓰施：延續。⓱彊：通「強」，加強。⓲杜：限制。⓳蠶食：比喻漸進式侵佔他國土地。⓴向使：假使。卻：拒絕。內：通「納」。㉑隋和之寶：指隋侯之珠與和氏之璧，都是古代著名的珍寶。㉒纖離：駿馬名。㉓翠鳳之旗：以翠羽製成的鳳形旗飾作爲裝飾的旗幟。㉔靈鼉：一種類似鱷魚的爬行動物，其皮可以製鼓，鼓聲洪亮。㉕鄭衛之女：當時的人們認爲鄭、衛之地多美女。㉖駃騠：良馬名。㉗下陳：台階下姬妾歌舞的地方。㉘傅：通「附」，附著。璣：不圓的珠。珥：耳環。㉙縞：白色的絲織品。㉚進：呈獻、奉上。㉛佳冶：美好艷麗。㉜髀：大腿。㉝桑間：古代衛地名，爲淫風流行的地方。又比喻靡靡亡國之音。㉞韶虞：相傳爲虞舜時的樂曲名稱。㉟武象：周武王時的樂曲。㊱適：僅、只。㊲跨：凌駕，比喻統一。㊳讓：捨棄、拒絕。㊴擇：排除。㊵五帝：指黃帝、顓頊、帝嚳、唐堯、虞舜。三王：指夏禹、商湯、周文王。㊶黔首：秦代稱百姓爲黔首。黔，黑色。㊷業：此處作動詞使用，意爲促成其事。㊸藉：借。齎：贈送、給予。

翻譯賞析

秦國宗族大臣們皆上奏秦王：「各諸侯國派來侍奉秦國的人，大多是在替他們的君主進行遊說、離間，請將這些人驅逐出境吧！」李斯也在商議要被驅逐的名單中。於是，李斯便上書秦王：

「聽說官吏們建議趕走客卿，我認爲這樣做是錯誤的。

從前，穆公訪求賢士，從西邊戎族選拔了由余，從東邊的楚國宛縣得到了百里奚，從宋國迎來了蹇叔，從晉國延攬了鄒豹和公孫支。這五個人，都不是土生土長的秦國人，可是穆公重用他們，因此兼併了二十個小國，稱霸西戎。孝公採納商鞅的新法，轉移風氣、改變習俗，百姓因此興旺富足，國家因此繁榮富強，人民都樂意爲國效力，各諸侯國都對秦國親善歸服。秦國戰勝了楚、魏的軍隊，攻取了上千里的土地，使得秦國至今仍然安定強盛。惠王採用張儀的計策，攻取了三川的土地，向西吞併了巴、蜀，向北收得上郡，向南奪取漢中，佔領了廣大的少數民族地區，控制了楚國的鄢、郢，向東佔據了成皋的天險地勢，取得了大片肥沃的土地，終於瓦解了韓、魏、趙、齊、楚、燕六國的合縱聯盟，使他們都敬畏、侍奉秦國，這番功勞一直延續到今天。昭王得到范雎，廢除穰侯，驅逐華陽君，加強王室的權力，限制豪門貴族的勢力，逐步吞併諸侯各國，使秦國得以成就帝王的霸業。這四位君主，都是憑藉著客卿的協助才得以成功。由此看來，客卿又有什麼地方損害、虧負秦國呢？假使這四位君主拒絕接納客卿，疏遠賢士而不重用，那麼國家就沒有富足的實力，秦國也無法獲得如此強大的聲威了。

如今陛下得到了崑崙山的寶玉，有了隋侯珠、和氏璧，懸掛著光如明月的珍珠，佩帶著太阿寶劍，乘坐名爲纖離的駿馬，豎起用翠羽裝飾的彩旗，架設著鼉皮製成的大鼓。這些寶物皆不產自秦國，可是陛下非常喜愛它們，這是爲什麼呢？若一定要使用秦國出產的物品，那麼夜光璧就不能裝飾朝廷，犀牛角和象牙製的器物就不能玩賞，鄭、衛兩國的美女就不能充盈後宮，駿馬良驥就不該佔滿陛下的馬棚，江南產的銅錫便不該拿來製作器物，西蜀的顏料就不能用以彩繪。凡是裝飾後宮的珠玉、在台階下歌舞的姬妾、娛樂賞玩的器物、愉悅耳目的音樂圖畫等，都非得要出產於秦國才可使用，那麼嵌著宛珠的簪子、鑲著小珠的耳環、東阿白絹做成的衣服、錦繡製成的飾物，就不能進獻到您面前；那些打扮時髦、艷麗苗條的趙國女子也就不能侍奉在您的身邊了。至於那些敲打著瓦甕瓦缽，彈著竹箏，拍著大腿打拍子，歌聲嗚嗚以滿足聽覺享受的，才是秦國眞正的音樂；鄭、衛、桑間的音樂，以及《韶虞》、《武象》，都是他國的音樂。如今您拋棄敲打瓦器而欣賞鄭、衛的音樂，撤走竹箏而選擇虞舜的樂曲，這樣做又是爲了什麼呢？還不是貪圖一時的享樂，僅爲了賞心悅目罷了。如今您選用人才卻不是依據這樣的道理，不問適不適宜、正不正確，只要不是秦國人就要他離開，凡是客卿就趕走。這樣的行爲，說明您所重視的是女色、音樂、珍珠、寶玉，卻輕視人才，這可不是統一天下、制服諸侯的好方法啊！

我聽說廣大的土地上糧食收穫豐富，廣闊的國家中人口衆多，擁有精銳武器的兵士便勇往直前。泰山不拒絕細微的土壤，所以能形成高大的山勢；河海不排除細小的河流，所以能成就自身的深廣；君主不拒絕任何庶民，所以能彰顯他的厚德。因此，地不分東西南北，人民不分本國他國，四季都富庶美好，鬼神都願意降福，這就是五帝、三王稱霸天下的原因。現在您竟然要拋棄百姓去資助敵國，驅逐客卿去成就他國諸侯的事業，使天下的賢士都退縮畏懼而不敢向西，腳步躊躇遲疑而不肯進入秦國，這就是借武器給敵人，送糧食給盜賊啊！

這些物品雖然不產於秦國，但還是有很多值得珍藏；這些賢士雖然不是出生於秦國，但還是有很多人願意效忠。如今驅逐客卿資助敵國，損害百姓增加敵國的力量，使得國家內部空虛，並與各諸侯國結怨，卻仍希望國家安定百姓富庶，這是不可能的！」

秦王看完李斯的書信後，便撤銷逐客的命令，恢復了李斯的官職。

國學常識

一、奏議類文體

①**功能**：古代朝臣向君王言事的公文，屬應用文兼論說文。

②**異稱**：先秦稱「上書」或「書奏」；兩漢分爲「章」、「奏」、「表」、「議」四類，而後有「疏」、「彈事」、「策」、「封事」等異名；宋代俗稱「劄子」；明清統稱爲「奏摺」或「摺子」。

③**種類**：章以謝恩、奏以按劾、表以陳請、議以執異。

④**例作**：進策——宋代蘇軾《教戰守策》；表——蜀漢李密《陳情表》、蜀漢諸葛亮《出師表》；疏——唐代魏徵《諫太宗十思疏》；書——秦代李斯《諫逐客書》。

成語集錦

一、賞心悅目：形容情景美好，使心目都感到快樂舒暢。亦作「悅心娛目」、「蕩心悅目」。

原典 所以飾後宮，充下陳，娛心意，說耳目者，必出於秦然後可，則是宛珠之簪，傅璣之珥，阿縞之衣，錦繡之飾，不進於前。

書證 *1*：長篇短章，不為不多，然半屬套語，半屬陳言，求一首清新俊逸，賞心悅目者，迥不可得。（《人中畫·風流配》）

書證 *2*：果然湖光山色，令人賞心悅目。（清代吳趼人《近十年之怪現狀》）

二、裹足不前：包纏腳部，不往前行。形容有所顧忌而停止腳步，不敢向前。

原典 使天下之士退而不敢西向，裹足不入秦，此所謂藉寇兵而齎盜糧者也。

書證1：今玄德素有英雄之名，以困窮而來投，若殺之，是害賢也。天下智謀之士，聞而自疑，將裹足不前，主公誰與定天下乎？（明代羅貫中《三國演義》）

書證2：藉以正額虧缺為名，日加苛斂，以致商賈傾家蕩產，裹足不前，乃使物價昂貴，於民生大有虧損。（清代昭槤《嘯亭雜錄．關稅》）

書證3：本江畹香中丞之舊宅。余初以少賤，不得其門而入。及為張觀察所得，又以素無謀面之雅，裹足不前。（清代梁章鉅《歸田瑣記．容園》）

修辭薈萃

一、排比：用結構相似的句法，接二連三地表現同範圍、同性質的意念。

例1：臣聞地廣者粟多，國大者人眾，兵彊者士勇。

例2：是以泰山不讓土壤，故能成其大；河海不擇細流，故能就其深；王者不卻眾庶，故能明其德。

例3：天變不足畏，祖宗不足法，人言不足恤。（元代脫脫《宋史．王安石傳》）

高手過招

1.（　）下列各篇內容與其所屬文體，敘述最適當的是：【一〇七年指考試題】

A.《師說》：韓愈追述儒道先師，屬探究事物本源的論辯體。

B.《諫逐客書》：李斯揣摩秦王心理，陳述逐客之弊，屬奏疏體。

C.《諫太宗十思疏》：魏徵逐一評述太宗所提的十種治道，屬注疏體。

D.《勸和論》：鄭用錫為避免械鬥，代官府勸導百姓，屬上對下的詔令體。

2.（　）下列是一段古文，請依文義選出排列順序最恰當的選項：「始皇初欲逐客，（甲）則以客為無用，（乙）於是任法而不任人，（丙）既并天下，（丁）因李斯之言而止，謂民可以恃法而治。」

A.丙甲乙丁

B.丙乙甲丁

C.丁乙丙甲

D.丁丙甲乙

3.（　）閱讀下文，並推斷它所強調的重點為何？

泰山不讓土壤，故能成其大；河海不擇細流，故能就其深；王者不卻眾庶，故能明其德。

A.高山深河，才能鞏固王業。

B. 風調雨順，才能深得民心。
C. 擇善固執，才能長保基業。
D. 廣納人才，才能成就功業。

4.（　）下列選項「」中的字，何者意思兩兩相同？
A. 卻賓客以「業」諸侯／「業」精於勤，荒於嬉
B. 當仁，不「讓」於師／泰山不「讓」土壤，故能成其大
C. 有顏回者好學，不遷怒，不貳「過」／臣聞吏議逐客，竊以為「過」矣
D. 孝公用商鞅之法，移風「易」俗／趙惠文王時，得楚和氏璧。秦昭王聞之，使人遺趙王書，願以十五城請「易」璧

5.（　）下列各句文義解讀，何者有誤？
A.「今取人則不然，不問可否，不論曲直，非秦者去，為客者逐。」「不問可否」意謂：不問才能的優劣。
B.「有道之士，貴以近知遠，以今知古，以所見知所不見。」「有道之士」意指：有仁義道德涵養之人。
C.「夫風無雄雌之異，而人有遇不遇之變。」「遇不遇之變」意指：得志與不得志的差別。
D.「若夫為不善，非才之罪。」「非才之罪」意指：不是天性本質的過錯。

6.（　）關於《諫逐客書》、《陳情表》、《出師表》三篇文章的比較，何者為非？

A.三篇皆屬於臣下上書君王的文章。

B.《諫逐客書》以秦國四君廣徵賢士而使秦強盛的史實，力陳逐客之弊；《出師表》以西漢「親賢臣，遠小人」而富強的史實，勉勵後主。

C.《諫逐客書》被奉為秦代奏議文之代表作；《陳情表》、《出師表》則被選為抒情文之佳作。

D.依四庫全書分類，三篇文章均歸於「集」部。

解答：1. B　2. D　3. D　4. C　5. B　6. D

鴻門宴

出處：史記．項羽本紀
出題率★★☆☆☆

作者簡介

司馬遷（西元前一四五年—西元前九〇年），字子長。漢武帝天漢二年，李陵兵敗被俘，滿朝文武百官都認為李陵叛降，全族當誅；唯獨司馬遷挺身而出，為李陵辯護。然而漢武帝卻認為他是暗示自己用人不當，造成軍事失利，因此將司馬遷下獄，判處死刑。由於沒有足夠的金錢贖身，司馬遷只得接受腐刑。出獄後，司馬遷發憤撰寫史書，完成中國第一部紀傳體通史——《史記》。

古文鑑賞

楚軍夜擊，阬（ㄎㄥ）秦卒二十餘萬人新安城南❶；行略定秦地❷。至函谷關，有兵守關，不得入。又聞沛公已破咸陽，項羽大怒，使當陽君等擊關。項羽遂入，至於戲西。沛公軍霸上❸，未得與項羽相見。沛公左司馬曹無傷使人言於項羽曰：「沛公欲王（ㄨㄤˋ）關中❹，使子嬰為相，珍寶盡有之。」項羽大怒，曰：「旦日饗士卒❺，為擊破沛公軍！」當是時，項羽兵四十萬，在新豐鴻門；沛公兵十萬，在霸上。范增說項羽曰：「沛公居山東時，貪於財貨，好美姬；今入關，財物無所取，婦女無所幸❻，此其志不在小。吾令人望其氣❼，皆為龍虎，成五采，此天子氣也。急擊勿失。」

楚左尹項伯者，項羽季父也，素善留侯張良❽。張良是時從沛公，項伯乃夜馳之沛公軍，私見張良，具告以事❾，欲呼張良與俱去，曰：「毋從俱死也。」張良曰：「臣為韓王送沛公，沛公今事有急，亡去不義❿，不可不語⓫。」良乃入，具告沛公。沛公大驚，曰：

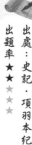

「為之奈何？」張良曰：「誰為大王為此計者？」曰：「鯫生說我曰⑫：『距關⑬，毋內諸侯⑭，秦地可盡王也。』故聽之。」良曰：「料大王士卒足以當項王乎⑮？」沛公默然，曰：「固不如也，且為之奈何？」張良曰：「請往謂項伯，言沛公不敢背項王也。」沛公曰：「君安與項伯有故⑯？」張良曰：「秦時與臣游⑰，項伯殺人，臣活之。今事有急，故幸來告良⑱。」沛公曰：「孰與君少長⑲？」良曰：「長於臣。」沛公曰：「君為我呼入，吾得兄事之。」張良出，要項伯⑳。項伯即入見沛公。沛公奉卮酒為壽㉑，約為婚姻，曰：「吾入關，秋毫不敢有所近，籍吏民㉒，封府庫，而待將軍。所以遣將守關者，備他盜之出入與非常也㉓。日夜望將軍至，豈敢反乎？願伯具言臣之不敢倍德也㉔。」項伯許諾，謂沛公曰：「旦日不可不蚤自來謝項王㉕。」沛公曰：「諾。」於是項伯復夜去。至軍中，具以沛公言報項王。因言曰：「沛公不先破關中，公豈敢入乎？今人有大功而擊之，不義也，不如因善遇之㉖。」項王許諾。

沛公旦日從百餘騎來見項王，至鴻門，謝曰：「臣與將軍戮力而攻秦㉗，將軍戰河北，臣戰河南，然不自意能先入關破秦，得復見將軍於此。今者有小人之言，令將軍與臣有郤㉘。」項王曰：「此沛公左司馬曹無傷言之；不然，籍何以至此？」項王即日因留沛公㉙，與飲。項王、項伯東嚮坐，亞父南嚮坐。亞父者，范增也。沛公北嚮坐，張良西嚮侍㉚。范增數目項王㉛，舉所佩玉玦以示之者三，項王默然不應。范增起，出召項莊，謂曰：「君王為人不忍。若入前為壽㉜，壽畢，請以劍舞，因擊沛公於坐㉝，殺之。不者，若屬皆且為所虜[34]。」莊則入為壽，壽畢，曰：「君王與沛公飲，軍中無以為樂，請以劍舞。」項王曰：「諾。」項莊拔劍起舞，項伯亦拔劍起舞，常以身翼蔽沛公[35]，莊不得擊。於是張良至軍門見樊噲。樊噲曰：「今日之事何如？」良曰：「甚急！今者項莊拔劍舞，其意常在沛公也。」噲曰：「此迫矣！臣請入，與之同命[36]！」噲即帶劍擁盾入軍門。交戟之衛士欲止不內，樊噲側其盾以撞，衛士仆地，噲遂入，披帷西嚮立[37]，瞋目視項王[38]，頭髮上指，目眥盡裂[39]。項王按劍而跽[40]，曰：「客何為者？」張良曰：「沛公之參乘樊噲者也。」項王曰：「壯士！賜之卮酒。」則與斗卮酒[41]。噲拜謝，起，立而飲之。項王曰：「賜之彘肩[42]。」則與一生彘肩。樊噲覆其盾於地，加彘肩上，拔劍切而啗之。項王曰：「壯士！能復飲乎？」樊噲曰：「臣死且不避，卮酒安足辭？夫秦王有虎狼之心，殺人如不能舉[43]，刑人如恐不勝[44]，天下皆叛之。懷王與諸將約曰：『先破秦入咸陽者王之。』今沛公先破秦入咸陽，毫毛不敢有所近，封閉宮室，還軍霸上[45]，以待大王來。故遣將守關者，備他盜出入與非常也。勞苦而功高如此，未有封侯之賞，而聽細說[46]，欲誅有功之人，此亡秦之續耳！竊為大王不取也[47]。」項王未有以應，曰：「坐。」樊噲從良坐。

坐須臾，沛公起如廁[48]，因招樊噲出[49]。沛公已出，項王使都尉陳平召沛公。沛公曰：「今者出，未辭也，為之奈何？」樊噲曰：「大行不顧細謹[50]，大禮不辭小讓[51]。如今人方為刀俎，我為魚肉[52]，何辭為？」於是遂去，乃令張良留謝。良問曰：「大王來何操[53]？」曰：「我持白璧一雙，欲獻項王，玉斗一雙，欲與亞父。會其怒[54]，不敢獻，公為我獻之。」張良曰：「謹諾。」當是時，項王軍在鴻門下，沛公軍在霸上，相去四十里55。沛公則置車騎56，脫身獨騎，與樊噲、夏侯嬰、靳彊、紀信等四人持劍盾步走57，從酈山下，道芷陽閒行58。沛公謂張良曰：「從此道至吾軍，不過二十里耳；度我至軍中59，公乃入。」沛公已去，閒至軍中，張良入謝，曰：「沛公不勝桮杓60，不能辭。謹使臣奉白璧一雙，再拜獻大王足下；玉斗一雙，再拜奉大將軍足下。」項王曰：「沛公安在？」良曰：「聞大王有意督過之61，脫身獨去，已至軍矣。」項王則受璧，置之坐上。亞父受玉斗，置之地，拔劍撞而破之，曰：「唉！豎子不足與謀62。奪項王天下者，必沛公也，吾屬今為之虜矣！」

沛公至軍，立誅殺曹無傷。

【說文解字】

❶阬：通「坑」，活埋。❷行：繼續進軍。略定：攻取平定。❸軍：駐軍。❹王：稱王。❺旦日：明日。饗：慰勞。❻幸：古代稱軍王親臨某地，或受到君王的親近、寵愛爲「幸」。❼望其氣：觀望對方居住地上空的雲氣，推斷其地位、命運等。相傳天子所在地上空的雲氣呈龍虎狀，並有五種色彩。❽素：一向。善：與……友好。❾具：全部。❿亡去：逃走、離去。⓫語：告訴。⓬鯫生：見識鄙陋的人，爲輕蔑讀書人之語。⓭距：守住。⓮內：使……進入。⓯當：通「擋」，抵擋。⓰有故：有交情。故，故舊之交。⓱游：通「遊」，交往。⓲幸：此處引申爲某人親自前來。⓳少長：年齡大小。⓴要：邀請。㉑奉：進獻。卮酒：酒杯，此處指一杯酒。爲壽：表示祝福。㉒籍吏民：調查戶口，登載於籍簿上。㉓備：防備。非常：突來的禍患、意外。㉔倍德：忘恩負義。㉕蚤：通「早」。謝：解釋、謝罪。㉖因善遇之：利用這次機會善待他。因，憑藉、利用。遇，對待。㉗戮力：努力、合力。㉘有郤：有嫌隙隔閡。郤，通「隙」。㉙因：就、乃。㉚嚮：通「向」，面對。㉛數目：屢次以目示意。數，頻頻、屢次。㉜若：你。㉝

因：趁機。㉞若屬：你們。㉟翼蔽：遮蔽、掩護。㊱同命：同生共死。㊲披：拉開。㊳瞋目：瞪大眼睛怒視。㊴眥：眼眶。㊵跽：長跪。古人以兩膝著地，跪而聳身挺腰爲「跽」。㊶斗：大酒杯。㊷彘肩：豬蹄的上半部。㊸舉：盡、全。㊹不勝：不夠重。㊺還軍：撤軍。還，返回。㊻細說：小人說的讒毀之言。㊼不取：不恥。㊽如：往、至。㊾因：趁機。㊿大行：大作爲。(51)不辭：不講究。(52)人爲刀俎，我爲魚肉：比喻自己受制於人，處於任人擺弄的境況。(53)操：攜帶。(54)會：適、值。(55)去：距離。(56)置：廢棄。車騎：成隊的車馬。(57)步走：徒步快跑。(58)道：經過。閒：近路、小路。(59)度：計算、估量。(60)桮杓：酒杯與杓子，借指飲酒。(61)督：責備。(62)豎子：小子，罵人的話。此處表面指項莊，實際上卻是在說項羽。

翻譯賞析

楚軍趁夜襲擊秦軍，在新安城南邊活埋了二十多萬投降的秦國士兵，並且繼續進軍攻取關中地區。楚軍來到函谷關時，有軍隊把守，無法進入；又聽說劉邦已經攻破咸陽，項羽不禁勃然大怒，派遣當陽君英布等人攻打函谷關。進入關內時，楚軍駐紮在戲水西邊；劉邦的軍隊則駐紮在霸上，兩軍尚未見面。劉邦的左司馬曹無傷派人告訴項羽：「劉邦想在關中稱王，任命子嬰爲相國，並且已經佔有了秦國全部的珍寶。」項羽聽了非常生氣，說：「明天好好犒賞士兵一頓，以便擊敗劉邦的軍隊！」此時，項羽擁有四十萬兵力，駐守在新豐鴻門；劉邦僅有十萬兵力，駐守在霸上。謀士范增勸告項羽：「劉邦在山東的時候，貪求財物，喜好女色；如今進入關中，既沒有佔取財物，也不親近美色，這就表示他的志氣不小。我曾派人觀察他居處上方的雲氣，呈龍虎的形狀，並顯現五彩紛騰的顏色，這是天子才有的氣象呀！您要趕快擊敗他，不要錯失大好機會。」

楚國左尹項伯是項羽的叔父，他一向跟留侯張良友好。張良此時正跟隨在劉邦身邊，項伯連夜策馬趕到劉邦的軍營，私下與張良會面，將項羽準備襲擊劉邦的事一五一十地告訴他，並勸說張良和他一起離開：「你別跟著劉邦一起送命呀！」張良說：「我替韓王護送劉邦到這裡，如今劉邦處境危險，如果我在此時逃走便是無義之人，我不能不知會他一聲。」於是張良走到營內，把整件事告訴劉邦。劉邦大吃一驚地問：「這該怎麼辦呢？」張良說：「是誰建議您把守函谷關的呢？」劉邦說：「有個淺陋無知的小人勸我：『守住函谷關，不要讓其他諸侯進來，您就可以完全佔領關中之地而稱王了。』所以我就採納了他的建議。」張良說：「您估算您的軍隊能夠阻擋項羽嗎？」劉邦沉默了一會兒，說：「當然比不上，那該怎麼辦？」張良說：「請讓我前去告訴項伯，就說沛公您是絕不敢背叛項王的。」劉邦說：「你怎麼會和項伯認識呢？」張良說：「在秦的時候，我們曾有過往來，他殺了人，是我救了他一命。現在事情緊迫，他特地前來告訴我。」劉邦說：「他和你相比，誰的年紀比較大？」張良說：「他的年紀比我大。」劉邦說：「你替我請他進來，我要以兄長之禮接待他。」於是，張良便走出來邀請項伯，項伯立即入營見劉邦。劉邦奉上一杯酒爲他祝壽，並相約結爲兒女親家，說：「我進入關中後，一絲一毫都不敢取用。我登記吏民的名單，整理居民的戶口名冊，查封倉庫內的珍物財寶，只爲了等候項王的到來。我之所以派遣軍隊把守函谷關，是爲了防備其他盜賊入侵和應付意外變故。我日夜盼望項王到來，哪裡敢反叛呢？希望您向項羽好好轉達我不敢違背道德、忘恩負義的實情。」項伯答應了，對劉邦說：「明天你一定要早一點來向項王道歉。」劉邦說：「好。」於是項伯又連夜趕回去。回到楚軍營時，項伯將劉邦的話詳細地向項羽報告，隨即說：「若非劉邦先攻破關中，您怎麼敢進入呢？如今人家建立了大功勞，您卻反而要攻打他，這麼做是有違道義的，不如好好接待他。」項羽答應了。

第二天，劉邦帶領一百多名隨從騎兵到達鴻門，親自向項羽謝罪：「我和將軍合力攻打秦國，將軍在黃河以北作戰，我在黃河以南作戰，沒想到我先進入函谷關打敗秦朝，並且能在這個地方見到將軍。現在因爲奸人的讒言，才造成將軍和我有些誤會。」項羽說：「這是你的部下左司馬曹無傷說的，不然我怎麼會這樣做呢？」項羽當天就留下劉邦參加宴會。項羽、項伯向東坐在首座；亞父向南坐──亞父就是范增；劉邦向北坐在下位；張良向西陪侍在側。席間，范增頻頻向項羽使眼色暗示，並多次舉起他所佩帶的王玦示意項羽動手殺了劉邦，項羽卻沉默沒有任何回應。於是范增起身走到外面，叫來項莊，對他說：「我們的大王爲人心腸太軟。你進去上前向他敬酒，敬完酒後，就請求舞劍助興，趁機把沛公刺死在座位上。否則，你們這些人將來都會成爲他的俘虜！」項莊進到裡面敬酒，敬完酒之後說：「大王和沛公飲酒，軍中沒有任何娛樂，請讓我舞劍爲大家助興吧！」項羽說：「好。」項莊拔出劍起舞，項伯也趕緊拔劍起舞，並不時用自己的身體擋住劉邦，使得項莊找不到刺擊劉邦的機會。這時張良急忙跑到營門口找樊噲，樊噲問：「現在情形如何？」張良說：「十萬火急！此刻項莊正在舞劍，他的目地是要對沛公下手。」樊噲說：「這太危險了！讓我進去跟他們拼命！」樊噲立刻帶著劍、提著盾牌奔向營門，手持長戟交叉護衛的士兵們想擋住他，樊噲側著盾牌用力一撞，衛兵跌倒在地。最後，樊噲闖了進去，掀開帳幕向西一站，瞪著項羽，憤怒得連頭髮都快豎起來，眼眶都要裂開了。項羽按著劍把，挺直上身，問道：「來者是誰？」張良說：「這是沛公的近身侍衛樊噲。」項羽說：「好一位壯士！賞他一杯酒喝。」侍從立刻端給他一大杯酒。樊噲拜謝後，就站著把它喝乾了。項羽說：「再賞他一隻豬肘子！」侍者就給他一隻生的豬肘子。樊噲把盾牌反扣在地上，再把豬肘子放在盾牌上面，拔出劍來，一塊一塊地切著吃。項羽說：「壯士！還能再喝嗎？」樊噲說：「我連死都不畏懼，區區幾杯酒還會推辭嗎？從前秦王有虎狼般的殘暴心腸，殺人唯恐不能殆盡，處罰人唯恐刑罰不夠殘酷，所以天下的人都反對他。楚懷王曾與各位將軍約定：『誰先攻入咸陽滅掉秦朝，就立他爲王。』而今沛公最先打敗秦軍，攻入咸陽，卻不敢碰城裡的任何東西，並封閉了宮室，命令軍隊退守霸上，等候大王您的到來。他會派將守關，也是爲了防備其他盜賊出入或擔心發生意外事故。沛公如此勞苦功高，您不但沒有給予封侯賞賜，反而聽信小人的話，想斬殺有功的人，這無疑是步上秦國滅亡的後塵，我個人認爲大王您是不該這樣做的！」項羽一時無話可說，就說：「坐下吧！」樊噲就挨著張良坐下。

沒多久，劉邦起身上廁所，趁機叫樊噲出來。劉邦出來以後，項羽派都尉陳平去叫劉邦。劉邦對樊噲說：「現在我們出來了，但是沒有向項王告別，怎麼辦？」樊噲說：「做大事不可拘泥小節，行大禮不必計較瑣碎禮儀。如今人家已經擺好菜刀和砧板，準備把我們當作魚肉宰割，還須要告別什麼呢？」於是劉邦決定不辭而別。臨走時，劉邦叫張良留下向項羽辭謝。張良問道：「大王您來時可帶了什麼禮物嗎？」劉邦說：「我帶來一對白璧，想獻給項王；一對玉斗，想送給亞父。但剛巧碰上他們在生氣，我不敢進獻，你替我獻給他們吧！」張良說：「好。」當時，項羽軍隊駐紮在鴻門，劉邦軍隊駐紮在霸上，相距四十里。劉邦留下隨從和車騎，單獨騎著馬，與樊噲、夏侯嬰、靳彊、紀信等四人拿著劍和盾牌快速離去，從驪山下經過芷陽抄近路逃走。劉邦臨行前對張良說：「從這條小路到我們軍營，大約二十里左右。你估計我已經到達營地時，才可進去。」劉邦離開以後，張良估計他已從小路回到營地，才進去致歉，說：「沛公不勝酒力，已經醉了，因此無法當面告辭，謹派我奉上一雙白璧，敬獻給大王；一對玉斗，贈送給大將軍。」項羽問道：「沛公現在在哪裡？」張良說：「他聽說大王可能責備他，已經先行離去，現已回到營地了。」最後，項羽只好收下白璧，把它放在座位上。范增接過玉斗，擱在地上，拔出劍把它擊碎，說：「唉！眞的不能與這小子共謀大事。將來奪去項王天下的人一定就是沛公，我們這些人都將成爲他的俘虜了！」

劉邦回到軍營以後，立刻殺掉左司馬曹無傷。

國學常識

一、《史記》簡介

① **文學、史學成就**：現代文學開山祖師魯迅譽之爲「史家之絕唱，無韻之〈離騷〉矣」。

② **體例**：中國歷史上第一部紀傳體通史、正史，全書一百三十卷，五十二萬六千餘字。上起黃帝，下迄漢武帝太初年間，記載約三千年史事。全書有〈本紀〉十二卷、〈表〉十卷、〈書〉八卷、〈世家〉三十卷、〈列傳〉七十卷，共由五個體例構成一個完整且統一的體系。

③ **內容**：〈本紀〉，記歷代帝王的世系和國家大事，以事繫年，爲全書大綱。以王朝的更替爲體系，用編年的方法纂錄歷史大事。〈世家〉，有一半以上記述春秋、戰國時期各諸侯興衰存亡的歷史。將孔子、陳涉列入〈世家〉，分別肯定孔子在教育文化上的貢獻，以及陳涉推翻暴秦的功業。〈列傳〉，爲作者首創。七十卷中絕大多數爲人物傳，專記歷史上的重要人物。除以事繫人，專記一人或數人的專傳、合傳之外，還有數篇類傳，收錄若干同類人物而記其行事。〈表〉，用表格譜列歷史大事件，和某些列傳不勝記載的人物活動。以簡明的表列形式，標註錯綜複雜的史實，使得歷史的發展脈絡更爲明晰。〈書〉，分題記述政治、經濟、天文、地理、典禮等制度沿革，可視爲分門別類的專史。

成語集錦

一、**秋毫不犯**：秋毫，秋天鳥獸所生的細毛，比喻極細微的東西。指絲毫不侵犯人民的利益。

原典 吾入關，秋毫不敢有所近，籍吏民，封府庫，而待將軍。

書證 1：振旅長途，號令清嚴，所過秋毫不犯，信賞分明，士卒咸思盡命。（南朝蕭繹《金樓子．興王》）

書證 2：秋毫不犯三吳悅，春日遙看五色光。（唐代李白《永王東巡歌》）

二、**勞苦功高**：形容做事勤苦而功勞巨大，多用以慰問和讚頌別人。

原典 勞苦而功高如此，未有封侯之賞，而聽細說，欲誅有功之人，此亡秦之續耳！

書證 1：將軍一出而平燕及代，奔馳二千餘里，方之乃父，勞苦功高，不相上下。（明代余邵魚、馮夢龍《東周列國志》）

修辭薈萃

一、**倒裝**：語文中特意顛倒文法或邏輯順序的句子。

例 1：財物無所取，婦女無所幸。

✪ Tips.「財物無所取，婦女無所幸」為「無取財物，無幸婦女」的倒裝。

例2：臣死且不避，卮酒安足辭？

☆Tips.「臣死且不避，卮酒安足辭」為「臣且不避死，安足辭卮酒」的倒裝。

例3：荀偃令曰：「雞鳴而駕，塞井夷，唯余馬首是瞻！」（《左傳．襄公十四年》）

☆Tips.「唯余馬首是瞻」為「唯余瞻馬首」的倒裝。

例4：文帝怒曰：「此人親驚吾馬，吾馬賴柔和，令他馬，固不敗傷我乎？而廷尉乃當之罰金。」（漢代司馬遷《史記．張釋之馮唐列傳》）

☆Tips.「吾馬賴柔和」為「賴吾馬柔和」的倒裝。

高手過招（＊為多選題）

請閱讀下文，並回答1—2題。【一〇七年指考試題】

世人論司馬遷、班固，多以固為勝，余以為失。遷之著述，辭約而事舉，敘三千年事，唯五十萬言。班固敘二百年事，乃八十萬言，煩省不敵，固之不如遷一也。良史述事，善足以獎勸，惡足以監誡。人道之常，中流小事，亦無取焉，而班皆書之，不如二也。毀貶晁錯，傷忠臣之道，不如三也。遷既造創，固又因循，難易益不同矣。又遷為蘇秦、張儀、范睢、蔡澤作傳，逞詞流離，亦足以明其大才。故述辯士則辭藻華靡，敘實錄則隱核名檢，此所以稱遷良史也。（張輔〈名士優劣論〉）

1.（　）依據上文的看法，《漢書》不如《史記》之處在於：

A. 取材雜蕪，有失精審。

B.抄撮眾說，有失創新。
C.隱惡揚善，有失客觀。
D.用詞典麗，有失質樸。

2.（　）上文述及「蘇秦、張儀、范雎、蔡澤」的用意，是為了說明司馬遷撰作《史記》：
A.能依所敘人物選用最合宜的筆法。
B.能發掘不被其他史家注意的史料。
C.善透過所敘人物寄寓其落拓之悲。
D.善學縱橫家言辭以充實史家才識。

*3.（　）古人的「名」和「字」有其內在聯繫，例如「甫」為「男子的美稱」，故杜甫字子美。請選出下列有關「名」與「字」的正確敘述：
A.《論語．先進》載子路、曾晢、冉有、公西華侍坐，子路自稱「由也為之」，冉有自稱「求也為之」；孔子則稱呼他們「求」、「赤」、「點」。這是因為子路名「由」，曾晢名「點」，冉有名「求」，公西華名「赤」。古時尊對卑稱名，卑對尊也自稱名。
B.先秦時代，為便於稱呼，常在「字」的前面加上排行，成為兩個音節，如「伯禽」、「仲尼」、「季路」等。
C.《史記．鴻門宴》中，項羽對劉邦自稱「籍」，是因其名「籍」字「羽」，自稱名以表示謙虛。

D.屈原名平字原，諸葛亮名亮字孔明，正是「名」和「字」意義相符的例證。

E.《韓非子．觀行》：「董安於之心緩，故佩弦以自急。」據此可以推論朱自清自覺其個性急躁，故取「佩弦」為字。

4.（　）**下列文句，何者採用「以歷史為殷鑑」的說服技巧？**

A.沛公不先破關中，公豈敢入乎？今人有大功而擊之，不義也，不如因善遇之。

B.今沛公先破秦入咸陽，毫毛不敢有所近，封閉宮室，還軍霸上，以待大王來。

C.沛公居山東時，貪於財貨，好美姬；今入關，財物無所取，婦女無所幸，此其志不在小。

D.勞苦而功高如此，未有封侯之賞，而聽細說，欲誅有功之人，此亡秦之續耳！竊為大王不取也。

＊5.（　）**下列「」中的字，何者經替換後意思不變？**

A.令將軍與臣有「郤」：隙

B.不敢「倍」德：備

C.「蚤」自來謝項王：早

D.拔劍而「啗」之：啖

E.毋「內」諸侯：訥

6.（　）**下列「」中的字詞，何者音義皆正確？**

A.沛公奉「卮」酒為壽：只，酒杯

B.「瞋」目視項王：真，張大眼睛

C.項王按劍而「跽」：記，長跪

D.沛公不勝「桮」杓：否，酒壺

7.（　）**〈鴻門宴〉為《史記．項羽本紀》中描述最精采的一段，其中衍生出許多名言典故流傳後世。下列用法，何者不當？**

A.他年紀小小的，能成就什麼大事業？「豎子不足與謀」，你說得再多也沒用，他根本就承擔不起這麼重大的任務。

B.事情弄到這種地步，已是「人為刀俎，我為魚肉」，除了接受他開出的條件，我們還能怎麼辦呢？

C.他一聽說小王中了頭獎，便整天跟前跟後地猛獻殷勤，大家一看就知道他是「項莊舞劍」，也想分一杯羹。

D.他昨天才跟你為了利益分配不均而鬧翻，今天就送來請帖邀約，實在太可疑了，這說不定是他設下的「鴻門宴」。

解答：1.A　2.A　3.ABCD　4.D　5.ACD　6.C　7.A

旁徵博引

史記　孔子世家

孔子遷於蔡三歲，吳伐陳。楚救陳，軍於城父。聞孔子在陳蔡之閒，楚使人聘孔子。孔子將往拜禮，陳蔡大夫謀曰：「孔子賢者，所刺譏皆中諸侯之疾。今者久留陳蔡之閒，諸大夫所設行皆非仲尼之意。今楚，大國也，來聘孔子。孔子用於楚，則陳蔡用事大夫危矣。」於是乃相與發徒役圍孔子於野。不得行，絕糧。從者病，莫能興。孔子講誦弦歌不衰。子路慍見曰：「君子亦有窮乎？」孔子曰：「君子固窮，小人窮斯濫矣。」

孔子知弟子有慍心，乃召子路而問曰：「《詩》云：『匪兕匪虎，率彼曠野。』吾道非邪？吾何為於此？」子路曰：「意者吾未仁邪？人之不我信也。意者吾未知邪？人之不我行也。」孔子曰：「有是乎！由，譬使仁者而必信，安有伯夷、叔齊？使知者而必行，安有王子比干？」

子路出，子貢入見。孔子曰：「賜，《詩》云：『匪兕匪虎，率彼曠野。』吾道非邪？吾何為於此？」子貢曰：「夫子之道至大也，故天下莫能容夫子。夫子蓋少貶焉？」孔子曰：「賜，良農能稼而不能為穡，良工能巧而不能為順。君子能修其道，綱而紀之，統而理之，而不能為容。今爾不修爾道而求為容。賜，而志不遠矣！」

子貢出，顏回入見。孔子曰：「回，《詩》云：『匪兕匪虎，率彼曠野。』吾道非邪？

吾何為於此？」顏回曰：「夫子之道至大，故天下莫能容。雖然，夫子推而行之，不容何病，不容然後見君子！夫道之不修也，是吾醜也。夫道既已大修而不用，是有國者之醜也。不容何病，不容然後見君子！」孔子欣然而笑曰：「有是哉顏氏之子！使爾多財，吾為爾宰。」

賞析

孔子遷居到蔡國三年，吳國正在攻打陳國，而楚國前來救援陳國，軍隊正駐紮在城父。聽說孔子住在陳國和蔡國的邊境上，楚國便派人聘請孔子。孔子正要前往拜見接受聘禮，陳國和蔡國的大夫便商議說：「孔子是位有才德的賢人，他所指責諷刺的地方都切中諸侯的弊病。如今他停留在我們陳國和蔡國之間，但是大夫們的施政、所作所為都不合仲尼的意思。如今的楚國是個大國，卻來聘請孔子，如果孔子在楚國受到重用，那麼我們陳蔡兩國掌權的大夫們就危險了。」於是陳蔡雙方就派了一些服勞役的人將孔子圍困在野外。孔子和他的弟子無法離開，糧食也因此斷絕。跟從的弟子們都餓到生病了，站都站不起來，但是孔子卻還是不停地為大家講學、朗誦詩歌、歌唱、彈琴。子路很生氣地來見孔子：「君子也會有困窘的時候嗎？」孔子說：「君子在困窘面前依然能保持操守不動搖，但是小人遇到困窘就會不加節制，什麼過份的事情都做得出來。」

孔子知道弟子們心中不高興，便叫來子路問道：「《詩經》說：『不是野獸也不是老虎，然而它卻總是徘徊在曠野上。』難道是我們的學說有什麼不對嗎？我們為什麼會落到這種地步呢？」子路說：「大概是我們的德還不夠吧？所以別人不信任我們；想必是我們的智謀還不夠吧？所以別人不放我們通行。」孔子說：「有這樣的話嗎？仲由啊，假使有仁德的人必定能使人信任，哪裡還會有伯夷、叔齊餓死在首陽山呢？假使有智謀的人必定暢行無阻，哪裡會有王子比干被剖心呢？」

子路退出，子貢進來見孔子。孔子對子貢說：「賜啊，《詩經》說：『不是野獸也不是老虎，然而它卻總是徘徊在曠野上。』難道是我們的學說有什麼不對嗎？我們為什麼會落到這種地步呢？」子貢說：「老師的學說太博大了，所以天下沒有一個國家能容納老師。老師何不稍微降低一些您的要求呢？」孔子說：「賜啊，好的農夫雖然善於耕種，但他卻不一定有好的收穫；好的工匠雖然有精巧的手藝，但他的作品卻未必能使人們稱心如意。有修養的人能研修自己的學說，就像網一樣，先構出基本的大方向，然後再依序構築理論，但也不一定能被世人所接受。現在你不去研修自己的學說，反而想降低自己來迎合別人。賜啊，你的志向太不遠大了。」

子貢出去之後，顏回進來見孔子。孔子說：「回啊，《詩經》說：『不是野獸也不是老虎，然而它卻總是徘徊在曠野上。』難道是我們的學說有什麼不對嗎？我們為什麼會落到這種地步呢？」顏回說：「老師的學說太博大了，所以天下沒有國家能容納老師。雖然是這樣，老師還是要推行自己的學說。不被天下接受又有什麼關係呢？不被接受才能看出誰是真正的君子！一個人不研修自己的學說，那才是恥辱。至於已經花費許多力氣所研修的學說卻不被人所用，那就是當權者的恥辱。不被天下接受又有什麼關係呢？不被接受才能看出誰是真正的君子！」孔子聽了欣慰地笑說：「是這樣的啊，姓顏的小伙子！如果你有很多錢財的話，我甚至願意成為替你管理金錢的管家。」

前出師表

作者簡介

諸葛亮（西元一八一年—西元二三四年），字孔明，琅琊陽都人，中國歷史上著名的政治家、軍事家、散文家、發明家，也是中國傳統文化中忠臣與智者的代表人物。諸葛亮在世時被封為武鄉侯，死後諡為忠武侯，所以又稱為武侯、諸葛武侯；此外，因其早年外號，也被稱為「臥龍」或「伏龍」。著有《隆中對》、《出師表》、《誡子書》、《將苑》等。

出處：昭明文選
出題率★★★★

古文鑑賞

臣亮言：先帝創業未半，而中道崩殂❶。今天下三分，益州疲敝❷，此誠危急存亡之秋也❸。然侍衛之臣，不懈於內；忠志之士，忘身於外者，蓋追先帝之殊遇❹，欲報之於陛下也。誠宜開張聖聽❺，以光先帝遺德❻，恢宏志士之氣❼，不宜妄自菲薄❽，引喻失義❾，以塞忠諫之路也。

宮中、府中❿，俱為一體，陟罰臧否⓫，不宜異同。若有作奸犯科，及為忠善者，宜付有司⓬，論其刑賞，以昭陛下平明之治，不宜偏私，使內外異法也⓭。侍中、侍郎郭攸之、費禕、董允等，此皆良實，志慮忠純，是以先帝簡拔以遺陛下⓮。愚以為宮中之事⓯，事無大小，悉以諮之，然後施行，必能裨補闕漏⓰，有所廣益。將軍向寵，性行淑均⓱，曉暢軍事，試用於昔日，先帝稱之曰能，是以眾議舉寵為督⓲。愚以為營中之事，事無大小，悉以諮之，必能使行陣和睦⓳，優劣得所也。親賢臣，遠小人，此先漢所以興隆也；親小人，遠賢臣，此後漢所以傾頹也。先帝在時，每與臣論此事，未嘗不嘆息痛恨於桓、靈也。侍中、尚書、長史、參軍，此悉貞亮死節之臣也⑳，願陛下親之信之，則漢室之隆，可計日而待也。

臣本布衣㉑，躬耕於南陽㉒，苟全性命於亂世，不求聞達於諸侯㉓。先帝不以臣卑鄙㉔，猥自枉屈㉕，三顧臣於草廬之中㉖，諮臣以當世之事，由是感激，遂許先帝以驅馳㉗。後值傾覆㉘，受任於敗軍之際，奉命於危難之間，爾來二十一年矣！先帝知臣謹慎，故臨崩寄臣以大事也。受命以來，夙夜憂勤，恐託付不效㉙，以傷先帝之明。故五月渡瀘，深入不毛㉚。今南方已定，兵甲已足，當獎率三軍，北定中原，庶竭駑鈍㉛，攘除奸凶，興復漢室，還於舊都。此臣所以報先帝而忠陛下之職分也。斟酌損益㉜，進盡忠言，則攸之、禕、允之任也。願陛下託臣以討賊興復之效，不效，則治臣之罪，以告先帝之靈。若無興德之言，則責攸之、禕、允等之慢，以彰其咎。陛下亦宜自課㉝，以諮諏善道㉞，察納雅言㉟，深追先帝遺詔，臣不勝受恩感激。今當遠離，臨表涕泣，不知所云。

【說文解字】

①崩殂：天子死稱「崩」，也稱「殂」。②疲敝：此處指國力貧弱。③秋：指緊要時刻。秋天是收穫的季節，農事繁忙，因此用秋天比喻緊急時刻。④追：追念。⑤開張聖聽：意爲廣泛聽取群臣的意見。⑥光：彰顯、發揚。⑦恢宏：鼓舞。⑧妄自菲薄：過於自卑而不知自重。⑨引喻失義：援引例證而有所不當。⑩宮中：指皇帝禁宮中的侍臣。府中：即丞相府中的一般官吏。⑪陟：升遷、進用。臧：善。否：惡。⑫有司：官員。⑬內外：宮中、府中。⑭簡拔：揀選、拔擢。簡，挑選。遺：留下。⑮愚：自謙之詞。⑯裨：增益。闕：通「缺」。⑰性行：本性、行爲。淑均：善

良公正。⑱舉：推選。⑲行陣：軍隊。⑳死節：爲堅守節義而死。㉑布衣：平民。㉒躬耕：此處指隱居。㉓聞：揚名。達：顯達，指做官。㉔卑鄙：地位卑微，見識淺陋。㉕猥：謙詞，猶言「辱」。枉屈：指屈尊就卑。㉖顧：拜訪。㉗許：答應。驅馳：奔走效勞。㉘傾覆：覆敗。㉙不效：不見成效，不成功。㉚不毛：草木不生的地方。㉛駑鈍：才能低下愚鈍，常用爲自謙之辭。㉜斟酌損益：權衡得失，決定取捨。㉝自課：自我察省。課，考核。㉞諮諏：詢問。㉟雅言：正言。

翻譯賞析

臣諸葛亮稟奏：先帝統一天下的大業還沒完成一半，就在中途去世了。現在天下分裂成三國，我們益州人力物力困乏，此時正是危急存亡的緊要關頭。而侍衛陛下的大臣對於朝政國事毫不懈怠，忠心耿耿的將士在戰場上亦奮不顧身，這都是因爲大家追念先帝對他們的厚愛，想要報答在陛下身上。陛下應該增廣自己的見聞、聽取衆臣的意見，以發揚先帝遺留的美德，激勵將士們的志氣，不應該隨便看輕自己、說話失去分寸，從而堵塞忠臣進諫的道路。

不論宮中的侍臣或府中官吏，他們都是蜀漢之臣，陛下對他們的拔擢、懲罰、表揚、批評不應該有所差異。如果有人作奸犯法，或有人忠誠善良、有所建樹，都應該交給負責管理的相關部門，評定對他們的賞罰，以彰顯陛下公平英明的法治，不宜有所偏袒，讓宮中、府中有不同的賞罰標準。侍中、侍郎郭攸之、費禕、董允等人，都是賢良篤實的人，心性忠誠、行事專一，所以先帝選拔他們輔佐陛下。臣認爲宮廷中的事務，不論大小，都可以與他們商量後再施行，如此一來便能彌補缺點和疏忽之處，獲得巨大成效。將軍向寵，爲人和善公正，通曉軍事，從前起用時，先帝就稱讚他能幹，所以大家都推薦他擔任都督。臣認爲軍營中的大小事情，皆可徵詢他的意見，如此一來必定能使軍隊內部協調一致，使各種人才得到合理任用。親近賢臣，疏遠小人，這是西漢興旺發達的原因；親近小人，疏遠賢臣，這是東漢覆亡衰敗的原因。先帝健在時，每每跟臣談到這些事情，沒有一次不對桓帝、靈帝的所作所爲感到惋惜和痛心。侍中郭攸之、尙書陳震、長史張裔、參軍蔣琬，這些都是堅貞忠良，希望陛下親近他們、信任他們，那麼漢朝王室的興隆，就指日可待了。

臣本來是個平民百姓，在南陽耕田種地，只想在亂世中苟且保全性命，並未打算做官揚名。先帝不介意臣的見識淺陋、地位低微，反而降低身分、委屈自己，三次造訪臣的茅廬，和臣商議當時的天下局勢。臣爲此非常感動，便答應爲先帝奔走效勞。後來軍事失利，在戰敗之際臣接下重任，於危難的時刻奉命出使，至今已有二十一年了！先帝知道臣處事謹愼，所以臨終時將國家大事託付給臣。自從臣接受遺命以來，日夜憂心，唯恐託付的事情不能辦好，因而辱沒先帝的識人之明。所以五月渡過瀘水，深入到草木不生的荒涼之地。現在南方已經平定，武器盔甲等裝備也都備足，應當獎勵並統率全軍，北上平定中原，盼能竭盡臣平庸的才能，鏟除奸詐兇惡的曹魏，復興漢朝王室，回到原來的國都洛陽。這是臣用以報答先帝、向陛下盡忠的職責啊！至於政事的處理、提出忠直懇切的意見，那是郭攸之、費禕、董允等人的責任。希望陛下將討伐曹賊、復興漢室的任務交付給臣，如果不成功，就懲治臣的罪，以此告慰先帝在天之靈。如果沒有人向您提出發揚德行的建言，就要責備攸之、禕、允等人的怠慢，昭示他們的罪過。陛下也應多加省視、考察自己，多方徵求正確的治國方針、審察採納正直的建議、深切追念先帝的遺言，這樣一來臣就感激不盡了。如今微臣就要出征遠離陛下了，淚流滿面地寫下這篇表文，內心沉重傷感得不知道該說些什麼。

國學常識

一、古代三大抒情佳作

南宋謝枋得《文章軌範》曾引用南宋安子順的評語：「讀諸葛亮《出師表》不墮淚者不忠，讀李密《陳情表》不墮淚者不孝，讀韓愈《祭十二郎文》不墮淚者不慈。」而後，此三篇文章就被並稱為中國三大抒情文佳作，傳誦於世。

①**《出師表》**：出處——《昭明文選》；作者——蜀漢諸葛亮；對象——蜀後主劉禪；關係——君臣；主旨——以「親賢臣、遠小人」勉勵後主，而以「討漢賊、復舊都」自誓。文中稱「先帝」十三次，以彰顯先帝對己之寵遇，並藉先帝遺訓勸諫後主。

②**《陳情表》**：出處——《昭明文選》；作者——蜀漢李密；對象——晉武帝；關係——君臣；主旨——願終養祖母，乃上表請辭。文中「臣無祖母無以至今日；祖母無臣無以終餘年」，感人肺腑。

③**《祭十二郎文》**：出處——《昌黎先生集》；作者——唐代韓愈；對象——十二郎；關係——叔姪；主旨——告祭十二郎，訴說聚首離別的心情，並悲嘆家道中落、世路坎坷的不幸遭遇。

成語集錦

一、妄自菲薄：隨意看輕自己，不知自重。

原典 誠宜開張聖聽，以光先帝遺德，恢宏志士之氣，不宜妄自菲薄，引喻失義，以塞忠諫之路也。

書證1：王蘊固讓徐州，謝安曰：「卿居后父之重，不應妄自菲薄，以虧時遇。」蘊乃受命。（宋代司馬光《資治通鑑》）

書證2：天地生才有限，不宜妄自菲薄。（清代劉鶚《老殘遊記》）

二、三顧茅廬：指漢末劉備往訪諸葛亮，凡三次才得見。後用以比喻對賢才眞心誠意地邀請。

原典 先帝不以臣卑鄙，猥自枉屈，三顧臣於草廬之中，諮臣以當世之事，由是感激，遂許先帝以驅馳。後值傾覆，受任於敗軍之際，奉命於危難之間，爾來二十一年矣！

書證1：黃石兵法，寧可再逢，三顧茅廬，無由兩遇。（南朝徐陵《諫仁山深法師罷道書》）

書證2：鸞輿三顧茅廬，漢祚難扶，日暮桑榆。（元代虞集《折挂令．鸞輿三顧茅廬》）

書證3：我住著半間兒草舍，再誰承望三顧茅廬？（元代馬致遠《薦福碑》）

三、不知所云：言語模糊或內容空洞，無法得知意旨爲何。

原典 今當遠離，臨表涕泣，不知所云。

書證1：孤志多感，重恩難忘。顧瞻門館，慚戀交會。伏紙流涕，不知所云。（唐代劉禹錫《上杜司徒書》）

書證2：檜後留身，不知所云。（元代脫脫《宋史．趙鼎列傳》）

書證3：卻說甄士隱俱聽得明白，但不知所云蠢物係何東西。遂不禁上前施禮，笑問道：「二仙師請了。」那僧道也忙答禮相問。（清代曹雪芹《紅樓夢》）

修辭薈萃

一、**鑲嵌：**在詞句中插入數目字、虛字、特定字、同義字或異義字，接長文句。

鑲字 使用數字或虛數字加入語句。

嵌字 使用特定字加入語句。

增字 使用同義字加入語句。

配字 使用異義字加入語句。此異義字只取其聲舒緩語句，並不取其義。

例 1：先帝創業未半，而中道崩殂。

✰ Tips. 增字，增加同義字「殂」。

例 2：陟罰臧否，不宜異同。

✰ Tips. 配字，增加異義字「同」。

例 3：東市買駿馬，西市買鞍韉，南市買轡頭，北市買長鞭。（《木蘭詩》）

✰ Tips. 嵌字，增加特定字「東、西、南、北」。

例 4：又有諸院孤小弟妹六、七人，提挈同來。（唐代白居易《與元微之書》）

✰ Tips. 增字，增加同義字「挈」。

二、**錯綜：**將文句中形式整齊的行句故意抽換詞面、交蹉語次、伸縮文句、變化句式，使文句的形式參差，詞彙別異。

抽換詞面 以其他意義相同的詞語取代形式整齊之文句。

交蹉語次 將上下文句的次序，故意參差不齊。

伸縮文句 將字數相等的句子故意弄得字數不等，使長句與短句互相交錯。

變化句式 將肯定句與否定句、直述句與疑問句，穿插寫入。

例 *1*：陟罰臧否，不宜異同。

☆Tips. 交蹉語次。又作「陟臧罰否，不宜異同」。

例 *2*：句讀之不知，惑之不解，或師焉，或不焉。（唐代韓愈《師說》）

☆Tips. 交蹉語次。又作「句讀之不知，或師焉，惑之不解，或不焉」。

高手過招（*為多選題）

***1.（　）下列文句「」內的詞語，屬於謙詞用法的是：【一〇七年學測試題】**

A.一心抱「區區」，懼君不識察。

B.鄰國之民不加少，「寡人」之民不加多，何也。

C.「愚」以為營中之事，事無大小，悉以諮之，必能使行陣和睦。

D.中也養不中，才也養「不才」，故人樂有賢父兄也。

E.「余」出官二年，恬然自安，感斯人言，是夕始覺有遷謫意。

*2.（　）下列各組文句「　」內的字，前後意義相同的選項是：【一〇六年學測試題】
A.北通巫峽，南「極」瀟湘／意有所「極」，夢亦同趣
B.「比」及三年，可使足民／孟嘗君曰：為之駕，「比」門下之車客
C.史公治兵，往來桐城，必「躬」造左公第／臣本布衣，「躬」耕於南陽
D.文非一體，鮮能「備」善／朱、林以下，輒啟兵戎，喋血山河，藉言恢復，而舊志亦不「備」載也
E.我居北海君南海，寄雁傳書「謝」不能／王果去牆數步，奔而入，及牆，虛若無物，回視，果在牆外矣。大喜，入「謝」

*3.（　）目前習用的敬稱對方之詞「閣下」，來自古代「因卑達尊」的思維，亦即言談中基於禮貌，提到對方時，刻意稱呼其近侍隨從，以表示「不敢當面進言，僅向位階較低的侍從報告」之意。下列文句「　」內的詞，屬於此一用法的選項是：
A.若亡鄭而有益於君，敢以煩「執事」。
B.蓋追先帝之殊遇，欲報之於「陛下」也。
C.孟子去齊，充虞路問曰：「夫子」若有不豫色然。
D.中軍臨川「殿下」，明德茂親，總茲戎重。
E.宋牼將之楚，孟子遇於石丘，曰：「先生」將何之。

*4.（　）下引文章中的某、足下、去、願、見五個詞，各與下列選項「　」內相同的字詞比較，意

義相同的選項是：

孔明笑曰：「雲長勿怪！某本欲煩足下把一個最緊要的隘口，怎奈有些違礙，不敢教去。」雲長曰：「有何違礙？願即見諭。」

A. 虯髯曰：計李郎之程，「某」日方到，到之明日，可與一妹同詣某坊曲小宅相訪。
B. 微之，微之，不見「足下」面已三年矣，不得足下書欲二年矣。
C. 是君臣、父子、兄弟「去」利懷仁義以相接也，然而不王者，未之有也。
D. 「願」陛下託臣以討賊興復之效，不效，則治臣之罪。
E. 臣以險釁，夙遭閔凶，生孩六月，慈父「見」背。

*5.（　）**下列敘述何者正確？**

A. 諸葛亮《出師表》所謂「開張聖聽」即指「廣開言路」。
B. 蘇軾《赤壁賦》所謂「滄海之一粟」即指「滄海遺珠」。
C. 白居易《與元微之書》所謂「方寸甚安」即指「內心安泰」。
D. 蘇軾《黃州快哉亭記》所謂「蓬戶甕牖」等同於「儉以養廉」。
E. 韓愈《師說》所謂「不恥相師」與「君子不齒」，「不恥」與「不齒」意義相近。

6.（　）**古代對禮制的要求嚴苛，不同階級的死亡稱呼也有所不同。下列說明何者正確？**

A. 帝王逝世稱「薨」。

B.諸侯過世稱「崩」。

C.平民死亡稱「卒」。

D.士去世稱「不祿」。

7.（　）**下列「」中的字，何者是形容詞作動詞使用？**

A.割雞焉用「牛」刀。

B.不宜妄自「菲薄」。

C.視吾家所「寡」有者。

D.「漁樵」於江渚之上。

8.（　）**下列各組「」內的字，何者讀音相同？**

A.諂「諏」善道／荒「陬」

B.妄自「菲」薄／「緋」聞

C.「裨」補闕漏／「稗」草

D.崩「殂」／刀「俎」

解答：1.BC 2.ACD 3.ABD 4.BDE 5.AC 6.D 7.B 8.A

旁徵博引

蜀相　唐代杜甫

丞相祠堂何處尋？錦官城外柏森森。
映階碧草自春色，隔葉黃鸝空好音。
三顧頻煩天下計，兩朝開濟老臣心。
出師未捷身先死，長使英雄淚滿襟。

賞析

此首七律抒發了詩人對諸葛亮才智品德的崇敬，和功業未遂的感慨。全詩融合情、景、議為一體，既有對歷史的評說，又有對現實的寓託。全詩分為兩部分，前四句憑弔丞相的祠堂，從景物描寫中感懷現實，透露詩人的憂國憂民之心。後四句詠嘆丞相的才德，從歷史追憶中緬懷先賢，又蘊含著詩人對國家命運的許多期盼與憧憬。短短五十六字，訴盡諸葛亮的生平，將名垂千古的諸葛亮生動地展現在讀者面前。

2

魏晉和唐

桃花源記

作者簡介

陶淵明（西元三六五年—西元四二七年），名潛，或名淵明。一說名淵明，字元亮，入劉宋後改名潛。自號五柳先生，私諡靖節先生。早年曾任彭澤縣令等職，但因厭惡當時的政治環境，不願為了五斗米折腰，任官八十餘日後遂辭官歸鄉。歸田的二十多年是陶淵明創作最豐富的時期，田園生活亦成為陶詩的重要標誌之一，後世稱他為「田園詩人」。

出處：靖節先生集

出題率★★★☆☆

古文鑑賞

晉太元中，武陵人捕魚為業，緣溪行❶，忘路之遠近。忽逢桃花林，夾岸數百步，中無雜樹，芳草鮮美，落英繽紛❷，漁人甚異之。復前行，欲窮其林❸。林盡水源，便得一山。山有小口，彷彿若有光。便舍船，從口入。

初極狹，才通人❹；復行數十步，豁然開朗。土地平曠，屋舍儼然❺。有良田、美池、桑竹之屬❻。阡陌交通❼，雞犬相聞。其中往來種作，男女衣著，悉如外人❽；黃髮垂髫❾，並怡然自樂。見漁人，乃大驚❿，問所從來，具答之⓫。便要還家⓬，設酒殺雞作食。村中聞有此人，咸來問訊。自云先世避秦時亂，率妻子邑人來此絕境⓭，不復出焉，遂與外人間隔。問今是何世？乃不知有漢⓮，無論魏、晉。此人一一為具言所聞，皆嘆惋⓯。餘人各復延至其家⓰，皆出酒食⓱。停數日，辭去。此中人語云⓲：「不足為外人道⓳。」

既出，得其船，便扶向路⓴，處處誌之㉑。及郡下，詣太守㉒，說如此。太守即遣人隨其往，尋向所誌，遂迷，不復得路。

南陽劉子驥，高尚士也，聞之，欣然規往㉓，未果，尋病終㉔。後遂無問津者㉕。

【說文解字】

❶緣：沿。❷落英：落花。❸窮：盡。❹才通人：僅僅能容納一個人行走。❺儼然：整齊分明之狀。❻屬：類別。❼阡陌：田間的小路，南北方向稱「阡」，東西方向稱「陌」。交通：交錯連通。❽外人：從外地來的人。❾黃髮：老人。據說年老時，頭髮先白後轉黃。垂髫：小孩，小孩額頭上下垂的短髮稱爲「髫」。❿乃：於是。⓫具：通「俱」，皆、全。⓬要：通「邀」。⓭邑人：同邑的人，此處指鄉親郡人。古代的小城市、縣、村落都可稱爲「邑」。絕境：與外界隔絕之境。⓮乃：竟然。⓯嘆惋：嗟嘆惋惜。⓰延：邀請。⓱出：給予。此處解釋爲準備、招待。⓲語：告訴。⓳不足：不值得。⓴扶：沿著。向：以往、先前。㉑誌：記，此處指做標記。㉒詣：拜訪、進見上級或長輩。㉓規往：規畫前往。㉔尋：不久。㉕問津者：訪求的人。津，渡口。

翻譯賞析

晉太元年間，武陵郡有一個以捕魚爲業的人。有一天，他順著一條溪流划船，也不知道走了多遠。忽然見到一片桃花林，桃林在溪流兩岸蔓延了數百步遠，中間沒有任何一棵其他種類的樹木，樹下青草鮮綠碩美，落花遍地，漁夫感到非常驚訝。於是，他便繼續划船前進，想要探看林子的盡頭是什麼樣的景致。而桃林的盡處，正是溪水的源頭，漁人在這裡發現了一座山。山上有個小洞，隱約有光線透射出來。於是漁人把船停在岸邊，走進了洞裡。

起初，洞口非常狹窄，只容許一個人通過；再往前走了幾十步，空間豁然開朗，只見土地平整空曠，屋舍整整齊齊地排列著，還有肥沃的田地、美麗的池塘、桑樹和竹子這一類東西。田間小道東西交錯連結，不時可以聽見雞鳴、狗吠之聲。這裡來往的行人與耕作的男女所穿的衣著，都和外面的人一模一樣；老人和小孩看起來都非常快活，頗能自得其樂。其中有一個人發現了漁夫，大吃一驚，問漁人從哪裡來，漁人詳細地告訴了他。那人便邀漁人回家，擺酒、殺雞、作飯款待他。村中聽說來了一個陌生人，紛紛跑過來圍著漁人問東問西。他們說，祖先爲了逃避秦時的戰亂，於是率領妻子兒女和鄉里的人來到這個與世隔絕的地方，從此不再出去，因此和外界的人斷絕了往來。漁人問他們如今是什麼朝代？他們竟連漢朝都不知道，更不要說魏、晉了。漁人便將自己知道的一一爲他們講述，每個人聽了都既驚嘆又惋惜。其他人分別邀請漁人到他們家去作客，並準備酒菜熱情招待他。過了幾天，漁人告辭回家，洞裡的人對他說：「您在這裡經歷的一切不値得告訴別人。」

出來之後，漁人找到船，循著先前的路回去，並沿途留下記號。到了武陵郡，漁人拜見太守，向他稟明了自己的經歷。太守馬上派人跟他一起去尋找原先做的記號，但卻迷了路，怎麼找也找不到通往桃花源的路。

南陽人劉子驥是一位品行高尚的隱士，他聽說這件事後，興奮地計畫前往尋找桃花源，但沒有找到，不久就病死了。從此以後，就再也沒有尋訪桃花源的人了。

國學常識

一、序跋類文體

①**內容：**用以說明著作旨趣及經過的文章。

②**異稱：**序，又可稱爲敘、緒、說、引；跋，又可稱爲後序、書後、後足、讀、跋尾。

③**書序：**《史記．太史公自序》（漢代司馬遷）、《說文解字敘》（漢代許慎）、《逸民列傳序》（宋代范曄）、《金石錄後序》（宋代李清照）。

④**詩序：**《桃花源記》（晉代陶淵明）、《琵琶行前序》（唐代白居易）、《春夜宴從弟桃花園序》（唐代李白）、《正氣歌前序》（宋代文天祥）。

⑤**其他：**古人在親朋師友離別之際，設宴餞別，飲酒賦詩，詩成集結成冊，由在場某人爲之序。如《蘭亭集序》（晉代王羲之）、《滕王閣序》（唐代王勃）。唐代劉禹錫父親名爲「緒」，與序同音，劉禹錫爲避其諱，將序寫作「引」；宋代蘇洵父親名爲「序」，蘇洵爲避其諱，也改序爲「引」。

成語集錦

一、豁然開朗：眼前頓時開闊明亮。形容心境忽然開闊暢快，亦用於形容突然領悟某個道理。

原典 初極狹，才通人；復行數十步，豁然開朗。

書證 *1*：寶玉豁然開朗，笑道：「很是很是。你的性靈比我竟強遠了，怨不得前年我生氣的

時候你和我說過幾句禪語，我實在對不上來。」（清代曹雪芹《紅樓夢》）

書證 2：虛中有實者，或山窮水盡處，一折而豁然開朗；或軒閣設廚處，一開而可通別院。（清代沈復《浮生六記》）

二、怡然自樂：欣悅自得的樣子，亦作「怡然自得」。

原典 其中往來種作，男女衣著，悉如外人；黃髮垂髫，並怡然自樂。

書證 1：或終日不飲食，亦怡然自樂。（宋代洪邁《夷堅丙志．趙縮手》）

三、無人問津：比喻事物已遭冷落，無人探問。

原典 南陽劉子驥，高尚士也，聞之，欣然規往，未果，尋病終。後遂無問津者。

書證 1：易代而後，壇坫門戶俱空，遂無人問津矣。（清代平步青《霞外攟屑》）

修辭薈萃

一、頂眞：以上文末的字或詞作爲下句的開頭。

例 1：復前行，欲窮其林。林盡水源，便得一山。山有小口，彷彿若有光。

例 2：將軍百戰死，壯士十年歸。歸來見天子，天子坐明堂。（《木蘭詩》）

例 3：遂至承天寺，尋張懷民。懷民亦未寢，相與步於中庭。庭下如積水空明，水中藻荇交橫，蓋竹柏影也。（宋代蘇軾《記承天夜遊》）

二、**借代：**在說話或行文中，借用其他名稱或語句，代替一般經常使用的本名或語句。

例1：黃髮垂髫，並怡然自樂。

Tips. 此處「黃髮」代指「老人」，「垂髫」代指「小孩」。

例2：慈烏復慈烏，烏中之曾參。（唐代白居易《慈烏夜啼》）

Tips. 此處「曾參」代指「孝子」。

高手過招

請閱讀下文，並回答1—3題。【一〇七年學測試題】

陶醉於田園的陶潛，是否曾為他決定隱居後悔過？是否有時候也想過另外一種生活？清代以降的批評家已開始質疑陶潛作為一個隱士的「單純性」——詩人龔自珍就把陶潛當成有經世抱負的豪傑之士，可與三國時代的諸葛亮相比擬：「陶潛酷似臥龍豪，萬古潯陽松菊高。莫信詩人竟平淡，二分梁甫一分騷。」很顯然，龔自珍並沒有把陶潛當作一個平淡的人。對龔氏及其同時代的人而言，陶潛代表了一個典型的知識分子，有出仕的凌雲之志卻扼腕而棄之——因為生不逢時。

其實早在唐代，詩人杜甫便已經對陶潛作為一個恬然自樂的隱士形象提出質疑。杜甫在其《遣興》一詩中說：「陶潛避俗翁，未必能達道。觀其著詩集，頗亦恨枯槁。」學者李華認為杜甫所要傳遞的訊息是：「陶淵明雖然避俗，卻也未能免俗。何以知之？因為從陶潛詩集來看，其中很有恨自己一生枯槁之意。」李華將杜甫詩中的「枯槁」解作「窮困潦倒」是很有理由的，因為陶潛《飲酒》

第十一首用了同一個詞來形容孔子得意門生顏回的窘迫：「顏生稱為仁，榮公言有道。屢空不獲年，長飢至於老。雖留後世名，一生亦枯槁……。」我們自然可以聯想到當杜甫試圖揭開清貧隱士陶潛的面具時，實際上也是自我示現。浦起龍在評解杜甫《遣興》時，便指出：「嘲淵明，自嘲也。假一淵明為本身象贊。」由此，也就解釋了為什麼杜甫詩作中一再提到陶潛。而實際上，杜甫正是第一個將陶潛提升到文學經典地位的人。

然而在過去的數世紀內，批評家一直誤讀杜甫，或者可以說是對杜甫解讀陶潛的誤讀。由於批評家常將「枯槁」解作「風格上的平淡」，自然而然會認定杜甫以其《遣興》一詩來批評陶潛的詩風。這種誤解導致明代學者胡應麟在其《詩藪》中以為「子美之不甚喜陶詩，而恨其枯槁也」，後來朱光潛也沿襲了胡應麟的說法。這一有趣的誤讀實例證實了：經典化的作者總是處於不斷變化的流程中，是讀者反饋的產物。（改寫自孫康宜〈揭開陶潛的面具〉）

1.（　）下列敘述，符合文中龔自珍對陶潛看法的是：

A. 陶潛一生固窮守節，為傳統知識分子的典型。

B. 陶潛與屈原、諸葛亮相同，均懷有濟世之志。

C. 陶潛才德堪比諸葛亮，竟自甘於平淡，令人惋惜。

D. 陶詩風格平淡，實受《梁甫吟》、《離騷》影響。

2.（　）作者認為歷來批評家對杜甫《遣興》一詩，所產生的誤讀是：

A. 以為杜甫嘲諷陶潛猶未能達道。

B.以為杜甫批評陶潛的詩風枯槁。
C.認為杜甫質疑陶潛的隱士形象。
D.認為杜甫藉陶潛自嘲窮困潦倒。

3.（　）依據上文，作者所不認同的前人論述是：
A.杜甫對陶潛詩的詮釋。
B.龔自珍對陶潛的評論。
C.浦起龍對杜詩的詮釋。
D.胡應麟對杜甫的評論。

請閱讀下文，並回答4—5題。【一〇六年指考試題】

《慶全庵桃花》——謝枋得

尋得桃源好避秦，桃紅又見一年春。
花飛莫遣隨流水，怕有漁郎來問津。

謝枋得，宋末元初人。西元一二七六年率兵抗元，無援而敗。南宋滅亡後，隱居於福建，元朝曾數度徵聘，始終堅辭不應。西元一二八九年，遭福建省參政強制送往京師，乃絕食五日而死。

《桃花》——徐孚遠

海山春色等閒來，朵朵還如人面開。
千載避秦真此地，問君何必武陵回。

徐孚遠，明末清初人。明朝亡後，曾參與抗清之舉。西元一六六一年隨鄭成功入台，不久徙居廈門。西元一六六三年，清軍攻陷廈門，徐孚遠擬攜眷返家鄉江蘇未果，滯留廣東。西元一六六五年病故。

4.（　）**下列關於謝、徐二人詩中「桃花源」的敘述，正確的選項是：**

A.謝枋得希望所居的「桃花源」不受外界打擾。

B.徐孚遠認為「桃花源」之地不適合安居久留。

C.二人都因傾慕陶淵明而四處尋訪「桃花源」。

D.二人皆自認已找到陶淵明的「桃花源」遺址。

5.（　）**若謝詩作於福建，徐詩作於台灣，下列敘述正確的選項是：**

A.徐詩「問君何必武陵回」的「武陵」，是暗指台灣。

B.謝詩「怕有漁郎來問津」的「漁郎」，是暗指作者自己。

C.二詩運用「避秦」典故時，皆將原本避亂之地引申為不受異族統治之地。

D.二詩的「花飛莫遣隨流水」、「朵朵還如人面開」，皆流露避世而居的喜悅。

6.（　）**「我聞琵琶已嘆息，又聞此語重唧唧」，在語意上有「已……更何況……」的層次遞進。下列文句中，何者也採用類似的表意方式？**

A.寧以義死，不苟幸生。

B.乃不知有漢，無論魏、晉。

C.結廬在人境，而無車馬喧。

D.鍥而舍之，朽木不折；鍥而不舍，金石可鏤。

7.（　）陶淵明《桃花源記》一文，許多人和梁啟超一樣，將「桃花源」視為虛擬的「烏托邦」。以下引述的四段文字，哪一段最能證明桃花源是虛擬的呢？

A.武陵人捕魚為業，緣溪行，忘路之遠近。

B.其中往來種作，男女衣著，悉如外人。

C.停數日，辭去。此中人語云：「不足為外人道。」

D.太守即遣人隨其往，尋向所誌，遂迷，不復得路。

8.（　）「問今是何世？乃不知有漢。」上文的「乃」字意義與下列何者相同？

A.我才不及卿，「乃」覺三十里。

B.時窮節「乃」見，一一垂丹青。

C.四維不張，國「乃」滅亡。

D.百廢具興，「乃」重修岳陽樓。

解答：1.B 2.B 3.D 4.A 5.C 6.B 7.D 8.A

旁徵博引

桃花源詩　晉代陶淵明

嬴氏亂天紀，賢者避其世。
黃綺之商山，伊人亦云逝。
往跡浸復湮，來徑遂蕪廢。
相命肆農耕，日入從所憩。
桑竹垂餘蔭，菽稷隨時藝。
春蠶收長絲，秋熟靡王稅。
荒路曖交通，雞犬互鳴吠。
俎豆猶古法，衣裳無新製。
童孺縱行歌，斑白歡遊詣。
草榮識節和，木衰知風厲。
雖無紀曆志，四時自成歲。
怡然有餘樂，於何勞智慧。
奇蹤隱五百，一朝敞神界。
淳薄既異源，旋復還幽蔽。

借問游方士，焉測塵囂外。
願言躡輕風，高舉尋吾契。

賞析

秦始皇暴虐無道，擾亂了天下正常的秩序，賢能的人選擇避開禍亂的世界。在黃、綺等四賢（秦末隱士東園公、夏黃公、綺里季、甪里四人，因避秦亂而隱居商山，年皆八十多歲，鬚眉皓白，世稱「商山四皓」）到商山避亂的時候，桃花源的先人也離開了秦始皇統治的社會。這些人的蹤跡逐漸消失，前往桃花源的路徑也荒廢了。

在桃花源中，大家互相幫助，致力耕種，太陽下山便回家休息。桑竹茂盛成蔭，五穀隨著季節種植。春天養蠶便收成蠶絲；秋天莊稼成熟收穫時，不用繳交賦稅。荒路被草木掩蔽，阻礙與外界的往來，只有村裡的雞狗互相鳴吠著。祭祀還是使用古代的儀式，衣裳沒有新製的式樣。兒童縱情地邊走邊歌唱，老人高高興興地到處遊玩。從草木茂盛知道是和暖的春天，樹木凋謝知道是風急的冬天。雖然沒有歲時的記載，但四季自成一年。他們的生活過得欣喜快樂，哪裡用得著智慧呢？桃花源人的奇異蹤跡隱蔽了五百年，突然有一天顯露出此番仙境。但是，桃花源中的淳樸風氣與澆薄的世俗大不相同，所以仙境出現之後立即重新隱蔽。試問世俗之人，該如何測知世外桃源的事情呢？我要乘著清風，高飛去找尋與我志意相合的人了。

師說

作者簡介

韓愈（西元七六八年—西元八二四年），字退之，河南河陽人，郡望昌黎，自稱昌黎韓愈，世稱韓昌黎；晚年任吏部侍郎，又稱韓吏部；卒謚文，世稱「韓文公」。力斥駢文，與柳宗元倡導古文運動，蘇軾稱讚他「文起八代之衰，道濟天下之溺」，為唐宋八大家之首。著作有《昌黎先生集》、《師說》、《原道》、《諫迎佛骨表》、《進學解》等文章流傳千古，與柳宗元並稱「韓柳」。

出處：昌黎先生集
出題率★★★★★

古文鑑賞

古之學者必有師❶。師者，所以傳道❷、受業❸、解惑也❹。人非生而知之者，孰能無惑？惑而不從師，其為惑也，終不解矣。

生乎吾前，其聞道也❺，固先乎吾，吾從而師之❻；生乎吾後，其聞道也，亦先乎吾，吾從而師之。吾師道也，夫庸知其年之先後生於吾乎❼？是故無貴無賤，無長無少，道之所存，師之所存也。

嗟乎！師道之不傳也久矣❽！欲人之無惑也難矣！古之聖人，其出人也遠矣❾，猶且從師而問焉；今之眾人，其下聖人也亦遠矣❿，而恥學於師。是故聖益聖⓫，愚益愚，聖人之所以為聖，愚人之所以為愚，其皆出於此乎？

愛其子，擇師而教之，於其身也⓬，則恥師焉，惑矣！彼童子之師，授之書而習其句讀（ㄉㄡˋ）者也⓭，非吾所謂傳其道，解其惑者也。句讀之不知，惑之不解，或師焉，或不（ㄈㄡˇ）焉，小學而大遺⑭，吾未見其明也⑮。

巫醫、樂師、百工之人⑯，不恥相師⑰；士大夫之族⑱，曰師曰弟子云者，則群聚而笑之。問之，則曰：「彼與彼年相若也，道相似也。位卑則足羞，官盛則近諛。」嗚呼！師道之不復可知矣⑲。巫醫、樂師、百工之人，君子不齒⑳，今其智乃反不能及㉑，其可怪也歟（ㄩˊ）！

聖人無常師㉒，孔子師郯（ㄊㄢˊ）子、萇（ㄔㄤˊ）弘、師襄、老聃（ㄉㄢ）。郯子之徒，其賢不及孔子。孔子曰：「三人行，必有我師。」是故弟子不必不如師，師不必賢於弟子，聞道有先後，術業有專攻㉓，如是而已。

李氏子蟠（ㄆㄢˊ），年十七，好古文㉔，六藝經傳皆通習之㉕。不拘於時㉖，請學於余；余嘉其能行古道㉗，作《師說》以貽（ㄧˊ）之㉘。

【說文解字】

❶學者：求學的人。❷所以：用來。❸受：通「授」，傳授。業：指儒家的經典，即下文的六藝經傳。❹惑：兼指道和業兩方面的疑難問題。❺聞道：懂得道。❻師：動詞，即學習之意。❼庸：須要。❽師道：從師學道的風尚、從師求學的道理。❾出人：超出於一般人。❿下：低於。⓫益：更加。⓬身：自己。⓭句讀：文章休止和停頓處。文中語意完足稱爲「句」，語意未完而稍停頓稱爲「讀」。⓮小：句讀之學。大：學問方面的疑惑。遺：捨棄。⓯明：聰慧、明智。⓰百工：各種工匠。⓱相師：互相學習。⓲族：類。⓳不復：不能恢復。⓴不齒：不和他並列，表示鄙視。齒，並列。㉑乃：卻。㉒常師：固定的老師。㉓專攻：專長。攻，研究。㉔古文：相對駢體文而言之先秦、兩漢的散文。㉕六藝：儒家的六經，指《詩》、《書》、《易》、《禮》、《樂》、《春秋》。通習：通曉熟悉。㉖不拘於時：不受當時士大夫恥於相師的風氣所拘泥。㉗古道：指古人從師問學之道。㉘貽：贈送。

翻譯賞析

古代求學的人一定有老師。老師，是傳授道理、講授六藝經傳、解答疑難的人。人並非一生下來就懂得知識道理，又有誰沒有疑惑呢？有疑問而不跟從老師學習請教，他的問題就永遠不能解決了。

比我早出生的，自然比我早懂得「道」，我當然可以跟著他學習；比我晚出生的，他懂得「道」若比我早，我也應該跟著他學習。我學習「道」的時候，難道還要在乎他比我先出生還是晚出生嗎？因此，不論地位高低、年齡大小，「道」在哪裡，老師就在哪裡。

唉！從師學道的風尚已經失傳很久了。但是，人沒有疑難問題實在太難了！古時候的聖人，他們的才幹智慧遠遠超越一般人，尚且會向老師請教；但現在的一般人，才智德行遠遠不如聖人，卻恥於向老師學習。因此，聖人更加聖明，愚人更加愚昧。聖人之所以成爲聖人，愚人之所以成爲愚人的原因，大概就在於這一點吧！

一個人疼愛自己的孩子，便挑選許多優秀的老師來教他，自己卻恥於向老師學習，這眞是令人感到奇怪啊！而那些孩子們的老師，只是拿著書本教導孩子其中的句讀，並不是我所說的，傳授道理、解答疑難的老師。當不理解句讀時，尚且去請教老師，但無法解答疑難時，卻不去請教老師。只學習微不足道的句讀，卻忽略其他浩瀚的大學問，我看不出這樣做有何明智之處。

巫醫、樂師及各種工匠，他們不以互相學習爲恥辱；而士大夫階級的人，如果有人談到「老師」、「學生」等，大家就會聚在一起加以嘲笑。問他們爲什麼嘲笑，他們會說：「他和他年齡差不多，懂得的道理也差不多。稱地位低的人爲老師，會感到十分羞恥；稱官職高的人爲老師，則會被認爲有諂諛的嫌疑。」唉！從師學道的風尚不能恢復，由此可知。巫醫、樂師和各種工匠，是那些士大夫階層所瞧不起的人，如今士大夫的見識反而不如他們，這眞是奇怪啊！

聖人沒有固定的老師，孔子曾經向郯子、萇弘、師襄、老聃請教。然而郯子等人的學識道德卻比不上孔子，孔子說：「三個人走在一起，一定有可以做我老師的人。」因此，學生不一定不如老師，老師也不一定比學生高明。研習「道」的時間有先後順序，學問也各有專攻，師生之間的差異不過如此罷了。

李家有個孩子名爲蟠，今年十七歲，愛好古文，通曉六經的經文傳文。他不受此時「恥於相師」的風氣束縛，在我這裡求學；我讚賞他能實行古人的從師求學之道，所以寫了這篇《師說》送給他。

國學常識

一、古文運動

①**定義：**魏晉以後盛行駢儷文。唐代稱駢文爲「時文」，因此稱先秦兩漢的散文爲「古文」。古文運動雖然名爲復古，但其實是一種新的散文體裁，開啓日後「文以載道」的先聲。

②**背景：**魏晉以後文尙駢儷，文風綺靡，側重形式，忽略內容。

③**初唐：**陳子昂、張說等人主張以清新的散文矯正駢文之弊，但是尙不成氣候。

④**中唐：**韓愈提倡古文運動，以掃綺靡之風。主張以經史子集爲文學的典範，求其樸實無華、涵蘊教化。柳宗元隨之應和，唐代文風因而改變。

⑤**晚唐五代：**駢文再度復興。

⑥**宋代：**歐陽脩力主崇韓愈之文章，曾鞏、王安石及三蘇繼起，古文遂成文章之正宗。古文運動至此完全成功，但駢儷文體一直留存。

⑦**明代：**宋濂（台閣派）、王守仁、歸有光（唐宋派）。

⑧**清代：**顧炎武、黃宗羲、王夫之、侯方域。桐城派——方苞、劉大櫆、姚鼐。湘鄉派——曾國藩。陽湖派——惲敬、張惠。

⑨**優點：**提倡平淺樸實的散文，空虛華美的駢文因而衰落。主張文學的實用性，使得文學與眞實人生、社會產生聯繫。

⑩**缺點：**造成貴古賤今的觀念。文以載道，使文學淪爲道德的附庸。經史子集成爲文學正統，純文學反成末流。

二、唐宋古文八大家

唐宋古文八大家的稱呼，最先見於宋代眞德秀的《西山讀書記》；其次是明代初年朱右編的《唐宋六先生集》；再其次是明代茅坤所輯的《唐宋八大家文鈔》。

①**韓愈：**字退之，世稱韓昌黎，著有《昌黎先生集》。主張文以載道及陳言務去，汲取秦漢散文的精萃。所作文章氣魄雄渾，語言精鍊，理正詞嚴。

②**柳宗元：**字子厚，世稱柳柳州，著有《柳河東集》。衆體兼擅，遊記、寓言、論辯之作尤爲傑出。爲文雄深雅健，似司馬子長。

③**歐陽脩：**字永叔，自號醉翁，晚號六一居士，著有《歐陽文忠公集》。古文脫胎於韓愈，平易暢

達，情韻綿邈；四六文不尚藻麗，出於自然。

④**蘇洵**：字明允，號老泉，著《嘉祐集》。其文得力於《戰國策》、《史記》，見解高遠，立論精闢。

⑤**蘇軾**：字子瞻，號東坡居士，著有《東坡全集》。散文汪洋恣肆，雄健清新。

⑥**蘇轍**：字子由，號潁濱遺老，著有《欒城集》。汪洋澹泊，精醇溫厚，以政論、史論最見功力。

⑦**王安石**：字介甫，號半山，著有《臨川先生文集》。所作散文多有關政令教化、經世致用，詞簡義深，豪健奇崛。

⑧**曾鞏**：字子固，著有《元豐類稿》。氣勢縱橫，筆法精警，長於議論。

修辭薈萃

一、**映襯**：將兩種相反的觀念或事例對列，讓所欲強調的觀點經比較後更加突出。

例*1*：古之聖人，其出人也遠矣，猶且從師而問焉；今之眾人，其下聖人也亦遠矣，而恥學於師。

例*2*：蟬噪林逾靜，鳥鳴山更幽。（唐代王維《入若耶溪》）

例*3*：舊時王謝堂前燕，飛入尋常百姓家。（唐代劉禹錫《烏衣巷》）

例*4*：我達達的馬蹄是美麗的錯誤。（鄭愁予《錯誤》）

高手過招

請閱讀下列韓愈《師說》，並回答1—3題。**【一〇七年學測試題】**

古之學者必有師。師者，所以傳道、受業、解惑也。人非生而知之者，孰能無惑？惑而不從師，其為惑也，終不解矣。

生乎吾前，其聞道也，固先乎吾，吾從而師之；生乎吾後，其聞道也，亦先乎吾，吾從而師之。吾師道也，夫庸知其年之先後生於吾乎？是故無貴無賤，無長無少，道之所存，師之所存也。

聖人無常師：孔子師郯子、萇弘、師襄、老聃。郯子之徒，其賢不及孔子。孔子曰：「三人行，必有我師。」是故弟子不必不如師，師不必賢於弟子。聞道有先後，術業有專攻，如是而已。

1.（　）**依據上文，下列闡釋正確的是：**

A.「人非生而知之者，孰能無惑」，謂人皆不免有惑，故須從師以解惑。

B.「吾師道也，夫庸知其年之先後生於吾乎」，謂無論少長均應學習師道。

C.「聖人無常師」，謂聖人的教育方法異於一般教師，因此能啟迪後進。

D.「郯子之徒，其賢不及孔子」，謂郯子等人的學生不如孔子弟子優秀。

2.（　）**依據上文，最符合韓愈對「學習」看法的是：**

A.只要有心一定能聞道，學習永遠不嫌遲。

B.智愚之別會影響學習，故聞道有先後。

C.學無止境，自少至長都應該精進地學習。
D.尊重專業，擇師學習不須計較身分年齡。

3.（　）下列文句，與「惑而不從師，其為惑也，終不解矣」同樣強調運用資源以追求成長的是：
A.君子生非異也，善假於物也。
B.梓匠輪輿，能與人規矩，不能使人巧。
C.君子博學而日參省乎己，則知明而行無過。
D.日知其所亡，月無忘其所能，可謂好學也已矣。

4.（　）「古之學者必有師。師者，所以傳道、受業、解惑也。人非生而知之者，孰能無惑？惑而不從師，其為惑也，終不解矣。」上述文字的要旨是：
A.諷刺當時人不尊重老師。
B.取笑人們向老師請教問題。
C.探討老師的教學功能。
D.強調老師的重要性。

5.（　）唐、宋文學家身為科舉時代的知名文士，卻往往在政治現實中屢遭貶謫。下列各選項作品，何者與貶謫經驗無關？
A.韓愈《師說》

傳狀　論辯　奏議　序跋　雜記　小說　韻文

B. 白居易《與元微之書》

C. 范仲淹《岳陽樓記》

D. 蘇軾《前赤壁賦》

6.（　）**韓愈《師說》中，下列何者修辭解釋錯誤？**

A. 人非生而知之者，孰能無惑：疑問

B. 是故無貴無賤，無長無少：類疊

C. 位卑則足羞，官盛則近諛：互文

D. 句讀之不知，惑之不解，或師焉，或不焉：錯綜

7.（　）**「李氏子蟠，年十七，好古文。」請問句中的「古文」是指？**

A. 駢文

B. 散文

C. 古代韻文

D. 甲骨、鐘鼎文

8.（　）**關於韓愈的《師說》一文，下列何者錯誤？**

A. 「聖益聖，愚益愚」是因為「恥學於師」。

B. 「小學而大遺」指的是「句讀之不知，惑之不解，或師焉，或不焉」。

C.韓愈認為「聖人無常師」。

D.「官盛則近諛」是說要使官職越來越大。

9.（　）有關《師說》的敘述，下列何者有誤？

A.以李蟠問學為寫作緣由，實為韓愈欲批評當時士大夫恥學於師的風氣。

B.文章採破題法說明「師」的功能，並用三組對比說明從師問學的重要。

C.柳宗元《答韋中立論師道書》：「奮不顧流俗，犯笑侮，收召後學，因抗顏而為師，世果群怪聚罵，指目牽引，而增與為言詞。」正是韓愈作《師說》的寫照。

D.「孔子師郯子、萇弘、師襄、老聃」，說明聖人的聞一知十。

10.（　）文句中將兩個相反的事實對列，兩相比較，此種修辭法稱為「映襯」。以下何者亦屬於映襯法？

A.師者，所以傳道、受業、解惑也。

B.士大夫之族，曰師曰弟子云者，則群聚而笑之。

C.巫醫、樂師、百工之人，君子不齒，今其智乃反不能及，其可怪也歟！

D.吾師道也，夫庸知其年之先後生於吾乎？

解答：1. A　2. D　3. A　4. D　5. A　6. A　7. B　8. D　9. D　10. C

虯髯客傳

作者簡介

杜光庭（西元八五〇年—西元九三三年），字賓聖，一說字賓至，號東瀛子，處州縉雲人，為唐末五代著名道教學者，師事天台道士應夷節。僖宗時，召見杜光庭，賜以紫服象簡，充麟德殿文章應制，為道門領袖。時人盛讚：「詞林萬葉，學海千尋，扶宗立教，天下第一。」後隱居於青城山白雲溪，潛心修道以終老。杜光庭精通儒道典籍，著作豐碩，《正統道藏》、《全唐文》等籍中皆有收錄。

出處：太平廣記
出題率★★★★☆

古文鑑賞

隋煬帝之幸江都也❶，命司空楊素守西京。素驕貴，又以時亂，天下之權重望崇者莫我若也❷，奢貴自奉，禮異人臣。每公卿入言❸，賓客上謁（ㄧㄝˋ）❹，未嘗不踞（ㄐㄩˋ）床而見❺，令美人捧出❻，侍婢羅列，頗僭（ㄐㄧㄢˋ）於上❼。末年愈甚，無復知所負荷❽，有扶危持顛之心❾。

一日，衛公李靖以布衣來謁❿，獻奇策，素亦踞見之。靖前揖曰：「天下方亂，英雄競起。公以帝室重臣，須收羅豪傑為心，不宜踞見賓客。」素斂容而起⓫，與語，大悅，收其策而退。

當靖之騁辯也⓬，一妓有殊色⓭，執紅拂立於前，獨目靖⓮。靖既去，而執拂妓臨軒指吏⓯，問曰：「去者處士第幾⓰？住何處？」吏具以對，妓誦而去。

靖歸逆旅⓱，其夜五更初，忽聞叩門而聲低者，靖起問焉。乃紫衣帶帽人，杖揭一囊⓲。靖問：「誰？」曰：「妾，楊家之紅拂妓也。」靖遽延入，脫去衣帽，乃十八、九佳麗人也。

素面華衣而拜，靖驚答拜。曰：「妾侍楊司空久，閱天下之人多矣，無如公者。絲蘿非獨生，願托喬木[19]，故來奔耳[20]。」靖曰：「楊司空權重京師，如何？」曰：「彼屍居餘氣[21]，不足畏也。諸妓知其無成，去者眾矣，彼亦不甚逐也[22]。計之詳矣，幸無疑焉。」問其姓，曰：「張。」問其伯仲之次。曰：「最長。」觀其肌膚、儀狀、言詞、氣性，真天人也。靖不自意獲之[23]，愈喜愈懼，瞬息萬慮不安，而窺戶者無停屨。數日，亦聞追訪之聲，意亦非峻，乃雄服乘馬[24]，排闥而去[25]，將歸太原。

行次靈石旅舍[26]，既設床，爐中烹肉且熟。張氏以髮長委地[27]，立梳床前。靖方刷馬，忽有一人，中形，赤髯而虬，乘蹇驢而來[28]，投革囊於爐前，取枕攲臥[29]，看張梳頭。靖怒甚，未決，猶親刷馬。張熟視其面[30]，一手握髮，一手映身搖示靖[31]，令勿怒。急急梳頭畢，斂衽前問其姓[32]。臥客答曰：「姓張。」對曰：「妾亦姓張，合是妹。」遽拜之。問：「第幾？」曰：「第三。」問：「妹第幾？」曰：「最長。」遂喜曰：「今夕幸逢一妹。」張氏遙呼：「李郎且來見三兄！」靖驟拜之，遂環坐。曰：「煮者何肉？」曰：「羊肉，計已熟矣。」客曰：「飢甚。」靖出市胡餅。客抽腰間匕首，切肉共食。食竟[33]，餘肉亂切送驢前食之，甚速。客曰：「觀李郎之行，貧士也。何以致斯異人[34]？」曰：「靖雖貧，亦有心者焉。他人見問，故不言，兄之問，則無隱耳。」具言其由。曰：「然則將何之？」曰：「將避地太原。」曰：「然，吾故謂非君所能致也[35]。」曰：「有酒乎？」曰：「主人西，則酒肆也。」靖取酒一斗，既巡[36]，客曰：「吾有少下酒物，李郎能同之乎？」曰：「不敢。」

於是開革囊，取一人頭並心肝，卻頭囊中㊲，以匕首切心肝，共食之。曰：「此人乃天下負心者，銜之十年㊳，今始獲之，吾憾釋矣。」又曰：「觀李郎儀形器宇㊴，真丈夫也。亦知太原有異人乎？」曰：「嘗識一人，愚謂之真人也㊵，其餘，將帥而已。」曰：「何姓？」曰：「靖之同姓。」曰：「年幾？」曰：「僅二十。」曰：「今何為？」曰：「州將之子。」曰：「似矣，亦須見之。李郎能致吾一見乎？」曰：「靖之友劉文靜者，與之狎㊶，因文靜見之可也㊷。然兄欲何為？」曰：「望氣者言太原有奇氣，使吾訪之。李郎明發，何日到太原？」靖計之日，曰：「某日當到。」曰：「達之明日，方曙㊸，候我於汾陽橋。」言訖，乘驢而去，其行若飛，回顧已失。靖與張氏且驚且喜，久之，曰：「烈士不欺人，固無畏。」促鞭而行。

及期，入太原，候之，相見大喜，偕詣劉氏所㊹，詐謂文靜曰：「有善相者思見郎君，請迎之。」文靜素奇其人，一旦聞有客善相，遽致酒延焉㊺。既而太宗至，不衫不履㊻，裼裘而來㊼，神氣揚揚，貌與常異。虯髯默居坐末，見之心死。飲數杯，招靖曰：「真天子也！」靖以告劉，劉益喜，自負。既出，而虯髯曰：「吾得十八九矣，然須道兄見之。李郎宜與一妹復入京。某日午時，訪我於馬行東酒樓下。下有此驢及一瘦驢，即我與道兄俱在其上矣。到即登焉。」又別而去，靖與張氏復應之。及期訪焉，宛見二乘㊽。攬衣登樓㊾，虯髯與一道士方對飲，見靖驚喜，召坐。環飲十數巡，曰：「樓下櫃中有錢十萬，擇一深隱處駐一妹㊿。畢，某日復會我於汾陽橋。」

如期至，即道士與虯髯已到矣，俱謁文靜。時方弈棋，起揖而語。文靜飛書迎文皇看棋。道士對奕，虯髯與靖旁侍焉。俄而文皇到來[51]，精采驚人[52]，長揖就坐。神氣清朗，滿坐風生，顧盼暐如也[53]。道士一見慘然，斂棋子曰：「此局全輸矣！於此失卻局，奇哉！救無路矣！復奚言！」罷弈請去。既出，謂虯髯曰：「此世界非公世界也，他方可圖。勉之，勿以為念！」因共入京。虯髯曰：「計李郎之程，某日方到。到之明日，可與一妹同詣某坊曲小宅相訪。李郎相從一妹，懸然如磬[54]；欲令新婦祗謁[55]，兼議從容[56]，無前卻也[57]。」言畢，吁嗟而去。

靖策馬遄征[58]，即到京，遂與張氏同往。乃一小板門子，扣之，有應者，拜曰：「三郎令候李郎、一娘子久矣。」延入重門，門益壯麗。婢四十人羅列庭前，奴二十人引靖入東廳。廳之陳設，窮極珍異，巾箱、妝奩、冠、鏡、首飾之盛，非人間之物。巾櫛妝飾畢[59]，請更衣，衣又珍奇。既畢，傳云：「三郎來！」乃虯髯紗帽裼裘而來，亦有龍虎之姿，相見歡然。催其妻出拜，蓋亦天人耳。遂延中堂，陳設盤筵之盛，雖王公家不侔也[60]。四人對饌訖[61]，陳女樂二十人，列奏於前；飲食妓樂，若從天降，非人間之曲。食畢，行酒[62]，家人自堂東舁出二十床[63]，各以錦繡帕覆之。既陳，盡去其帕，乃文簿鑰匙耳。虯髯謂曰：「此盡是寶貨泉貝之數[64]，吾之所有，悉以充贈。何者？某本欲於此世界求事，或當龍戰三二十載[65]，建少功業。今既有主，住亦何為？太原李氏，真英主也，三五年內，即當太平。李郎以奇特之才，輔清平之主[66]，竭心盡善，必極人臣[67]；一妹以天人之姿，蘊不世之藝[68]，從夫而貴，榮極軒裳[69]。非一妹不能識李郎，非李郎不能榮一妹。聖賢起陸之漸[70]，際會如期；虎嘯風生，龍吟雲萃[71]，固非偶然也。將余之贈[72]，以佐真主，贊功業也[73]，勉之哉！此後十年，當東南數千里外有異事，是吾得事之秋也[74]，一妹與李郎可瀝酒東南相賀[75]。」因命家童列拜，曰：「李郎、一妹，是汝主也。」言訖，與其妻從一奴戎裝乘馬而去[76]，數步，遂不復見。靖據其宅[77]，乃為豪家，得以助文皇締構之資[78]，遂匡天下[79]。

貞觀十年，靖位至左僕射平章事，適東南蠻入奏曰[80]：「有海船千艘，甲兵十萬，入扶餘國，殺其主自立，國已定矣。」靖心知虬髯得事也。歸告張氏，具禮相賀，瀝酒東南祝拜之。乃知真人之興也，非英雄所冀，況非英雄者乎？人臣之謬思亂者，乃螳臂之拒走輪耳[81]。我皇家垂福萬葉[82]，豈虛然哉！或曰：「衛公之兵法，半是虬髯所傳也。」

【說文解字】

❶幸：天子駕車所到之處。❷權重望崇：權位勢力崇高重要。崇，高。若：如。❸入言：前來議事。❹謁：下屬晉見上位者。❺踞：伸腿而坐。❻捧出：簇擁而出。❼僭：超越本分所應該做的事。❽負荷：承擔。此處指自己所應擔負的責任。❾扶危持顛：挽救危亡顛覆的局勢。❿布衣：平民。⓫斂容：端整容貌、神色肅靜的樣子。⓬騁辯：滔滔不絕的談論。騁，恣意放縱。⓭殊色：與眾不同的姿色。⓮獨目：特別注意。獨，僅。⓯軒：長廊上的窗。⓰處士：有才學而隱居不做官的人。⓱逆旅：旅店。⓲揭：肩負。⓳絲蘿非獨生，願托喬木：意謂女子願將終生託付與君，共結連理。絲蘿，菟絲和女蘿，多寄生於其他植物身上。⓴奔：古代男女嫁娶未經媒妁者稱爲「奔」。㉑屍居餘氣：只比死人多一口氣。㉒逐：追究。㉓不自意：沒有想到。㉔雄服：改穿男裝。㉕排闥：撞出城門。㉖行次：外出夜宿。㉗委地：拖到地上。委，放置。㉘蹇驢：跛腳的驢子。㉙攲：斜。㉚熟視：仔細觀看。㉛映：隱藏。㉜斂衽：整理服

裝儀容，以表示尊重。衽，衣襟。(33)竟：完畢。(34)異人：懷有特殊本領之人，此處指紅拂女。(35)故：本來。(36)巡：為在座的人倒酒。(37)卻：退。(38)銜：懷恨在心。(39)器宇：儀表氣度。(40)愚：自稱的謙詞。(41)狎：親近。(42)因：藉由。(43)曙：天剛亮。(44)詣：到。(45)延：邀。(46)不衫不履：僅穿著一般的居家衣服。(47)裼：穿上外衣。(48)乘：古代計算車輛的單位。此處引申為坐騎，指上文的驢與瘦驢。(49)攬衣：提起衣服。(50)駐：安置。(51)文皇：指李世民。唐太宗初諡文皇帝，故稱之。(52)精采：精神光采。(53)暐如：光輝的樣子。(54)懸然如磬：比喻家裡貧困、一無所有。(55)祈謁：拜見。(56)從容：行動、舉止。(57)卻：推辭。(58)遄征：迅速前進。遄，快速。(59)巾櫛：洗臉梳頭。巾，擦洗用的布。櫛，梳子。(60)侔：相等。(61)饌：飲食。(62)行酒：勸人喝酒。(63)家人：僕役。舁：扛。床：放東西的架子。(64)泉貝：指錢幣。泉，錢的古稱，取錢幣如泉水般流通之意。貝，古代以貝為貨幣。(65)龍戰：群雄割據相爭。(66)清平：清廉公正。(67)極人臣：居於人臣中最高的官位。極，達到最高點。(68)不世之藝：世間少見的才藝、才能。不世，世所罕有。(69)軒裳：顯貴的人。(70)起陸之漸：比喻群雄乘時而起。漸，事物發展的開端。(71)虎嘯風生，龍吟雲萃：比喻英雄豪傑掌握時機，奮發而起。(72)將：持。(73)贊：幫助、輔佐。(74)秋：時候。(75)瀝酒：把酒灑在地上。(76)戎裝：軍裝。(77)擄：擁有。(78)締構：建立。此處意謂開拓天下、建立新朝。(79)匡：正。(80)適：恰巧。(81)螳臂之拒走輪：比喻不自量力。走，疾行。輪，車輪，此處代指車子。(82)葉：世代。

翻譯賞析

隋煬帝前往江都玩樂時，命令司空楊素留守西京長安。楊素一向驕傲怠慢，加上當時政局混亂，他自以為大權在握，聲望浩大，誰也比不上他，因此生活非常奢侈鋪張，超越一般人臣應該遵守的分際。每當同朝公卿前來商議事情，或賓客上門拜見時，楊素總是打開兩腿坐在軟榻上，由美人簇擁而出，還有不少婢女侍立一旁，排場之大，有時甚至超越皇上。晚年他更變本加厲，忘記自己所負的責任，毫無扶持政局、安定天下的心思。

有一天，衛國公李靖以平民的身分拜見楊素，向他提出不少計謀，楊素仍然伸開兩腿坐在軟榻上。李靖作揖拜見，說：「如今天下動蕩不安，各路英雄好漢都想趁機做出一番事業。您身爲皇室的重要大臣，應該想方設法網羅人才，不宜如此傲慢地對待前來拜見您的客人。」楊素聽了之後，立刻露出恭敬的神色，站起身來向李靖道歉，並與他暢談一番。二人相談甚歡，楊素遂接受李靖的建議。

正當李靖高談闊論的時候，有一個特別漂亮的歌妓，手裡拿著紅色的拂塵站在李靖的前方，打量著他。李靖離開後，那名歌妓來到走廊上，問侍衛：「那位離開的公子排行第幾？家住何處？」侍衛一一回答，那個歌妓喃喃唸著走了進去。

當晚五更時，李靖回到旅館，忽然聽到輕輕的敲門聲，他急忙起身開門詢問。只見一個身披紫色長袍、頭戴帽子、肩上挑著一個包袱的人。李靖問：「你是誰？」來人說：「我是楊素家手拿紅拂的歌妓。」李靖趕忙讓她進來，她脫去長袍和帽子後，原來是一個十八、九歲的姑娘。她的臉上脂粉未施，穿著錦繡衣服，向李靖盈盈下拜。李靖大吃一驚，慌忙還禮。她說：「我在楊司空家待了很久，見過不少人，可是他們當中沒有一個人能比得上您。菟絲和女蘿無法獨立生長，必須寄生在高大的樹木上，所以我特來投奔您。」李靖說：「楊司空在京師位高權重，被他發現了怎麼辦？」她答：「如今的他只比墳墓裡的死人多一口氣，沒什麼可怕的。楊家歌妓們知道他成不了大事，許多人都逃走了，他也不去追查。這些我都已經仔細考慮過了，請放心。」李靖問她姓氏，她說：「姓張。」問她的排行，她答：「最大。」李靖端詳著她的外貌、儀態、談吐、性情，簡直跟天上的仙女一樣。他沒想到自己會得到一位天仙，心中既高興又害怕，一時之間，內心各種想法起伏不定，不停地走到門口張望。過了幾天，聽說楊家正在追尋歌妓，但是動作似乎沒有很緊迫，於是便讓她改穿男裝，騎著馬，一起衝出城門，打算回到太原。

到了靈石縣，他們投宿在一家旅店。床鋪好後，爐子上燉煮的肉也快熟了。張氏的頭髮長至拖到了地上，正站在床前梳頭；李靖正在刷洗馬匹。忽然有一名中等身材的男子，留著滿臉彤紅的落腮鬍，騎著驢，慢慢地走進旅店；下了驢，他把一個皮囊扔到爐子前，隨意拿個枕頭斜靠在床上看張氏梳頭。李靖十分生氣，正欲發作，又壓抑下脾氣，繼續刷著馬。張氏仔細觀察了那名男子，一手握著頭髮，一手藏在身後對李靖搖擺示意，叫他不要衝動。張氏急急忙忙梳好頭，理好衣裝便向那名男子行禮，請教他貴姓。虯髯客回答：「姓張。」張氏隨即接口：「我也姓張。算起來是你的妹妹。」並立刻對他下拜。又問他排行第幾。回答：「老三。」接著他問張氏是第幾。張氏說：「最大。」虯髯客高興地說：「今天竟能遇上同宗的妹妹，眞是太巧了。」張氏朝院子裡喊：「李郎快來見見三哥！」李靖立刻過來行禮相見，三個人圍坐在一起。虯髯客問：「這爐上燉的是什麼肉？」李靖說：「羊肉，差不多已經熟透了。」虯髯客說：「正好，我肚子快餓死了。」李靖又出去買了些燒餅回來。虯髯客拔出腰間佩帶的短劍，把肉切了三人分著吃。吃飽後，虯髯客把剩下的肉切碎，送到驢子前面，驢子吃得很快。虯髯客說：「我問句話，你別介意。我看你似乎是個窮書生，怎麼會得到這樣一位出色的佳人呢？」李靖說：「我雖然窮，但也是個有心人。要是別人問起，我是不會說的，如今兄長過問，我則不敢隱瞞。」於是便把經過詳細說明。虯髯客又問：「那麼，你們打算到哪裡去？」李靖說：「打算到太原。」虯髯客說：「這麼說來，原來是佳人自願跟隨你。」再問：「有酒嗎？」李靖說：「旅店西邊就有一家酒舖。」李靖出去打了一斗酒回來，兩人斟飲過一輪後，虯髯客說：「我有一些下酒的小菜，李郎可願一起吃？」李靖趕忙說：「不敢當。」虯髯客打開皮囊，拿出一顆人頭和一副心肝來，又把人頭放回皮囊裡，拿起短劍把心肝切碎，跟李靖一起配酒吃。他說：「這是個天底下最忘恩負義的人，我對他懷恨在心已經有十年，如今總算除掉他，消了我心中的怨氣。」接著又說：「看你的儀態氣度，眞是個大丈夫。你可曾聽說太原那裡還有什麼傑出的人才嗎？」李靖說：「我認識一位，依我看頗有帝王之相，其餘的只不過是將帥之才罷了。」虬髯客問：「姓什麼？」李靖答：「和我同姓。」又問：「年紀多大？」李靖說：「只有二十歲。」又問：「現在在做什麼？」李靖說：「是太原留守的兒子。」虬髯客沉吟道：「看來應該就是他了，我也想和他見面，李郎能夠設法讓我跟他見上一面嗎？」李靖說：「我有個朋友叫劉文靜，和他很熟，可以請他幫忙引見。不過，大哥爲何要見他？」虬髯客說：「我認識一位善於觀望氣象的人，他說在太原一帶有『王氣』，叫我去查訪一下。你明天動身，何時可以到達太原？」李靖算一下日期，約略說了個時間。虬髯客說：「你抵達太原的第二天，天亮時分，在汾陽橋等我。」說完，他隨即跨上驢子離開，那驢子跑得很快，一回頭就看不見了。李靖和張氏又是驚奇又是高興，過了一會兒才說：「俠士是不會騙人的，用不著顧慮。」於是也跟著策馬離開。

到了約定的日子，進入太原，果然又碰見虬髯客，李靖很高興，兩人一同來到劉文靜家，向劉文靜謊稱：「這一位先生會看相，想見李公子，勞煩你邀請他來一趟。」劉文靜一向認爲李世民非同常人，如今聽說來的客人會看相，馬上派人邀請李世民。派去的人剛回來，李世民也跟著到來。他沒有穿著正式的袍服和靴子，皮衣敞開著，大步走進來，神采飛揚，相貌非凡。虬髯客默不作聲地坐在末席，見到他後立即死心。喝了幾杯之後，他把李靖招到一邊說：「的確是個眞命天子啊！」李靖把話轉告劉文靜，劉文靜更加高興，認爲自己果然沒有看走眼。兩人告辭離開劉家後，虬髯客對李靖說：「我已經有十之八九的把握了，可是還得讓我的道兄見一見。李郎應該再跟大妹到京城一趟，在去之前挑一天下午，到馬行東邊的一家酒樓來找我。只要看到酒樓下面有這頭驢子和另一頭瘦驢，就表示我和道兄都在樓上，你便立刻上樓。」說完，便與李靖分手離去。李靖和張氏依約前往，果然在酒樓下看到兩頭驢子。李靖撩起衣角，大步登上樓，看見虬髯客正和一個道士暢飲，他們見到李靖，又驚又喜，邀他坐下。三人喝了十幾遍酒，虬髯客囑咐道：「樓下櫃子中有十萬文錢，你找一個幽深隱密的地方把大妹安頓好，改日再跟我們在汾陽橋會面。」

李靖如期趕往，道士和虬髯客已經在那裡，李靖就帶他們去見劉文靜。劉文靜正在下棋，雙方行禮入坐後，便攀談了起來。文靜知道他們的來意，馬上寫信請李世民來觀棋。這時道士和文靜二人對局，虬髯客和李靖陪坐在一旁。過了一會兒，李世民來了，風采光耀照人。他拱手行禮後坐下，神色爽朗，和眾人談笑風生，顧盼之間，目光炯炯有神。道士一見，臉色慘淡，放下棋子嘆道：「這一局全輸了！就在這一著上失敗了，要救也沒有路了！唉，再也沒有什麼好說的了！」接著便告辭了。三個人走到外面，道士對虬髯客說：「這天下不是你的了，到別的地方去發展吧！希望你好好努力，別再把這裡掛在心上了！」於是和李靖一行回去西京。虬髯客說：「我計算李郎的行程，某日可以到達西京，到達的第二天，請你和大妹到某棟屋子來找我。李郎雖有大妹作伴相隨，然而家裡什麼也沒有，生活很清苦；我想讓我的妻子和你們見見面，談論日後的行事動向，請勿推辭。」說完，便連聲嘆息地走了。

李靖騎馬回去，不久到了西京，和張氏一同來到約定的地方。他們看見一個小板門，便敲了幾下，有人開門迎接，恭敬地下拜道：「奉三郎的命，恭候李郎和大娘子已有好一會兒了。」然後帶著他們走過好幾道門，一道比一道高大。還有四十個丫鬟整整齊齊地佇列在院子裡，另外有二十名奴僕引導李靖和張氏走進東廳。廳內的擺設珍貴奇異至極，巾箱、妝奩、帽子、銅鏡、首飾精美貴重得都不像是普通人家的東西。接著請他們梳洗妝飾，更換衣服，衣服也十分珍奇。一切妥當後，下人連聲傳呼：「三郎來了！」只見虯髯客戴著紗帽，敞開著皮衣，闊步走進廳來。三人相聚，高興極了。虯髯客急忙喚妻子出來和李靖、張氏見面，虯髯客之妻也是美如天仙。他們移駕到中堂宴飲，堂上的陳設和宴席上的金盤玉盞、山珍佳餚，就連王侯也比不上。四個人入座後，由二十名女子組成的樂隊在席前演奏助興，樂聲優美動聽得不像人間的曲調。宴會完畢，又敬過酒，只見僕役們從廳堂東邊抬出二十個架子來，上面用繡著花的綢帕遮蓋著。架子全部放好後，揭開綢帕一看，上面擺的都是帳簿、鑰匙一類的東西。虯髯客對李靖說：「這裡都是錢銀財寶的帳目。我的家產如今全送給你了。你一定很好奇吧？我本來想在這裡建功立業，闖出一片天下。然而現在江山已經有了主人，再住下來也沒什麼意思。太原李氏是個英明的君主，不出三五年，天下就可以太平。李郎憑藉卓越的才能，盡心輔佐眞命天子，定能成爲數一數二的人物；大妹有著天仙一樣的容貌，並具有世間罕見的才藝，一定會跟著丈夫飛黃騰達，榮華富貴享受不盡。沒有大妹，就沒有人賞識李郎；沒有李郎，就難以榮耀大妹。聖君的興起必須有賢臣輔佐，這就像預定好的一樣；風從虎，雲從龍，這不是偶然的事情。我這一點財產，正好用來幫助眞命天子，你們好好努力吧！十年之後，若是聽到東南幾千里外有大事發生，那就是我得志成功的時候，大妹和李郎可以面向東南，舉杯祝賀。」又命僮僕們一齊向李靖下拜，吩咐道：「李郎和大妹以後就是你們的主人了。」說完，他便和妻子帶著一個奴僕，換上軍裝騎馬離去，幾步之後，便看不見了。李靖得到了虯髯客的產業，成爲豪門富戶，於是他便用這些財力幫助李世民起義創業，最後統一天下。

貞觀十年，李靖官任尚書左僕射，有一天恰巧碰上南蠻送來奏章：「有船上千艘，大軍十萬人，進攻扶餘國，殺死國君，建立新王朝，局面已經安定。」李靖看了，便知是虯髯客成功了。回到家中告訴張氏，夫婦兩人隨即穿上禮服，面向東南方下拜，將酒灑在地面，爲他祝賀。由此可知，眞命天子的興起乃是上天注定的，即使是英雄也無法想要就可以得到，更何況不是英雄的人。爲人臣子若是妄想叛亂，就好比螳臂擋車，結果只會被輾得粉身碎骨。皇室之所以能福被萬世，豈是憑藉僥倖呢？還有人說：「李衛公的兵法，多半是虯髯客傳授給他的。」

國學常識

一、傳奇

傳奇，指唐代的虛構文言短篇小說。因唐代裴鉶的小說曾以傳奇爲名，後人便稱唐代文言短篇小說及模仿其體例的作品爲「傳奇」，又稱「唐傳奇」或「傳奇文」。傳奇上承六朝神怪小說，始創於初唐，大盛於中唐。典型的傳奇與一般筆記小說、志怪小說不同，具有複雜的情節、曲折的描寫。傳奇開創中國短篇小說的形式，並爲後世小說和戲曲提供大量故事素材。唐傳奇的內容約可分爲四大類：

①**警示**：結合志怪與寓言色彩，旨在諷喻當時士人熱衷功名的心態。

②**歷史**：改編史實故事，藉以諷喻時政，並表達內心不滿。

③**愛情**：描述才子佳人或文人名妓，女主角多出身卑微、勇於追愛，男主角則常因權利而薄倖。

④**俠義**：行俠仗義、剷奸除惡，主要反映晚唐動亂時期，百姓期待英雄拯救的心情。

成語集錦

一、**屍居餘氣**：比喻此人軀殼雖在，但僅存一絲氣息，就像屍首一樣。形容人之將死，或形容人沒有作爲、暮氣沈沈。

原典 彼屍居餘氣，不足畏也。諸妓知其無成，去者眾矣，彼亦不甚逐也。計之詳矣，幸無疑焉。

書證 1：勝退告爽曰：「司馬公屍居餘氣，形神已離，不足慮矣。」（唐代房玄齡《晉書・帝記第一》）

書證 2：屍居餘氣，永無再瞻軒陛之期；老生常談，莫敘仰戴丘山之意。（宋代陸游《落職謝表》）

書證 3：長劍雄談態自殊，美人巨眼識窮途。屍居餘氣楊公幕，豈得羈縻女丈夫？（清代曹雪芹《紅樓夢》）

二、**不衫不履**：衣鞋不整的樣子。形容灑脫而不事修飾、不拘小節。

原典 既而太宗至，不衫不履，裼裘而來，神氣揚揚，貌與常異。

書證 1：這個人也是個不衫不履的人，與家父最為相契。（清代劉鶚《老殘遊記》）

三、**虎嘯風生**：虎吼生風，比喻英雄豪傑得到時機，奮發而起。

原典 聖賢起陸之漸，際會如期；虎嘯風生，龍吟雲萃，固非偶然也。

書證 1：虎嘯風生，龍騰雲起，英賢奮發，亦各因時。（唐代李延壽《北史・張定和傳》）

修辭薈萃

一、雙關：一語同時兼顧兩種事物或兼含兩種意義。

字音雙關 又稱諧音雙關。一個字詞兼含另一個與本字詞同音，或音近字詞的意義。

詞義雙關 一個字詞兼含兩種意義或事物。

句義雙關 一句話或一段文字兼含兩種意義或事物。

例1：此局全輸矣！於此失卻局，奇哉！救無路矣！復奚言！

☆Tips. 句義雙關。「此局全輸矣」指棋局輸了，兼指虯髯客逐鹿天下無望。

例2：子在川上曰：「逝者如斯夫！不舍晝夜。」（《論語．子罕》）

☆Tips. 句義雙關。「逝者如斯」指河水流去不復返，兼指時間過去，永遠無法回頭。

例3：不寫情詞不寫詩，一方素帕寄心知。心知接了顛倒看，橫也絲來豎也絲，這般心事有誰知？（明代馮夢龍《山歌》）

☆Tips. 字音雙關。「絲」指錦帕的絲線，兼指思念之意。

高手過招（＊為多選題）

＊1.（　）下列關於文學常識的敘述，正確的選項是：

A.「傳奇」本指情節曲折離奇的唐代文言短篇小說，《虯髯客傳》即其代表作。

B.「行」、「歌行」均為樂府詩體式，佚名《飲馬長城窟行》、白居易《琵琶行》皆屬之。

C.「書」可用於下對上，如李斯《諫逐客書》；亦可用於平輩之間，如白居易《與元微之書》。

D.「賦」盛行於兩漢，歷魏晉、隋唐，至宋而不衰；其中宋賦受古文影響，傾向散文化，蘇軾《赤壁賦》即其代表作。

E.唐宋以來，「記」體文學迭有名篇，或書寫山水名勝，或描寫特定名物，不一而足。范仲淹《岳陽樓記》、歐陽脩《醉翁亭記》即屬前者；柳宗元《始得西山宴遊記》、袁宏道《晚遊六橋待月記》則屬後者。

*2.（　）**下列文句，含有「祈使語氣」的是：**

A.當獎帥三軍，北定中原，庶竭駑鈍，攘除奸兇。

B.焉得登枝而捐其本？爾曹其存之。

C.修己以安百姓，堯、舜其猶病諸。

D.推王君之心，豈愛人之善，雖一能不以廢。

E.諸妓知其無成，去者眾矣，彼亦不甚逐也。計之詳矣，幸無疑焉。

3.（　）**下列選項「」內的字義，何者兩兩相同？**

A.失其所與，不「知」／「知」之為知之，不知為不知，是知也

B.負者歌於途，行者「休」於樹／將崇極天之峻，永保無疆之「休」

C.呂公女，「乃」呂后也／此人「乃」天下負心者也，銜之十年，今始獲

D.信手把筆，隨意亂「書」／夫子房受「書」於圯上之老人也，其事甚怪

4.（　）**（甲）靖出「市」胡餅。（乙）彼「屍」居於氣。（丙）非李郎不能「榮」一妹。（丁）顧托「喬木」。以上何者為轉品修辭？**

A.甲乙丙丁

B.甲乙丙

C.乙丙丁

D.甲丙丁

5.（　）**下列有關杜光庭《虯髯客傳》一文的敘述，何者錯誤？**

A.就文章形式而論，屬於唐代的「傳奇」小說。

B.就文章內容而論，屬於「豪俠類」小說。

C.全文透過風塵三俠，說明唐朝建立，乃天命所歸。

D.李靖以「絲蘿非獨生，願托喬木」，向紅拂女求婚。

6.（　）**下列文句，何者未使用時間副詞？**

A.俄而文皇到來，精采驚人。

B.少焉，月出於東山之上。

C. 方是時，余之力尚足以入。

D. 已而夕陽在山，人影散亂。

7.（　）**下列文句「」中的字，何者讀音兩兩相同？**

A. 靖之友劉文靜者，與之「狎」／勉強「呷」了兩口湯

B. 斂「衽」前問其姓／「壬」戌之秋，七月既望

C. 侍婢羅列，頗「僭」於上／乃「簪」一花

D. 窺戶者無停「屨」／農夫躡絲「屨」

解答：1. ABCD 2. ABE 3. C 4. B 5. D 6. C 7. A

3

宋和明清

前赤壁賦

作者簡介

蘇軾（西元一〇三七年—西元一一〇一年），字子瞻，號東坡居士，四川眉山人，世稱蘇東坡。蘇軾因反對王安石變法與後來保守派的做法，多次遭貶，並曾因「烏台詩案」下獄，幾乎喪命。蘇軾在文學方面有極大成就，詩詞、散文、書法、繪畫，樣樣精通，並開創詞壇「豪放派」之風，一改晚唐、五代以來綺靡的詞風。與父親蘇洵、弟弟蘇轍合稱「三蘇」，父子三人同時名列唐宋八大家。

出處：東坡全集
出題率★★★★☆

古文鑑賞

壬戌之秋，七月既望❶，蘇子與客泛舟遊於赤壁之下。清風徐來，水波不興。舉酒屬客❷，誦《明月》之詩，歌《窈窕》之章。少焉，月出於東山之上，徘徊於斗牛之間。白露橫江，水光接天。縱一葦之所如❸，凌萬頃之茫然❹。浩浩乎如馮虛御風❺，而不知其所止；飄飄乎如遺世獨立❻，羽化而登仙❼。

於是飲酒樂甚，扣舷而歌之❽。歌曰：「桂棹兮蘭槳，擊空明兮泝流光❾。渺渺兮予懷，望美人兮天一方❿。」客有吹洞簫者，依歌而和之。其聲嗚嗚然，如怨如慕，如泣如訴；餘音嫋嫋⓫，不絕如縷；舞幽壑之潛蛟，泣孤舟之嫠婦⓬。

蘇子愀然⓭，正襟危坐⓮，而問客曰：「何為其然也？」

客曰：「『月明星稀，烏鵲南飛』，此非曹孟德之詩乎？西望夏口，東望武昌，山川相繆⓯，鬱乎蒼蒼，此非孟德之困於周郎者乎？方其破荊州，下江陵，順流而東也，舳艫千里⑯，旌旗蔽空，釃酒臨江⑰，橫槊賦詩⑱，固一世之雄也⑲，而今安在哉？況吾與子漁樵於江渚之上⑳，侶魚蝦而友麋鹿，駕一葉之扁舟，舉匏樽以相屬㉑；寄蜉蝣於天地㉒，渺滄海之一粟。哀吾生之須臾，羨長江之無窮。挾飛仙以遨遊，抱明月而長終。知不可乎驟得，托遺響於悲風㉓。」

蘇子曰：「客亦知夫水與月乎？逝者如斯，而未嘗往也；盈虛者如彼，而卒莫消長也。蓋將自其變者而觀之，則天地曾不能以一瞬；自其不變者而觀之，則物與我皆無盡也，而又何羨乎？且夫天地之間，物各有主，苟非吾之所有，雖一毫而莫取。唯江上之清風，與山間之明月，耳得之而為聲，目遇之而成色。取之無禁，用之不竭，是造物者之無盡藏也，而吾與子所共適㉔。」

客喜而笑，洗盞更酌。肴核既盡，杯盤狼藉㉕。相與枕藉乎舟中㉖，不知東方之既白。

【說文解字】

①既望：過了望日，即十六日。望，農曆每月十五日。②屬：把注，後引申爲勸酒。③縱：聽任。一葦：比喻小船。④凌：越過，指小船在江面上划過。茫然：形容江面迷茫曠遠。⑤馮虛：凌空。馮，通「憑」，憑依。虛，天空。⑥遺世獨立：脫離俗世而獨自生存。⑦羽化：道教認爲人能飛升成仙，如生羽翼一樣，故稱成仙爲羽化。⑧扣舷：敲打著船邊。⑨空明：指在月光映照下的清澄江面。流光：水波上流動的月光。泝：通「溯」，逆流而上。⑩美人：指所思念的人。⑪嫋嫋：形容聲音不絕、若斷若續。⑫嫠婦：寡婦。⑬愀然：憂愁淒愴的樣子。⑭正襟危坐：整理服裝儀容，端正地坐好。形容莊重嚴肅的樣子。⑮繆：通「繚」，盤繞。⑯舳艫：船尾和船頭連接。舳，船後掌舵處。艫，船前搖棹處。⑰釃酒：在江面上灑酒，表示對古代英雄豪傑的憑弔。⑱槊：長矛。⑲固：本來。⑳江渚：江中的

小陸地。渚，小洲，水中的小陸地。㉑匏樽：以乾匏製成的酒器，後泛指一般酒器。匏，一種葫蘆。果實圓大而扁，曬乾後可作爲涉水的交通工具，從中剖開亦可作爲盛水的容器。㉒蜉蝣：身長六、七公分，體細而狹，有四翅。夏秋之際，多近水而飛，往往數小時即死。後用以比喻生命短暫。㉓遺響：（簫聲）餘音。悲風：秋天淒厲的風。㉔適：享受。㉕狼藉：散亂的樣子。藉，通「籍」。㉖枕藉：互相枕靠著睡覺。

翻譯賞析

壬戌年的秋天，七月十六日，我與客人乘船遊於赤壁之下。清風緩緩地吹拂而來，江面水波平靜無浪。舉起酒杯，邀客人同飲，吟詠著《明月》的詩篇並歌唱《窈窕》一章。過了一會兒，月亮從東山上冉冉升起，徘徊在北斗和牽牛星之間。白茫茫的霧氣籠罩著江面，水光與夜空連成一片。我們任憑這艘小舟在茫茫萬頃的江面上隨意飄動。浩浩蕩蕩地就像凌空御風，不知道將會停留於何處；輕快飄逸得彷彿超脫了塵世，無拘無束，飛升成仙。

大家喝著酒，高興極了，便敲著船舷唱起歌來。歌詞大意是：「桂木做的棹啊，蘭木製的槳，拍打著清澈的江水，迎著流動的波光。我渺遠廣闊的胸懷啊，仰望著思念的人兒，他在天的那一方。」有一個客人會吹洞簫，他隨著歌聲吹簫應和。簫聲嗚嗚，似怨恨又似思慕，如哭泣又如傾訴；餘音繚繞，若斷若續，宛如綿綿的細絲；使潛伏在深淵中的蛟龍起舞，令孤舟上的寡婦聞聲啜泣。

我不禁感傷起來，整整衣襟，端正地坐直身，問客人道：「你的簫聲爲什麼這般淒涼呢？」

客人說：「『月明星稀，烏鵲南飛』，這不是曹操的詩句嗎？向西望是夏口，向東望是武昌，山川繚繞，一片蒼翠，這裡不是曹操曾被周瑜擊敗的地方嗎？當他佔領荊州，攻下江陵，順著長江東下的時候，戰船前後相連，綿延千里，旌旗遮蔽了天空。他對江灑酒，橫矛吟詩。原本是一代英雄的曹操，如今人又在哪裡呢？何況渺小如你我，只能在江中沙洲上捕魚打柴，以魚蝦爲伴、麋鹿爲友，駕著一葉小舟，舉起酒杯互相勸飲；就如同蜉蝣一樣將短促的生命寄託於天地之間，渺小得像大海中的一顆穀粒。我慨嘆自己生命的短促，羨慕長江的無窮無盡；希望和仙人一起遨遊，與明月一同長存。我知道這是不可能的，便只能將滿腔的無奈寄情於簫聲中，應和著悲涼的秋風。」

我說：「你知道那江水和月亮嗎？江水不停地流逝，但其實並沒有流走；月亮總是缺了又圓，但始終沒有增減。如果從它們變化的一面來看，那麼天地萬物連眨眼的瞬間都有變化；如果從不變的一面來看，則萬物和我們都將永恆，又有什麼值得羨慕的呢？再說，天地之間，萬物都有各自的主人，假如不是我所擁有的東西，即使是一絲一毫也不要取用。只有這江上的清風、山間的明月，耳朵聽到了就成爲樂音，眼睛看到了就成爲美景，沒人能禁止我取用它們，使用它們也沒有窮盡的一刻，這是大自然無窮無盡的寶藏，我和你可以共同享受它們。」

客人聽完，高興地笑了，洗淨酒杯重新倒滿酒。菜餚、水果已經被吃光，席面上杯盤散亂。大家互相枕靠著睡在船中，不知不覺東方天空已經發白。

國學常識

一、賦

①**定義**：中國文學所獨具之文體，介於詩與文之間，只可誦，不可入樂。

②**名稱：**荀子《賦篇》最早以「賦」名篇。

③**起源：**導源於詩，興於楚辭。

④**漢代：**稱爲「大賦」、「古賦」。漢賦盛行，詞藻華麗，好堆砌冷僻文字、長篇巨幅。「賦聖」司馬相如，著有《子虛賦》、《上林賦》。「漢賦四傑」爲司馬相如、揚雄、班固、張衡。

⑤**魏晉南北朝：**稱爲「小賦」、「徘賦」、「駢賦」。篇幅縮小，抒情多於鋪陳。左思，著有《三都賦》，造成一時洛陽紙貴。陸機，著有《文賦》，爲使用駢體寫成的文學批評之作。

⑥**唐代：**稱爲「律賦」。平仄、對偶工整，但較無文學價値。

⑦**宋代：**稱爲「文賦」、「散賦」。抒情寫景，極近散文。

⑧**明清：**稱爲「股賦」。

成語集錦

一、如訴如泣：像在哭泣，又像在訴說。比喻聲音淒楚哀怨。

原典 客有吹洞蕭者，依歌而和之。其聲嗚嗚然，如怨如慕，如泣如訴。

書證1：師涓重整弦聲，備寫抑揚之態，如訴如泣。（明代余邵魚、馮夢龍《東周列國志》）

書證2：那一夜朕在清修院歇，隔垣聽得謝妃子的琵琶，真個彈得如怨如慕，如泣如訴，令人聽之忘寐。（清代褚人獲《隋唐演義》）

二、橫槊賦詩：形容意氣風發的樣子。槊，長八丈的矛。

原典 釃酒臨江，橫槊賦詩，固一世之雄也，而今安在哉？

書證 1：曹氏父子鞍馬間為文，往往橫槊賦詩。（唐代元稹《唐故工部員外郎杜君墓係銘》）

三、一世之雄：一代英雄人物。

原典 釃酒臨江，橫槊賦詩，固一世之雄也，而今安在哉？

書證 1：劉裕足為一世之雄；劉毅家無擔石之儲，摴蒱一擲百萬；何無忌，劉牢之甥，酷似其舅。共舉大事，何謂無成。（南朝沈約《宋書．武帝本紀上》）

四、滄海一粟：大海中的一粒粟米，比喻渺小而微不足道。

原典 況吾與子漁樵於江渚之上，侶魚蝦而友麋鹿，駕一葉之扁舟，舉匏樽以相屬；寄蜉蝣於天地，渺滄海之一粟。

書證 1：俯仰宇宙間，滄海渺一粟。（元代貢師泰《天台山林氏山齋四詠．琅玕谷》）

書證 2：宋陰念一身蜩寄世間，真如恆河一沙，滄海一粟。（清代和邦額《夜譚隨錄卷三．宋秀才》）

五、取之不盡，用之不竭：資源豐富，取用不完。

原典 取之無禁，用之不竭，是造物者之無盡藏也，而吾與子所共適。

書證 1：在貧道乃是取之不盡而用之不竭的，何足介懷。（清代李綠園《歧路燈》）

修辭薈萃

一、轉化：將抽象或無生命的事物以具體事例代替。描述一件事物時，轉變它原來的性質，化成另一種與本質截然不同的事物。

擬人化 將無生命的物品賦予具體的行為，使它們似乎是有了生命似的。

擬物化 將有生命的人物轉變為虛構的狀態，或是將此物擬彼物。

形象化 把抽象的事物當成具體的事物描寫。

例 1：少焉，月出於東山之上，徘徊於斗牛之間。

✰ Tips. 擬人化。

例 2：在天願作比翼鳥，在地願為連理枝。（唐代白居易《長恨歌》）

✰ Tips. 擬物化。

例 3：我見青山多嫵媚，料青山見我應如是。（宋代辛棄疾《賀新郎》）

✰ Tips. 擬人化。

例 4：那就摺一張闊些的荷葉／包一片月光回去／回去夾在唐詩裡／扁扁地／像壓過的相思

（余光中《滿月下》）

✰ Tips. 形象化。

高手過招（*為多選題）

*1.（　）下列文句「」內的敘述，涉及天文星象的選項是：

A.《古詩十九首．明月皎夜光》：「玉衡指孟冬」，眾星何歷歷。

B.杜甫《贈衛八處士》：人生不相見，「動如參與商」。

C.蘇軾《赤壁賦》：月出於東山之上，「徘徊於斗牛之間」。

D.《論語．為政》：為政以德，「譬如北辰」，居其所而眾星共之。

E.《三國演義》：六街三市，競放花燈，真個金吾不禁，「玉漏無催」。

*2.（　）運用昆蟲的特性形成借代或譬喻，是漢語常見的表達方式。例如古人認為蜾蠃養螟蛉為己子，因此稱「養子」為「螟蛉子」。下列敘述，正確的選項是：

A.「蜉蝣」壽命極短，故以「寄蜉蝣於天地」比喻人生短暫。

B.「螳螂」前足強健，狀如鐮刀，故以「螳臂當車」比喻銳不可當。

C.「蚍蜉」是螞蟻，力量弱小，故以「蚍蜉撼樹」比喻小兵立大功。

D.「蜩螗」是蟬，鳴聲響亮，「國事蜩螗」即以蟬鳴喧天比喻國運昌盛。

E.「蜻蜓」在飛行中反覆以尾部貼水產卵，古人視為其特有的飛行方式，故以「蜻蜓點水」比喻浮學不精或點到即止。

*3.（　）從詞性活用的角度來看，下列文句「」內名詞的用法，與「泛舟順流，星奔電邁，俄然

行至」中的「星」、「電」相同的選項是：

A.「桂」棹兮「蘭」槳，擊空明兮泝流光。

B.「山」迴「路」轉不見君，雪上空留馬行處。

C.人為萬物之靈，當不至於「狼」奔「豕」竄的奪取一根骨頭。

D.憑著一張借書證，一個夏天裡，「蠶」食「鯨」吞了一座圖書館。

E.如果作者是落拓不羈、孤迴自放的人，「情」深「淚」潸，一意於詩，往往任情揮灑，寫出了好作品。

***4.（　）下列有關用韻的敘述，正確的選項是：**

A.近體詩用韻最嚴格，無論五言、七言，也無論是四句的絕句、八句的律詩，每一句皆須押韻，而且是一韻到底，不能換韻。

B.長篇歌行常出現連續不押韻的句子，如白居易《琵琶行》：「醉不成歡慘將別，別時茫茫江浸月。忽聞水上琵琶聲，主人忘歸客不發。」即未押韻。

C.古樂府可以自由換韻，如《飲馬長城窟行》：「青青河畔草，綿綿思遠道。遠道不可思，夙昔夢見之。夢見在我傍，忽覺在他鄉。」兩句便換一次韻。

D.散曲的押韻是平、仄通押的，如馬致遠《新水令》：「四時湖水鏡無瑕，布江山自然如畫。雄宴賞，聚奢華。人不奢華，山景本無價。」即平仄通押。

E.散文賦不必押韻，如蘇軾《赤壁賦》：「方其破荊州，下江陵，順流而東也，舳艫千里，旌旗蔽空，釃酒臨江，橫槊賦詩，固一世之雄也。」即未押韻。

5.（ ）**「方其破荊州，下江陵，順流而東也，舳艫千里，旌旗蔽空，釃酒臨江，橫槊賦詩，固一世之雄也，而今安在哉？」意近於：**

A.揀盡寒枝不肯棲，寂寞沙洲冷。

B.萬里長城今猶在，不見當年秦始皇。

C.無可奈何花落去，似曾相識燕歸來。

D.醉臥沙場君莫笑，古來征戰幾人回。

6.（ ）**下列「」中的詞語，何者經替換後意思改變：**

A.蘇子「愀然」：儼然

B.託遺響於「悲風」：秋風

C.泣孤舟之「嫠婦」：遺孀

D.縱「一葦」之所如：小舟

解答：1.ABCD 2.AE 3.CD 4.CD 5.B 6.A

旁徵博引

後赤壁賦　宋代蘇軾

是歲十月之望，步自雪堂，將歸於臨皋；二客從予過黃泥之坂。霜露既降，木葉盡脫，人影在地，仰見明月，顧而樂之，行歌相答。已而嘆曰：「有客無酒，有酒無餚；月白風清，如此良夜何！」客曰：「今者薄暮，舉網得魚，巨口細鱗，狀如松江之鱸。顧安所得酒乎？」歸而謀諸婦，婦曰：「我有斗酒，藏之久矣，以待子不時之需。」於是攜酒與魚，復遊於赤壁之下。

江流有聲，斷岸千尺，山高月小，水落石出；曾日月之幾何，而江山不可復識矣！予乃攝衣而上，履巉巖，披蒙茸，踞虎豹，登虬龍，攀栖鶻之危巢，俯馮夷之幽宮，蓋二客不能從焉。劃然長嘯，草木震動，山鳴谷應，風起水湧。予亦悄然而悲，肅然而恐，凜乎其不可留也。反而登舟，放乎中流，聽其所止而休焉。

時夜將半，四顧寂寥。適有孤鶴，橫江東來，翅如車輪，玄裳縞衣，戛然長鳴，掠予舟而西也。須臾客去，予亦就睡。夢一道士，羽衣蹁躚，過臨皋之下，揖予而言曰：「赤壁之遊樂乎？」問其姓名，俛而不答。「嗚呼噫嘻！我知之矣。疇昔之夜，飛鳴而過我者，非子也耶？」道士顧笑，予亦驚寤，開戶視之，不見其處。

賞析

這年十月十五，我從雪堂出來準備回到臨皋，兩個客人跟我一起走過黃泥坡。這個時節已有霜和露水了，樹的葉子也完全脫落，人影倒映在地上。我們抬頭看月亮，大家都很高興，邊走邊歌唱，互相應和。一會兒後，我嘆氣道：「有客人卻沒有酒，有酒卻又沒有菜。月如此潔白，風如此清爽，怎麼對得起這樣的好夜色呢？」客人說：「今天黃昏時，我捕得了一些魚，倒是很像松江裡的鱸魚。不過要怎樣才可以弄到酒呢？」我回到家裡跟太太商量，太太說：「我這裡有一斗酒，已經收藏很久了，正是為了你不知道什麼時候需要而準備的。」於是，我們便帶著酒和魚回到赤壁遊賞。

江流發出聲響，岸上有千尺聳立的絕壁，高聳的山壁顯得月亮更加渺小，此時，江水水位降低，石塊顯現，江山變了一個樣子。我撩起衣服上岸，踏著險峻的山崖，撥開稠密的雜草，蹲在一塊像虎豹的怪石上，攀爬著像虬龍的樹枝，仰攀鶻鳥高險的窠巢，俯看河伯馮夷幽邃的宮殿，兩個客人都無法追趕上我。突然，遠方傳來一聲長嘯，只覺得草木都為之震動，鳴聲在山谷間迴響，狂風吹起，波濤翻湧。我感到憂愁悲傷，肅穆恐懼。返回船上時，我們把船放在江上，任憑江水飄流。

半夜時分，四周寂靜無聲。有一隻鶴從東邊橫掠江面而來，牠的翅膀像車輪，身上像穿著黑裙白衣一般，不斷長鳴著掠過我們的船向西而去。在客人散去後，我返家睡覺，夢見一位道士，穿著羽毛衣，用如同跳舞一般的姿勢經過臨皋亭下，對我作揖，說：「你遊覽赤壁暢快嗎？」我詢問他的姓名，他卻低頭不答。我說：「啊！我知道了。剛剛邊飛邊鳴叫著經過我身邊的，不就是您嗎？」道士看著我笑，此時，我驚醒過來並且打開窗戶查看，他卻已經不在那裡了。

項脊軒志

作者簡介

歸有光（西元一五〇七年—西元一五七一年），字熙甫，號項脊生，人稱震川先生，江蘇昆山人。歸有光反對明朝中葉前後七子「文必秦漢」的擬古之風，提倡學習唐宋古文，與王慎之、唐順之、茅坤等被稱為「唐宋派」。歸有光的散文樸素簡潔，恬適自然，善於敘事，親切動人，為明代著名的散文大家，著有《震川先生集》傳世。

出處：震川先生集
出題率：★★★☆☆

古文鑑賞

項脊軒，舊南閤子也❶。室僅方丈❷，可容一人居。百年老屋，塵泥滲漉❸，雨澤下注❹，每移案，顧視無可置者。又北向，不能得日，日過午已昏。余稍為修葺❺，使不上漏。前闢四窗，垣牆周庭❻，以當南日❼，日影反照，室始洞然❽。又雜植蘭、桂、竹、木於庭，舊時欄楯❾，亦遂增勝❿。借書滿架，偃仰嘯歌⓫，冥然兀坐⓬，萬籟有聲。而庭階寂寂，小鳥時來啄食，人至不去。三五之夜，明月半牆，桂影斑駁⓭，風移影動，珊珊可愛⓮。

然余居於此，多可喜，亦多可悲。先是，庭中通南北為一，迨諸父異爨⓯，內外多置小門牆，往往而是。東犬西吠，客踰庖而宴⓰，雞棲於廳。庭中始為籬，已為牆⓱，凡再變矣。家有老嫗⓲，嘗居於此。嫗，先大母婢也⓳，乳二世，先妣撫之甚厚⓴。室西連於中閨㉑，先妣嘗一至。嫗每謂余曰：「某所，而母立於茲㉒。」嫗又曰：「汝姐在吾懷，呱呱而泣；娘以指扣門扉㉓，曰：『兒寒乎？欲食乎？』吾從板外相為應答。」語未畢，余泣，嫗亦泣。余自束髮讀書軒中㉔，一日，大母過余曰㉕：「吾兒，久不見若影，何竟日默默在此㉖，大類女郎也㉗？」比去㉘，以手闔門，自語曰：「吾家讀書久不效，兒之成，則可待乎？」頃之，持一象笏(ㄏㄨˋ)至㉙，曰：「此吾祖太常公宣德間執此以朝，他日汝當用之。」瞻顧遺跡㉚，如在昨日，令人長號(ㄏㄠˊ)不自禁㉛。

軒東故嘗為廚，人往，從軒前過。余扃(ㄐㄩㄥ)牖(ㄧㄡˇ)而居㉜，久之，能以足音辨人。軒凡四遭火，得不焚，殆(ㄉㄞˋ)有神護者㉝。

項脊生曰：「蜀清守丹穴，利甲天下㉞，其後秦皇帝築女懷清台。劉玄德與曹操爭天下，諸葛孔明起隴(ㄌㄨㄥˇ)中。方二人之昧昧於一隅也㉟，世何足以知之？余區區處敗屋中，方揚眉瞬目㊱，謂有奇景，人知之者，其謂與埳(ㄎㄢˇ)井之蛙何異㊲？」

余既為此志，後五年，吾妻來歸㊳。時至軒中，從余問古事㊴，或憑几(ㄐㄧˇ)學書。吾妻歸寧㊵，述諸小妹語曰：「聞姐家有閣子，且何謂閣子也？」其後六年，吾妻死，室壞不修。其後二年，余久臥病無聊，乃使人復葺南閣子，其制稍異於前㊶。然自後余多在外，不常居。

庭有枇杷樹，吾妻死之年所手植也；今已亭亭如蓋矣㊷。

【說文解字】

❶閤子：小屋。閤，通「閣」。❷方丈：長寬各一丈的面積。❸滲漉：滲漏。❹雨：此處作動詞使用，下雨。澤：大雨。❺修葺：修補。❻垣牆周庭：矮牆環繞著庭院。垣，矮牆。❼以當南日：用以迎接南面射來的日光。❽洞然：豁然明亮的樣子。❾欄楯：欄杆。直的爲「欄」，橫的爲「楯」。❿增勝：增添景致。⓫偃仰：俯臥，此處指生活。

嘯歌：大聲吟唱。⑫冥然兀坐：默默地端坐。冥然，靜默的樣子。⑬斑駁：錯落雜亂的樣子。⑭珊珊：明潔優美。⑮迨：通「逮」，及。異爨：分立門戶，各自爲炊。爨，炊。⑯踰庖：穿越廚房。⑰已：不久、後來。⑱老嫗：年老的婦人。⑲先大母：已去世的祖母。⑳先妣：已去世的母親。㉑中閨：婦女住的內室，此處指歸有光母親的臥室。㉒而：你。㉓扣：敲擊。㉔束髮：古時幼兒垂髮，十五歲成童時，將頭髮束起盤至頭頂，因此稱十五歲成童爲「束髮」。㉕過：探訪、探視。㉖竟日：整天。㉗大類：太相像。㉘比去：等到離開時。㉙象笏：象牙製的長方形板。古代大臣朝見君主時的手執之物，紀錄事情用。㉚瞻顧：瞻仰回顧。㉛長號：大聲痛哭。㉜扃牖：關上窗戶。扃，本指門上的環鈕，從外面關閉門戶之用。此處作動詞使用，關閉之意。㉝殆：似乎。㉞甲：天干的第一位，此處指第一、最多。㉟昧昧：不明的樣子，意指沒有顯名於世。隅：角落。㊱揚眉瞬目：形容神采飛揚。㊲埳井之蛙：比喻見識淺陋的人。埳，通「坎」，坑穴。㊳來歸：嫁過來，古代女子出嫁稱爲「歸」。㊴古事：往事。㊵歸寧：已婚女子回娘家看望父母。寧，向父母請安。㊶制：格局。㊷亭亭：高大直立的樣子。

翻譯賞析

項脊軒，就是從前南邊的那間小屋。室內面積僅有一丈見方，僅可以容納一人居住。它是一間具有百年歷史的老房子，灰塵與泥土常從屋頂掉落下來，下雨天則會漏水，每次移動桌子時，張望四周，都找不到可以安置物品的地方。再加上房子朝北，照不到陽光，一過中午，屋裡就暗了下來。我稍微將它修整了一番，使屋頂不再漏水、落塵，又在房子前面的牆上開鑿了四扇窗戶，院子四周砌上矮牆，以反射南面照來的日光，屋子裡才變得明亮。我還在庭院中栽種蘭花、桂樹、竹子和樹等植物，昔日單調的欄杆，因此增添了新的景致。書架上堆滿了借來的書，我生活在軒中，有時長嘯低吟，有時靜坐冥想，自然界的聲響都能聽得一清二楚。庭前、階下靜悄悄的，小鳥不時飛來覓食，即使有人來了也不飛離。

每月十五的夜晚，明亮的月光灑滿了半面牆，桂樹的影子疏密交錯地映照在牆上，微風吹來，樹影搖擺如曼妙少女，輕盈可愛。

我住在這裡時，雖然有不少愉快的事，但也有許多傷心往事。從前，庭院中間沒有阻隔，南北相通，等到叔伯們分家後，家中裡裡外外增設了許多小門、矮牆。東西兩家的狗相對吠叫，客人必須越過別家的廚房才能赴宴，雞棲宿在廳堂之中。庭院中間起初用籬笆隔開，後來又改用牆，總共變動了兩次。家裡有位老婦人，曾居住在南邊閣子裡。這位老婦人是我已故祖母的婢女，哺育過家族裡的兩代人，母親在世時待她很好，閣子的西邊就連著母親的居室。老婦人常對我說：「這兒是你母親站過的地方。」又說：「你姐姐小時候被我抱在懷中，她哇哇哭著，你母親聽見就用手指輕敲房門問：『孩子是受涼了嗎？想吃東西嗎？』我就從門外一一回答。」老婆婆的話還沒說完，我就掉下淚，她也跟著哭了。我從十五歲起就待在項脊軒中讀書，有一天，祖母到這裡來探望我，說：「孩子，好長一段時間沒見到你的人影，爲什麼整天悶在這屋裡像個女孩子呢？」等到離開時，她用手輕輕關上軒門，自言自語道：「我們家的子孫已經好久沒有取得功名了，這孩子日後的成就，或許可以期待吧？」過了一會兒，她又拿著一塊象牙製的笏板來到軒裡，說：「這是我祖父太常公在宣德年間上朝時用的，將來你一定會用得上它。」如今，我環顧屋內遺跡，回想舊日往事，彷彿還是昨天的事，令人忍不住放聲痛哭。

項脊軒的東側曾經作爲廚房，要到廚房的人，必須從軒前經過。當時，我關上門窗住在裡面，時間久了就能以腳步聲辨別經過的人。項脊軒一共遭遇四次火災，竟然都沒被燒掉，似乎有神靈保護。

項脊生道：「當年四川的寡婦清守著自家的丹砂礦，獲利是天下第一，後來秦始皇還爲她建造女懷清台以爲表彰。劉備與曹操爭奪天下時，諸葛孔明崛起於農村鄉野間。當寡婦清與諸葛孔明默默無聞地住在偏僻鄉野時，世人哪裡知道他們呢？我志得意滿地住在一間殘破的屋子裡，神采飛揚地自誇項脊軒有奇妙的景色，別人知道了這事，大概會說我和見識淺陋的井底之蛙沒什麼差別吧？」

我寫好這篇記後，過了五年，我的妻子魏氏嫁過來。她時常到項脊軒中，向我詢問一些古人古事，或是靠著桌子學寫字。妻子回娘家省親，回來後轉述她妹妹們的話：「聽說姐姐家裡有間閤子，什麼是閤子呢？」六年以後，我的妻子去世，項脊軒逐漸破敗失修。又過了兩年，我因為長期臥病在床而感到非常無聊，於是派人再次修繕，格局和以前稍有不同。然而此後我便常在外羈留，不常回軒居住。

庭院中有一棵枇杷樹，是我妻子在去世的那一年親手種下的，如今已高聳挺拔，枝繁葉茂，像一把撐開的巨傘。

國學常識

一、明代散文流變

明代散文的取材較為廣泛，後期散文的表現手法也較為多樣，不少篇章在不同程度上都受到了小說、寓言、八股文的影響。特別是其中的晚明小品文，其在中國散文發展史上佔有重要地位。

明代散文創作大致可分為前、後兩個時期。明代前期散文，代表作家是一批由元入明的散文家，有宋濂、劉基等人，他們親身經歷了社會動亂，接觸現實生活，因此作品也常常觸及現實問題，揭露、嘲諷社會弊端，內容較為充實。如宋濂《秦士傳》、《王冕傳》、《記李歌》、《杜環小傳》等，和劉基《郁離子》等。前期的文壇還有以楊士奇、楊榮、楊溥為代表的「台閣體」，他們的作品不少是歌功頌德、粉飾太平，用以應酬逢迎之作。明代中葉以後，散文發展轉入後期，出現了鮮明的復古主義與反復古主義的爭論。以下爲明代散文的五個派別：

①**台閣體**：明代初期的幾十年間，社會安定，文學由宰輔權臣把持，被稱爲「台閣體」。內容多爲歌功頌德、雍容典麗的應酬詩文。代表人物：楊士奇、楊榮、楊溥等。

②**擬古派**：明代中葉，復古主義風靡文壇，他們的口號是「文必秦漢，詩必盛唐」，提倡雄渾高古的秦、漢文章和弘麗繁茂的盛唐詩歌，並希望恢復秦、漢與盛唐時期的文學繁榮氣象。其目的在於振興宋、元以來衰弱的文風，掃除明初「台閣體」的影響，提高文學的價值。代表人物：前七子——王九思、李夢陽、王廷相、康海、邊貢、徐禎卿、何景明。後七子——謝榛、李攀龍、徐中行、宗臣、王世貞、梁有譽、吳國倫。

③**唐宋派**：嘉靖年間，先有王愼中，繼有唐順之、歸有光、茅坤等人，批評前後七子的復古主義。他們認爲學古不必捨近就遠，應該著重學習唐、宋名家，因爲唐、宋名家最能得古人精髓，故而主張崇奉唐宋八大家。代表人物：王愼中、唐順之、茅坤、歸有光等，其中以歸有光的成就最大。

④**公安派**：嘉靖末期，復古潮流泛濫，流弊也越來越深。此時，一批文學革新者，如李贄、湯顯祖、公安三袁等人崛起，出現反對復古主義的熱潮。其中以袁宗道、袁宏道、袁中道三兄弟爲首的公安派，砲火最爲猛烈。代表作品有袁宏道的《敘小修詩》、《雪濤閣集序》等。

⑤**竟陵派**：反對復古的模擬抄襲，同樣提倡抒寫性靈，但也反對公安派平易近人的文風。提倡「幽深孤峭」，不惜用怪字、險韻，讀之佶屈聱牙，意義費解。代表人物：鍾惺、譚元春等。

修辭薈萃

一、析數：將一個數目分解成幾個小數目的總和，可以相加或相乘。

例 *1*：三五之夜，明月半牆，桂影斑駁，風移影動，珊珊可愛。

✡Tips.「三五」即「三五相乘」，表示農曆十五。

例 *2*：吾十有五而志於學，三十而立，四十而不惑，五十而知天命，六十而耳順，七十而從心所欲，不踰矩。（《論語．為政》）

✡Tips.「十有五」即「十五相加」，表示十五歲。

例 *3*：三五二八時，千里與君同。（南朝鮑照《玩月城西門廨中》）

✡Tips.「三五」即「三五相乘」，表示農曆十五。「二八」即「二八相乘」，表示農曆十六。

二、互文：上文省略下文出現的詞語，下文省略上文出現的詞語，彼此結合成完整的意思。

例 *1*：東犬西吠。

✡Tips. 亦作「東犬西吠，西犬東吠」。

例 *2*：東市買駿馬，西市買鞍韉，南市買轡頭，北市買長鞭。（《木蘭詩》）

✡Tips. 亦作「東、西、南、北市買駿馬、鞍韉、轡頭、長鞭」。

例 *3*：煙籠寒水月籠沙，夜泊秦淮近酒家。（唐代杜牧《泊秦淮》）

✡Tips. 亦作「煙、月籠寒水、沙，夜泊秦淮近酒家」。

高手過招（＊為多選題）

＊1.（　）文學作品中「空間」的安排，常具有特別的意義。下列敘述，正確的選項是：
A.《項脊軒志》藉由庭中原本相通，日後卻設籬、築牆、東犬西吠的重重改變，顯示親族隔閡日深。
B.《桃花源記》中漁人經過狹窄的山洞才進入桃花源，作者即用此一山洞區隔現實世界與理想世界。
C.《始得西山宴遊記》以西山居高臨下，不與培塿為類的地勢，暗喻國君剛愎自用，放逐賢臣。
D.《岳陽樓記》藉由晴天、雨天兩種不同面貌的洞庭湖，比喻仁人有「居廟堂之高，則憂其民」、「處江湖之遠，則憂其君」兩種心態。
E.《與元微之書》的「憶昔封書與君夜，金鑾殿後欲明天。今夜封書在何處？廬山庵裡曉燈前」，藉由金鑾殿後、廬山庵裡的空間變化顯示遭逢貶謫。

＊2.（　）中國語文在表達數量時，為了修辭、音韻、節奏等需要，往往不直接道出，而使用折數相乘的手法。如「五五之喪」，指守二十五個月的喪期，亦即三年之喪。下列敘述，使用這種數量表示法的選項是：
A. 蓋予所至，比好遊者尚不能「十一」。
B.「三五」之夜，明月半牆，桂影斑駁。

C.年時「二八」新紅臉，宜笑宜歌羞更歛。

D.讀書一事，也必須有「一二」知己為伴，時常大家討論，纔能進益。

E.暮春者，春服既成；冠者「五六」人，童子「六七」人，浴乎沂，風乎舞雩，詠而歸。

3.（　）**歸有光《項脊軒志》：「三五之夜，明月半牆，桂影斑駁，風移影動，珊珊可愛。」其中「三五之夜」的數字用法同於：**

A.五光十色

B.七嘴八舌

C.三五成群

D.二八年華

4.（　）**歸有光《項脊軒志》：「某所，而母立於茲。」上述「而」字，其屬性與下列何者相同？**

A.吾十有五「而」志於學。（《論語．為政篇》）

B.且「而」與其從辟人之士也。（《論語．微子篇》）

C.管氏「而」知禮，孰不知禮。（《論語．八佾篇》）

D.季文子三思「而」後行。（《論語．公冶長篇》）

5.（　）**「亭亭如蓋」用以形容下列何句最為適切？**

A.項脊軒，舊南閣子也。

B.又雜植蘭、桂、竹、木於庭。

C.明月半牆，桂影斑駁。

D.庭有琵琶樹。

*6.（ ）有關《項脊軒志》的敘述，下列何者正確？

A.《項脊軒志》一文以項脊軒變遷為線索，貫串人事，並仿史書論贊筆法，藉項脊生以抒懷明志。

B.「庭有枇杷樹，吾妻死之年所手植也；今已亭亭如蓋矣」與「過盡千帆皆不是，斜暉脈脈水悠悠」同是表達睹物思人的傷感之情。

C.以項脊軒為書齋名，是取其面積彎曲綿長，如人之項脊。

D.「余區區處敗屋中，方揚眉瞬目，謂有奇景」意近於「山不在高，有仙則名，水不在深，有龍則靈」。

E.文中藉秦皇與諸葛亮的成就，深自期許，光耀門楣。

解答：1.ABE 2.BC 3.D 4.B 5.D 6.AD

旁徵博引

寒花葬志　明代歸有光

婢，魏孺人媵也。嘉靖丁酉五月四日死，葬虛丘。事我而不卒，命也夫！

婢初媵時，年十歲，垂雙鬟，曳深綠布裳。一日天寒，爇火煮荸薺熟，婢削之盈甌，余入自外，取食之，婢持去不與。魏孺人笑之。孺人每令婢倚几旁飯，即飯，目眶冉冉動。孺人又指予以為笑。

回思是時，奄忽便已十年。吁！可悲也已！

賞析

寒花，是魏孺人（歸有光元配妻子）的陪嫁丫鬟，嘉靖十六年五月四日死去，葬在土山上。她沒能侍奉我到最後，這都是命運的安排啊！

寒花剛來到我家時，只有十歲，頭上梳著兩個髮鬟，穿著深綠色的裙子。有一天，天氣很冷，點火煮熟了荸薺，寒花削荸薺且裝滿了一盆。我從外面進來，要拿荸薺吃，寒花端著盆子走開，不肯給我，魏孺人就笑了起來。孺人總是叫寒花靠在小几旁吃飯，吃飯時，她的眼睛慢慢轉動，魏孺人又指給我看，覺得好笑。

回想起那時的情景，轉眼間已過去十年了。唉！真是令人悲傷啊！

《寒花葬志》是歸有光為已故婢女寒花所作的葬志，葬志是墓誌銘的一種。本志作於嘉靖十六年，是為夫人魏氏的陪嫁婢女而作。其時夫人魏氏已卒五年，故文中也有悼念其夫人之意。

在古代，士大夫為婢女作葬志是異乎尋常的事。唐代柳宗元作過《馬室女雷五葬志》，但雷五是讀書人家的閨秀；清代曹雪芹的《紅樓夢》中，賈寶玉亦曾為婢女晴雯作過《芙蓉女兒誄》，但那是小說。所以，《寒花葬志》值得珍視，其藝術造詣亦堪稱明代散文的珍品。

全文僅僅一百一十多字，寥寥幾筆敘寫二三小事，卻能勾勒出寒花的神情外貌，尤其寫出她天真、淘氣、靈秀的性情。「虛詞傳神」也是這篇散文的特色之一：起頭悲嘆「命也夫」，結尾悲嘆「吁！可悲也已」，感嘆詞首尾呼應，加上「奄忽」、「便已」等虛詞的運用，遂構成一片悲涼的氛圍。這與中間一段寒花的天真可愛，和妻子「笑之」、「又指予以為笑」的情景，形成鮮明對照。文章感情真摯，追憶和諧溫馨的生活場景歷歷在目，也就更襯托出妻亡婢死的悲傷。

晚遊六橋待月記

作者簡介

袁宏道（西元一五六八年—西元一六一〇年），字中郎，號石公，明公安人。少敏慧，善詩文，在吏部任職時，大膽革除弊政，懲治污吏，名震朝野。袁宏道與兄宗道、弟中道並有才名，人稱「三袁」。三袁反對王世貞、李攀龍等人擬古、復古的主張，強調文學應著重性靈、貴獨創，作品風格清新俊朗，世稱「公安派」或「公安體」。

出處：袁中郎集

出題率★★☆☆☆

古文鑑賞

西湖最盛，為春為月。一日之盛，為朝煙，為夕嵐❶。今歲春雪甚盛，梅花為寒所勒❷，與杏桃相次開發❸，尤為奇觀。石簣數為余言❹：「傅金吾園中梅，張功甫玉照堂故物也，急往觀之。」余時為桃花所戀，竟不忍去湖上❺。

由斷橋至蘇隄一帶，綠煙紅霧❻，彌漫二十餘里❼。歌吹為風❽，粉汗為雨，羅紈之盛❾，多於隄畔之草，豔冶極矣❿！

然杭人遊湖，止午、未、申三時⓫。其實湖光染翠之工⓬，山嵐設色之妙，皆在朝日始出，夕舂未下⓭，始極其濃媚。月景尤不可言，花態柳情，山容水意，別是一種趣味。此樂留與山僧遊客受用⓮，安可為俗士道哉！

【說文解字】

❶夕嵐：傍晚的山嵐。嵐，山中的霧氣。❷勒：抑制、制約。❸相次：依序。開發：開花、綻放。❹數：屢次。❺去：離開。❻綠煙紅霧：形容花木繁盛穠麗。❼彌漫：遍布。❽歌吹爲風：歌聲與吹奏聲隨風飄來。❾羅紈：質地柔軟的絲織物，此指穿著羅紈衣裳的遊客。❿豔冶：美麗妖豔。⓫午、未、申：上午十一點到下午五點。古代以十二地支計時，每一地支代表一個時辰，即兩個小時。⓬工：精緻、巧妙。⓭夕春：夕陽。⓮受用：享用。

翻譯賞析

西湖景色最美的時候，是在春天和月夜時分。一天當中最美的時刻，則是早晨朦朧的煙霧，和傍晚夕照下的山嵐。今年春天，雪下得特別大，梅花被寒氣所抑制，與杏花、桃花相繼開放，形成一種特殊的景觀。石簣多次向我提起：「傅金吾園中的梅花，原是生長在張功甫玉照堂中的，我們快點去觀賞。」我當時被桃花所迷戀，竟捨不得離開湖上。

從斷橋到蘇堤一帶，楊柳綠如煙，桃花紅似霧，綿延二十多里。遊人的歌聲和吹奏聲隨風飄蕩，遊湖的仕女們揮灑而下的汗水成爲細雨，穿著羅紈華服的遊人比堤岸邊的青草還多，眞是艷麗極了！

然而，杭州人遊覽西湖，只在上午十一點到下午五點這六個小時。因爲，湖面倒映綠樹的精巧，和山氣呈現五彩紛騰的美妙，都是在早晨太陽剛升起、傍晚夕陽尚未隱沒時，才是最穠麗嫵媚的。月光下的景色更是美得無法用筆墨形容，桃花的嬌態、楊柳的風情，山巒的姿容、流水的意致，都呈現出獨特的風趣韻味。這些樂趣只能留給山裡的僧人和懂得欣賞的遊客享用，怎麼有辦法向世俗的人說明呢？

國學常識

一、小品文

品，品味之意。小品文即是篇幅簡短精鍊，並對事物做一番描繪、賞鑑的文章，內容範疇包含山水遊記、人物傳記、序跋、碑銘等。

明代文壇因「前後七子」提倡復古、仿古，造成擬古之風大盛，另一批反復古的流派也因此而興起，其中以袁宏道三兄弟的影響最大。三袁在文學上受李贄影響，認爲文學乃是與時俱進，每朝每代皆有自己的特色與風格，不必一味模擬古人。此外，他們也認爲文章是發乎胸臆、直抒性靈，不應使用過多辭藻堆砌，以直白平易的語言寫出即可。這種文學創作觀念，造就出許多風格清新宜人、形式活潑的小品佳作，並開啓了晚明時代的小品文風。

修辭薈萃

一、誇飾：將客觀之人、事、物的特點，透過主觀情意，故意誇大鋪張地渲染與鋪飾，使它與眞正的事實相差甚遠，以加深讀者的印象。

例1：歌吹為風，粉汗為雨，羅紈之盛，多於隄畔之草，豔冶極矣！

例2：白髮三千丈，離愁似個長。不知明鏡裡，何處得秋霜。（唐代李白《秋浦歌》）

例3：霜皮溜雨四十圍，黛色參天兩千尺。（唐代杜甫《古柏行》）

高手過招（＊為多選題）

＊1.（　）下列對古典文學的體制或發展，敘述正確的是：【一〇七年學測試題】

A.《詩經》分風、雅、頌三種文體，句子大致整齊，以四言為主；《楚辭》多寫楚地風物，句子多參差不齊。

B.五言古詩產生於漢代，句數不拘，亦不刻意求對仗，平仄、用韻皆較近體詩自由。

C.中唐韓愈、柳宗元大力提倡古文運動，至晚唐、五代式微，復於北宋歐陽脩再興。

D.晚明小品題材趨於生活化，反映文人特有的生命情調和審美趣味，歸有光、袁宏道為代表作家。

E.《儒林外史》、《紅樓夢》、《聊齋誌異》皆對八股取士的科舉制度有所批評。

2.（　）下列甲、乙、丙三聯依序對應的人物，正確的選項是：【一〇六年指考試題】

（甲）剛正不阿，留得正氣衝霄漢。幽愁發憤，著成信史照塵寰。（乙）占事考祥，明有徵驗，開國文臣第一。運籌畫計，動中機宜，渡江策士無雙。（丙）衝破樊籬，教性靈直出，行雲流水壯文瀾，人皆仰止。追思聖傑，讓氣脈相通，麗句清詞吟柳浪，公可安然。

A.孟軻／劉基／蘇軾

B.孟軻／諸葛亮／袁宏道

C.司馬遷／劉基／袁宏道

D.司馬遷／諸葛亮／蘇軾

3.（　）下列各文句中的「為」字何者意思相同？

（甲）今歲春雪甚盛，梅花「為」寒所勒。（明代袁宏道《晚遊六橋待月記》）（乙）問渠那得清如許？「為」有源頭活水來。（宋代朱熹《觀書有感》）（丙）不「為」酒困，何有於我哉？（《論語．子罕》）（丁）溫故而知新，可以「為」師矣。（《論語．為政》）（戊）即其廬之西南「為」亭。（宋代蘇轍《黃州快哉亭記》）

A.甲、丙

B.乙、丙

C.丁、戊

D.甲、戊

4.（　）袁宏道《晚遊六橋待月記》中的「綠煙紅霧」是形容：

A.天空出現彩虹

B.花木繁盛穠麗

C.空中煙霧瀰漫

D.男女遊客之眾

5.（　）下列文句中的「去」字，何者與「余時為桃花所戀，竟不忍去湖上」的「去」字意思相異？

A.登斯樓也，則有「去」國懷鄉，憂讒畏譏。
B.私見張良，具告以事，欲呼張良與俱「去」。
C.長者加以金銀華美之服，輒羞赧棄「去」之。
D.不速「去」，無俟姦人構陷，吾今即撲殺汝。

6.（　）下列「」中的字詞，何者音義兩兩相同？
A.豔「冶」極矣／陶「冶」性情
B.梅花為寒所「勒」／「勒」令退學
C.歌「吹」為風／鼓瑟「吹」笙
D.石簣「數」為余言／范增「數」目項王

7.（　）有關《晚遊六橋待月記》一文，下列敘述何者正確？
A.題為「記」，說明本文為一篇記載遊歷山水的文體。
B.題為「晚遊」，是記錄作者夜遊之經歷。
C.「六橋」，是指內容專寫蘇堤上的六座橋。
D.「待月」，是指文中具體詳實地描繪月景。

解答：1.ABC 2.C 3.A 4.B 5.C 6.D 7.A

旁徵博引

春題湖上　唐代白居易

湖上春來似畫圖，亂峰圍繞水平鋪。
松排山面千重翠，月點波心一顆珠。
碧毯線頭抽早稻，青羅裙帶展新蒲。
未能拋得杭州去，一半勾留是此湖。

賞析

春天的西湖如畫般，水面平展得像一面鏡子，緊緊依偎著參差不齊的山巒。一排排松樹佇立在山頭，疊出千層的綠浪；月亮投影在湖心，如一顆璀璨的明珠般閃閃發亮。新生的早稻秧苗似一幅碧毯抽出的線頭，新蒲如美人的裙帶在風裡飄揚。我還是捨不得離開杭州，一半原因就是因為我留戀這美麗的西湖。

勞山道士

作者簡介

蒲松齡（西元一六四〇年—西元一七一五年），字留仙，一字劍臣，別號柳泉居士，世稱「聊齋先生」。一生科舉際遇不順，鄉試屢不中舉，僅在四十六歲時被補為廩膳生，直到七十一歲才被補為貢生。二十歲起，蒲松齡便開始收集素材，四十歲時完成志怪小說《聊齋誌異》。同鄉王士禎為之題詩：「姑妄言之姑聽之，豆棚瓜架雨如絲。料應厭作人間語，愛聽秋墳鬼唱詩。」

出處：聊齋誌異
出題率 ★★★★☆

古文鑑賞

邑有王生，行七，故家子❶。少慕道，聞勞山多仙人，負笈往游❷。登一頂，有觀宇，甚幽。一道士坐蒲團上，素髮垂領，而神觀爽邁❸。叩而與語❹，理甚玄妙。請師之。道士曰：「恐嬌惰不能作苦。」答言：「能之！」其門人甚眾，薄暮畢集❺。王俱與稽首❻，遂留觀中。凌晨，道士呼王去，授以斧，使隨眾採樵。王謹受教。過月餘，手足重繭❼不堪其苦，陰有歸志❽。

一夕歸，見二人與師共酌，日已暮，尚無燈燭。師乃剪紙如鏡，黏壁間。俄頃❾，月明輝室❿，光鑑毫芒⓫。諸門人環聽奔走⓬。一客曰：「良宵勝樂，不可不同⓭。」乃於案上取壺酒，分賚諸徒⓮，且囑盡醉。王自思：「七八人，壺酒何能遍給？」遂各覓盎盂⓯，競飲先釂⓰，唯恐樽盡。而往復挹注⓱，竟不少減。心奇之。

俄一客曰：「蒙賜月明之照，乃爾寂飲⓲，何不呼嫦娥來？」乃以箸擲月中。見一美人，自光中出，初不盈尺，至地，遂與人等⑲。纖腰秀項，翩翩作《霓裳舞》。已而歌曰：「仙仙乎⑳！而還乎？而幽我於廣寒乎㉑？」其聲清越，烈如簫管㉒。歌畢，盤旋而起，躍登几上，驚顧之間，已復為箸。三人大笑。又一客曰：「今宵最樂，然不勝酒力矣。其餞我於月宮可乎㉓？」三人移席，漸入月中。眾視三人坐月中飲，鬚眉畢見，如影之在鏡中。移時，月漸暗；門人然燭來㉔，則道士獨坐，而客杳矣㉕。几上肴核尚故，壁上月，紙圓如鏡而已。道士問眾：「飲足乎？」曰：「足矣。」「足宜早寢，勿誤樵蘇㉖。」眾諾而退。王竊忻慕㉗，歸念遂息。

又一月，苦不可忍，而道士並不傳教一術。心不能待，辭曰：「弟子數百里受業仙師㉘，縱不能得長生術，或小有傳習㉙，亦可慰求教之心。今閱兩三月㉚，不過早樵而暮歸，弟子在家，未諳此苦㉛。」道士笑曰：「我固謂不能作苦，今果然。明早當遣汝行。」王曰：「弟子操作多日㉜，師略授小技，此來為不負也。」道士問：「何術之求？」王曰：「每見師行處，牆壁所不能隔，但得此法足矣。」道士笑而允之。乃傳以訣，令自咒畢㉝，呼曰：「入之！」王面牆，不敢入。又曰：「試入之。」王果從容入，及牆而阻。道士曰：「俯首驟入，勿逡巡㉞！」王果去牆數步㉟，奔而入。及牆，虛若無物；回視，果在牆外矣。大喜入謝。道士曰：「歸宜潔持㊱，否則不驗。」遂助資斧遣之歸㊲。

抵家，自詡遇仙㊳，堅壁所不能阻。妻不信。王傚其作為，去牆數尺，奔而入，頭觸硬壁，驀然而踣㊴。妻扶視之，額上墳起如巨卵焉㊵。妻揶揄之㊶，王慚忿，罵老道士之無良而已㊷。

異史氏曰㊸：「聞此事，未有不大笑者；而不知世之為王生者，正復不少。今有傖父㊹，喜疢毒而畏藥石㊺，遂有吮癰舐痔者㊻，進宣威逞暴之術，以迎其旨㊼，紿之曰㊽：『執此術也以往，可以橫行而無礙。』初試，未嘗不少效，遂謂天下之大，舉可以如是行矣㊾，勢不至觸硬壁而顛蹶不止也㊿。」

【說文解字】

❶故家子：世家大族的子弟。❷負笈：背著書箱，比喻出外求學。❸神觀：精神氣色。❹叩：古時的一種拜見禮儀，表示尊敬。❺薄暮：傍晚，太陽將落的時候。薄，接近。❻稽首：一種俯首至地的最敬禮。❼手足重繭：手掌和腳底都長出厚繭。❽陰：暗地的、偷偷的。❾俄頃：比喻短時間。俄，片刻。❿輝：照耀。⓫光鑒毫芒：月光明亮得將細微之物都照得一清二楚。毫，細而尖的毛。芒，草木或穀實上的細刺。⓬聽：通「廳」，廳堂。奔走：四處奔波張羅。⓭同：一起分享。⓮賚：賞賜。⓯盎：腹大口小的瓦盆。盂：盛食物或湯水的容器。⓰釂：把酒喝完，即乾杯。⓱挹注：將液體由一容器注入另一容器。⓲乃爾：如此。⓳等：相同。⓴仙仙：輕盈的樣子。㉑幽：囚禁。㉒烈：形容聲音強勁、嘹亮。㉓餞：用酒食爲人送行。㉔然：通「燃」，燒。㉕杳：不見蹤影。㉖樵蘇：砍柴割草。㉗忻慕：羨慕。㉘受業：追隨老師研習學業。㉙或：也許、如果。㉚閱：經歷。㉛諳：熟悉、精通。此處爲經歷。㉜操作：操持勞作。㉝咒：喃念術法口訣。㉞逡巡：徘徊不前。㉟去：離開。㊱潔持：潔身修持。意即保持純潔端正的心態，以維持道術靈驗。㊲資斧：資財與器用，泛指旅費。㊳自詡：自誇。㊴驀然：突然。踣：跌倒。㊵墳起：凸起。㊶揶揄：嘲弄。㊷無良：沒良心。㊸異史氏：蒲松齡的自稱。㊹傖父：鄙賤的人。㊺疢：疾病。藥石：方藥與砭石，皆爲治病的藥物。㊻吮癰舐痔：諷喻阿諛諂媚之徒的無恥行爲。吮，吸。癰，膿瘡。舐，用舌頭舔東西。㊼旨：心意。㊽紿：欺騙。㊾舉：全部。㊿蹶：跌倒。

翻譯賞析

本縣有一個姓王的書生，他在家族中排行第七，是一個世家子弟。王生小時候就仰慕道術，聽說勞山有很多仙人，於是背起書箱前往遊學。他登上一座山頂，看到一間環境十分清幽的道觀。有一位道士坐在蒲團上面，白髮垂到脖子，精神氣色十分清爽健朗。王生拜見後和他交談，發現道士所講的道理十分奧妙高深，於是王生請求拜他爲師。道士說：「就怕你驕縱怠惰，不能吃苦。」王生回答：「我可以！」道士的門人弟子眾多，傍晚時全部聚集在一處，王生和他們一一叩頭行禮後，就留在觀中。第二天一早，道士呼喚王生前去，交給他一把斧頭，派他和眾人一同上山砍柴，王生恭敬地聽從。一個多月後，王生的手腳都長滿了一層層厚繭，他再也不能忍受這樣的痛苦，暗地裡萌生了回家的想法。

一天傍晚，回到觀中，王生看見兩個人正在和師父一起飲酒，太陽已經下山，室內還未點上蠟燭。於是師父把紙剪成像一面鏡子，貼在牆壁上。不久，月光照耀整間室內，明亮得連極細微的東西都看得一清二楚。門下弟子們有的在旁聽候吩咐，有的四處奔走張羅。其中一個客人說：「這樣美好的夜色，眞教人感到快樂，不能不令大家同享。」於是從桌上取來一壺酒，賞賜給眾門徒，並且交代眾人盡興。王生心裡暗忖：「我們有七、八個人，一壺酒如何能夠分給大家飲用？」於是眾人各自尋找酒杯，競相乾杯，唯恐酒被喝光了。但是，這壺酒往來斟飲不停，竟然一點也沒有減少，王生內心感到十分奇怪。

而後，一個客人說：「承蒙敬賜明月照耀，但這樣喝酒未免孤單，何不呼喚嫦娥同來共飲呢？」於是道士把筷子丟向月亮。只見一個美人，從月光中款款走出，起初不滿一尺，站至地面後，竟與人同高。美人身段窈窕，有纖細的腰、秀麗的頸項，翩翩地跳著《霓裳舞》。然後歌唱道：「我翩翩地起舞啊！

是回到人間了呢？還是仍被幽禁在月宮呢？」歌聲清脆悠揚，如管樂一般嘹亮。歌唱完畢，美人起身旋轉環繞，接著躍登茶几上，在衆人的驚視之下，又恢復爲筷子。三人放聲大笑，又有一位客人說：「今夜眞令人快樂，然而我已喝醉。希望你們到月宮上爲我送行，可以嗎？」於是三人移動酒席，漸漸進入月亮中。衆人看著三人坐在月亮中喝酒，連鬍鬚眉毛都非常清楚，有如在鏡中的人影。過了一會兒，月光漸漸暗淡；弟子們點起燭火，只看到道士一人獨坐，其他客人早已不見蹤影。桌上的菜餚還在，牆壁上的月亮，仍是一張如圓鏡的紙。道士問衆人：「酒喝夠了嗎？」衆人說：「喝夠了。」道士說：「喝夠了就趕緊上床睡覺，不要耽誤明天砍柴割草的工作。」衆人應聲退下。王生暗中羨慕不已，於是打消了返家的念頭。

又過了一個月，王生苦不堪言，然而道士仍未傳授他任何道術。王生再也按捺不住，於是向道士告辭：「弟子遠從幾百里外的地方來向仙師求教，縱使不能學得長生法術，若您稍微教導一、二招，也可告慰我求教的心願。如今已過了兩三個月，每天過的都是早上砍柴晚上歸來的生活，弟子在家中，從來不曾經歷這種辛苦。」道士笑著說：「我本來就說你吃不了苦，如今果眞如此。明天一早我就送你離開。」王生說：「弟子辛勞工作多日，師父若能傳授一點小術法，也不枉費我這一趟苦行了。」道士問：「你想學習哪一種法術？」王生說：「每次看見師父行走，任何牆壁都阻擋不了您，我只要求學會這個法術就夠了。」道士笑著應允了他的請求。接著傳授他口訣，命令他唸完咒語大聲呼叫：「進入！」王生面對牆壁，不敢向前。道士又說：「再試一次。」王生慢慢地移動腳步，可是一到牆邊又停了下來。道士說：「低著頭快速進入，不要猶疑不決！」王生果然退離牆壁幾步，奔跑向前。遇到牆壁時，竟然空洞洞地好像不存在任何東西，回頭一看，果眞已在牆壁外面了。王生心中大感驚喜，進入拜謝。道士說：「回家要好好潔身修持，否則這個法術就不靈驗了。」說完，便資助他旅費，並且送他回家。

王生回到家門，自誇遇到神仙，如今，再堅固的牆壁也阻擋不了他。他的妻子不相信，王生便模仿先前的作爲，離開牆壁幾尺，然後快速奔跑進入，結果一頭撞上堅硬的牆壁，猛然跌倒在地。妻子扶他起來檢查，額頭上腫起一顆宛如巨卵的腫包。妻子嘲笑他，王生又慚愧又痛恨，臭罵老道士沒良心。

異史氏（蒲松齡）說：「聽過這故事的人，沒有不哈哈大笑的；殊不知當今世上像王生這樣的人，還眞是不少啊！現在有些見識鄙陋粗俗的人，喜歡聽信阿諛奉承的言論，卻害怕聽到忠告。所以就有些吮膿瘡、舐痔瘡的人，專門進獻宣揚威勢、逞兇施暴的惡劣方法，以迎合這些人的心意，並且哄騙他們：『只要按照這個方法施行，就可以橫行無阻。』剛開始的時候，效果挺不錯，於是他們就以爲天下所有事都可以比照辦理，不到碰觸牆壁而跌倒時，勢必不會罷休。」

國學常識

一、古典小說流變

中國小說經歷了從神話傳說、志人小說、志怪小說、唐傳奇、宋元話本小說，直至現代小說的發展過程。「小說」一詞，最早見於《莊子．外物篇》：「飾小說以干縣令，其於大達亦遠矣。」此處的「小說」指的是一些無關大道的言辭。

① **先秦時期**：《隋書．經籍志》共收錄二十五部小說，其中《燕丹子》最古，記述戰國時期，燕太子丹派遣荊軻行刺秦王的故事。另外還有《山海經》、《穆天子傳》等，也被後人認爲是先秦時代的作品。

②**魏晉南北朝**：多是筆記小說，以單則故事敘述為主，尚無完整架構。分為志人和志怪小說兩類。志人小說——多是記載人物的日常瑣事、生活片段，如劉義慶《世說新語》、裴啓《語林》等。志怪小說——撰寫鬼神靈異故事，如干寶《搜神記》、劉義慶《幽明錄》、吳均《續齊諧記》、王琰《冥祥記》、顏之推《冤魂志》等。

③**唐代**：開始出現結構俱足的文言短篇小說，又稱為傳奇。此時，小說的發展取得極大的成就，《唐人說薈．例言》記載：「唐人小說，不可不熟，小小情事，悽惋欲絕。……詢有神遇而不自知者，與詩律可稱一代之奇。」明代胡應麟言：「《飛燕》，傳奇之首也。」魯迅將唐以前的小說稱為「古小說」，他在《中國小說的歷史變遷》中指出：「小說到了唐時，卻起了一個大的變遷。……六朝時之志怪志人底文章，都很簡短，而且當作記事實；及到唐時，則為有意識的小說，這在小說史上可算是一大進步。」

④**宋元時代**：由於城市經濟發達，在大城市中開始有話本流傳，這些話本多出自民間藝人之手，一些文人雅士常常將這種底本加以增飾潤色，寫定為專供閱讀的書面文學作品。據《永樂大典》目錄記載的話本，共有二十六篇，今僅存《編五代史平話》、《全相平話五種》、《大宋宣和遺事》。而後期元代的戲曲也深受唐代傳奇影響，如陳玄祐的《離魂記》影響鄭光祖的《倩女離魂》；白行簡的《李娃傳》影響石君寶的《曲江池》；陳鴻的《長恨歌傳》影響白樸的《梧桐雨》；元稹的《會眞記》影響王實甫的《西廂記》；沈既濟的《枕中記》影響馬致遠的《黃粱夢》。

⑤**明代**：小說蓬勃發展，通俗小說達到成熟，寫作技巧亦漸趨錘鍊。明初《三國演義》和《水滸傳》的問世，代表長篇小說的發展開始邁入高峰，而《西遊記》也是中國小說史上第一部長篇神魔小說，吳承恩藉由神怪展現出人世的萬象。

⑥ **清代**：抱甕老人從「三言」、「二拍」精選出四十篇作品，定名為《今古奇觀》。清代短篇小說高度繁榮，產生《聊齋誌異》，另有程趾祥的《此中人語》和賈名的《女聊齋》等。在《聊齋誌異》風行百餘年後，又有紀昀的《閱微草堂筆記》與袁枚的《子不語》，都是記述鬼故事的知名小說。乾隆年間，《儒林外史》和《紅樓夢》兩部長篇巨著問世。《紅樓夢》原稱《石頭記》，又稱《情僧錄》、《金玉緣》、《風月寶鑑》、《金陵十二釵》等，成書於清代乾隆年間，是中國小說史上不可超越的頂峰，亦開啓「鴛鴦蝴蝶派小說」的先河。清末又有「四大譴責小說」，分別是李寶嘉的《官場現形記》、吳沃堯的《二十年目睹之怪現狀》、劉鶚的《老殘遊記》、曾樸的《孽海花》。

成語集錦

一、**手足重繭**：手掌和腳底都長出厚繭，形容非常辛勤勞苦。

原典 王謹受教。過月餘，手足重繭，不堪其苦，陰有歸志。

書證 *1*：自魯趨而十日十夜，足重繭而不休息。（漢代劉安《淮南子．脩務訓》）

二、**吮癰舐痔**：後用以比喻諂媚之徒，逢迎阿順權貴的卑鄙行為。

原典 今有傖父，喜疢毒而畏藥石，遂有吮癰舐痔者，進宣威逞暴之術，以迎其旨。

書證 *1*：附勢趨權，不辭吮癰舐痔，市恩固寵，那知瀝膽披肝。（明代王世貞《鳴鳳記》）

高手過招（＊為多選題）

＊1.（　）下列作品、作家、時代及體裁，對應完全正確的選項是：

A.虯髯客傳／元稹／唐人傳奇小說

B.水滸傳／施耐庵／宋人話本小說

C.老殘遊記／劉鶚／清代章回小說

D.聊齋誌異／蒲松齡／清代志怪小說

E.世說新語／劉義慶／南朝宋志人小說

2.（　）王士禎讀完某書後，為該書詳加評點，又作一七絕：「姑妄言之姑聽之，豆棚瓜架雨如絲。料應厭作人間語，愛聽秋墳鬼唱詩。」請問某書是？

A.《姑妄言》

B.《聊齋誌異》

C.《搜神記》

D.《官場現形記》

3.（　）「斯是陋室，唯吾德馨」，「馨」字本為形容詞，在這裡轉為動詞使用，意為「使之芳香」。這種轉換詞性的用法，稱為「轉品」。下列文句「」中的字詞，何者未運用此修辭？

A.恐嬌惰不能作「苦」。

B. 邑人奇之，稍稍「賓客」其父。

C. 「蠶」食諸侯，使秦成帝業。

D. 「遷」客騷人，多會於此。

4.（　）下列選項中的「故」字，有幾個解釋為「原來的」？（甲）凡在「故」老，猶蒙矜育。（乙）以「故」相為上將軍。（丙）邑有王生，行七，「故」家子。（丁）軒東「故」嘗為廚。（戊）非一朝一夕之「故」。

A. 四個

B. 三個

C. 二個

D. 一個

5.（　）下列「」內的字，何者讀音相同？

A. 負「笈」往游／及「笄」之年

B. 「稽」首／無「稽」

C. 驀然而「踣」／「培」塿

D. 顛「蹶」不止／行徑猖「獗」

6.（　）關於蒲松齡《勞山道士》一文的敘述，下列何者正確？

A. 描寫勞山道士剪紙成月，月明輝室，及諸門人飲酒，酒竟不減，是全文最富有志怪小說藝術特質的一段。
B. 「見一美人，自光中出」與〈赤壁賦〉「望美人兮天一方」，句中「美人」意思接近。
C. 蒲松齡以王生譬喻執政掌權者，暗示執政者莫以威勢虐待百姓，否則將自食惡果。
D. 這是一個充滿悲劇色彩的故事，諷刺那些訪道卻無法受苦之人。

解答：1. CDE　2. B　3. A　4. C　5. D　6. C

旁徵博引

金世成　清代蒲松齡

金世成，長山人。素不檢，忽出家作頭陀，類顛，啖不潔以為美。犬羊遺穢於前，輒伏啖之，自號為佛。愚民婦異其所為，執弟子禮者以千萬計。金訶使食矢，無敢違者。創殿閣，所費不貲，人咸樂輸之。邑令南公惡其怪，執而笞之，使修聖廟。門人競相告曰：「佛遭難！」爭募救之。宮殿旬月而成，其金錢之集，尤捷於酷吏之追呼也。

異史氏曰：「予聞金道人，人皆就其名而呼之，謂為「金世成佛」，品至啖穢，極矣。笞之不足辱，罰之適有濟，南令公處法何良也！然學宮圮而煩妖道，亦士大夫之羞矣。」

賞析

金世成，長山人，行為一向不檢點。忽然出家當了和尚，跟瘋子一樣，以吃污穢的東西爲美味。狗和羊拉下的屎，他就上前趴著吃掉，並且自稱是佛。愚昧的鄉民婦人覺得他的行爲很奇特，拜他爲師的數以萬計。金世成呵斥他們吃屎，他們便乖乖聽從。他要建造一座佛殿，耗費了大量錢財，但人們都樂意捐錢。縣令南公厭惡他的怪異行爲，就把他抓起來鞭打，要他修建孔廟。他的徒弟們爭相轉告說：「我們的佛遭難了！」爭著募集錢財救他。結果，孔廟很快就建成了，金錢募集的速度比嚴酷的差役催逼還要快。

異史氏說：「我聽說這個金道人，人們都因為他的名字，而稱呼他是『金世成佛』。他吃下許多髒東西，真是低下到極點了。鞭打不足以羞辱他，而懲罰他卻正好有助於社會，南縣令運用的辦法多麼巧妙啊！只是如此神聖的孔廟，沒有士大夫願意出錢，卻以這種方式從妖道取得修廟的經費，這也是士大夫的羞恥啊！」

4

台灣古典

勸和論

作者簡介

鄭用錫（西元一七八八年—西元一八五八年），號祉亭，竹塹人。道光三年進士，曾任兵部武選司、禮部鑄印局員外郎兼儀制司。咸豐三年，漳、泉分類械鬥，鄭用錫親赴各莊排解，並著《勸和論》曉以大義。眾人聞之感動，械鬥稍息，然不久又復萌。鄭用錫性好吟詠，頗有山水之樂，文人常聚酬唱，晚年築北郭園自娛，著有《北郭園集》。

出處：淡水廳志
出題率★★☆☆☆

古文鑑賞

甚矣，人心之變也！自分類始。其禍倡於匪徒❶，後遂燎原莫遏❷，玉石俱焚。雖正人君子，亦受牽制而朋從之也❸。

夫人與禽各為一類，邪與正各為一類，此不可不分。乃同此血氣，同此官骸❹，同為國家之良民，同為鄉閭之善人❺，無分士，無分民，即子夏所言四海皆兄弟是已，況當共處一隅乎？揆諸出入相友之義❻，即古聖賢所望於同鄉共井者，各盡友道，勿相殘害。在字義，友字從兩手，朋字從兩肉。是朋友如一身之左右手，即吾身之肉也。今試執塗人而語之曰❼：「爾其自戕爾手❽！爾其自噬爾肉！」鮮不拂然而怒❾。何今分類至於此極耶？

顧分類之害，莫甚於台灣。最不可解者，莫甚於淡之新、艋。台為五方雜處，林逆倡亂以來❿，有分為閩、粵焉，有分為漳、泉焉；閩、粵以其異省也⓫，漳、泉以其異府也⓬。然同自內地播遷而來，則同為台人而已。今以異省、異府苦分畛域⓭，王法在所必誅。矧同為一府⑭，而亦有秦、越之異⑮，是變本加厲，非奇而又奇者哉？夫人未有不親其所親而能親其所疏，同居一府，猶同室之兄弟，至親也；迺以同室而操戈⑯，更安能由親及疏，而親隔府之漳人、親隔省之粵人乎？淡屬素敦古處，新、艋尤為菁華所聚之區，遊斯土者，嘖嘖羨之⑰。自分類興，元氣剝削殆盡，未有如去年之甚也！干戈之禍愈烈，村市多成邱墟⑱。問為漳、泉而至此乎？無有也。問為閩、粵而至此乎？無有也。蓋孽由自作，釁起鬩牆⑲，大抵在非漳泉、非閩粵間耳。

自來物窮必變，慘極知悔，天地有好生之德，人心無不轉之時。僕生長是邦⑳，自念士為四民之首，不能與當軸及在事諸公㉑，竭誠化導，力挽而更張之㉒，滋愧實甚。願今以後，父誡其子，兄告其弟，各革面、各洗心，勿懷夙忿、勿蹈前愆㉓。既親其所親，亦親其所疏，一體同仁，斯內患不生、外禍不至。漳、泉、閩、粵之氣習，默消於無形，譬如人身血脈節節相通，自無他病；數年以後仍成樂土，豈不休哉㉔！

【說文解字】

❶倡：發起。❷燎原：火燒原野，形容禍亂勢強。遏：阻止。❸朋從：朋友間互相往來，此處指結黨跟隨。❹官骸：五官、四肢軀體。❺鄉閭：鄉里。❻揆：審度。❼塗人：路人。塗，通「途」，道路。❽爾：你。戕：傷害。❾鮮：少。❿林逆：指林爽文。逆，背叛者。⓫異省：不同省籍。⓬異府：不同府縣。⓭畛域：範圍、界線。⓮矧：況且。⓯秦、越：春秋時，秦國位於西北，越國居於東南，兩國相距遙遠。借指彼此疏遠，互不關心。⓰迺：乃。操戈：互相敵對。⓱嘖嘖：形容咂嘴聲，表示讚嘆、驚奇。⓲邱墟：廢墟。邱，通「丘」。⓳釁：爭端。鬩牆：比喻兄弟

相爭，引申為國家或團體內部的爭鬥。鬩，互相爭訟。⑳僕：自謙詞。㉑當軸：處於軸心位置，比喻擔任要職。㉒更張：原指調整琴弦，後引申為更改、變革。㉓蹈：踩踏。愆：過失、罪過。㉔休：喜悅、快樂。

翻譯賞析

自從人類開始分種族、籍別之後，人心的變化眞是太嚴重了！這股禍亂由不懷好意的奸人發起，爾後演變得一發不可收拾，甚至兩敗俱傷、玉石俱焚，即使是秉持正道的仁人義士也受到牽制而營從。

人與禽獸是兩種類，邪惡與正義也是兩種類，這種分際不能不區別。我們擁有同樣的血緣骨氣、五官四肢，同樣都是國家的良善百姓，同屬鄉里中的好人，不分士民階級，大家都是兄弟朋友，即子夏所謂的「四海之內皆兄弟」。更何況是共同生活在某個區域土地上的人呢？觀察在家鄉或出遊於外，衆人皆能結交為友的道理，即是古代聖人賢者所說的，同一個家鄉鄰里的人，都要能互助友愛，不要互相傷害。而從字義解析來看，「友」字表示兩隻手，「朋」字則是由兩塊肉組合而成。因此，朋友就等於我們的左右兩隻手，就等於我們身上的血肉一樣。若試著牽起路人的手，對他說：「你傷害自己的手吧！你啃咬自己的肉吧！」很少有人聽了不動怒。為何如今卻要畫分得如此細微呢？

因為區分種族、籍別而導致的傷害，沒有一個地方比台灣還要嚴重。而這類種族籍貫的糾紛，也沒有比淡水廳的新莊、萬華更難化解的了。台灣種族匯雜，自從林爽文發起叛亂以來，有分為福建、廣東，有分為漳州、泉州；福建、廣東是因為兩者的省分不同，漳州、泉州則是因為分屬不同的府。然而大家從內陸遷徙而來，就都是台灣人了。如今因為省籍、府別而嚴格畫分區域、引起動亂，依照朝廷律法一定是嚴懲不貸。況且同是台灣府的人民，卻如同秦國、越國那般疏遠，而且甚至更加嚴重，不覺得非常奇怪嗎？人不能疏離自己親近的人，卻親近與自己關係生疏的人。生活在同一個府，就像是同一家的兄弟，是很親密的；然而住在一起的人卻拿起武器互相殘殺，又怎麼可能親近隸屬於不同府的漳州人、不同省分的廣東人呢？淡水廳是個敦厚古樸的地方，新莊、萬華更是精英薈萃的區域，每一個來到此地的人，莫不萬分欽羨。然而自從分類械鬥盛行之後，此處原有的朝氣已漸漸被消滅了，不復往昔的光景。械鬥的禍害日益嚴重，村落城市都變成了廢墟。我詢問漳州、泉州人，以及福建、廣東人，為什麼關係會惡化到這般地步呢？他們也說不出個所以然來。罪孽幾乎都是自己招惹的，爭鬥大多都是從內部開始發生，應該是為了非難漳州、泉州和福建、廣東之間的差異吧！

事物發展到了極致就會產生變化，情況慘烈到了極點才會知道悔悟，天地神明具有愛惜生命、不喜殺戮的美德，人的心意也都會有轉圜改變的時候。我生長在這裡，想到自己是士人，位居士、農、工、商四種身分的第一位，卻不能與政府官員一起盡力教化開導人民、挽救這些情況，實在是太慚愧了。希望從今以後，父親能勸諭子女，兄長能告誡弟弟，大家洗心革面，不要再懷著往昔的怨恨，不要再重複從前所犯的罪過。親近自己的親人，也親近與自己關係生疏的人，平等地對待所有人。如此一來，就不會發生內亂、外禍也不會逼近。漳州、泉州、福建、廣東各自的風氣習俗默默地融合，就像是人身上的血液脈絡都打通了，就不會生病；過了幾年這裡將成為安樂祥和的沃土，豈不是很令人高興嗎？

成語集錦

一、**玉石俱焚：**美玉和石頭一同被燒毀。後來用以比喻不論賢愚、善惡，或是好壞同時受害，盡皆毀滅。

原典 其禍倡於匪徒，後遂燎原莫遏，玉石俱焚。

書證 *1*：公可往說劉備：如肯來降，免罪賜爵；若更執迷，軍民共戮，玉石俱焚。（明代羅貫中《三國演義》）

書證 *2*：我陷在「賊」中，原非本意，今無計自明，玉石俱焚，已付之於命了。（明代馮夢龍《警世通言》）

書證 *3*：女兒既有所見，兼因駙馬暴戾異常，將來必有大禍，唯恐玉石俱焚，因此不避羞恥，曾於黑夜俟駙馬安寢，暗至他的門首，勸他急速回鄉，另尋門路。（清代李汝珍《鏡花緣》）

二、**洗心革面：**指除去邪思雜念，改變舊日面目。亦比喻徹底悔悟，改過遷善。

原典 願今以後，父誡其子，兄告其弟，各革面、各洗心，勿懷夙忿、勿蹈前愆。

書證 *1*：化上而興善者，必若靡草之逐驚風；洗心而革面者，必若清波之滌輕塵。（晉代葛洪《抱朴子》）

書證 *2*：自今以始，洗心革面，皆以惠養元元為意。（宋代辛棄疾《淳熙己亥論盜賊劄子》）

修辭薈萃

一、**類疊**：接二連三地反覆使用相同字詞或語句的修辭技巧。可以增加文章的節奏感，凸顯文章的重點，避免單調、枯燥、固定的缺點。

疊字 同一字詞連接使用，又名「重言」。

疊句 同一語句連續出現，又名「連接反覆」。

類字 同一字詞隔離使用。

類句 同一語句隔離出現，或稱「隔離反覆」。

例1：乃同此血氣，同此官骸，同為國家之良民，同為鄉閭之善人，無分士，無分民。

☆Tips. 類字。

例2：父誡其子，兄告其弟，各革面、各洗心，勿懷夙忿、勿蹈前愆。

☆Tips. 類字。

例3：子曰：「視其所以，觀其所由，察其所安。人焉廋哉？人焉廋哉？」（《論語．為政》）

☆Tips. 疊句。

例4：那才是你福星高照的時候，那才是你實際領受、親口嘗味、自由與自在的時候，那才是你肉體與靈魂行動一致的時候。（徐志摩《翡冷翠山居閒話》）

☆Tips. 類字。

傳狀 論辯 奏議 序跋 雜記 小說 韻文

高手過招

請閱讀下列文章，並回答1—4題。

夫人與禽各為一類，邪與正各為一類，此不可不分。乃同此血氣，同此官骸，同為國家之良民，同為鄉閭之善人，無分士、無分民，即子夏所言四海皆兄弟是已，況當共處一隅乎？揆諸出入相友之義，即古聖賢所謂同鄉共井者，各盡友道，勿相殘害。在字義，友字從兩手，朋字從兩肉。是朋友如一身之左右手，即吾身之肉也。今試執塗人而語之曰：「爾其自戕爾手！爾其自噬爾肉！」鮮不拂然而怒。何今分類至於此極耶？（清代鄭用錫《勸和論》）

1.（　）**本文旨在說：**
A.身體髮膚受之父母不可毀傷。
B.兄弟關係應好好珍惜。
C.同胞應視為一體不分彼此。
D.人心之異於禽獸者幾希。

2.（　）**「同此官骸」句中的「官骸」意指：**
A.官架子
B.五官形軀
C.官運

D. 官樣文章

3.（　）本文論說之根據在：

A. 四海之內皆兄弟。

B. 人禽之辨當講明。

C. 共處一室當無愧屋漏。

D. 責善朋友之道也。

4.（　）「爾其自噬爾肉」句中的「噬」字意指：

A. 啣

B. 吻

C. 吒

D. 囓

5.（　）有關「開台進士」鄭用錫寫作《勸和論》的目的，下列敘述何者正確？

A. 勸導大家團結，以便反清復明。

B. 勸導統治者以和為貴，善待人民。

C. 勸導讀書人和平、奮鬥、救中國。

D. 勸導民眾不要分類械鬥。

6.（　）若查閱《台灣通史》一書的記載，《勸和論》所要勸和的對象應是指：

A.鄭成功統治時期的島夷、海寇事件。

B.清代統治時期的漢人移民械鬥事件。

C.日本統治時期的抗日事件。

D.台灣光復之後的二二八事件。

7.（　）說理文章需透過有力的立論說服讀者，論者往往透過「誘之以利」、「威之以勢」、「說之以害」、「曉之以理」、「動之以情」等技巧鋪展其自身論述。鄭用錫《勸和論》曾寫道：「況當共處一隅乎？揆諸出入相友之義，即古聖賢所望於同鄉共井者。」句中除了化用《孟子》文句外，更著重說明來台開墾移民間的深厚關係。下列文句，何者也是採用同樣的說服技巧？

A.今以異省、異府苦分畛域，王法在所必誅。

B.若舍鄭以為東道主，行李之往來，共其乏困，君亦無所害。

C.受命以來，夙夜憂勤，恐託付不效，以傷先帝之明，故五月渡瀘，深入不毛。

D.臣聞求木之長者，必固其根本；欲流之遠者，必浚其泉源；思國之安者，必積其德義。

解答：1.C　2.B　3.A　4.D　5.D　6.B　7.B

鹿港乘桴記

作者簡介

洪棄生（西元一八六六年—西元一九二八年），原名攀桂，字月樵，彰化鹿港人。台灣割讓後，改名洪繻，字棄生。日人侵台時，參與台灣民主國的抗日行動，失敗後閉門讀書，專心著作，堅拒與統治者來往。洪棄生曾遊歷中國十省，返台後完成《八州遊記》、《八州詩草》。日人誣告洪棄生於信用合作社工作的長子捲款潛逃，日警因此逮捕洪棄生入獄，最後悲憤抑悶而病逝。

出處：寄鶴齋古文集

出題率★★★★☆

古文鑑賞

樓閣萬家❶，街衢對峙❷，有亭翼然❸。亙二、三里❹，直如弦、平如砥❺，暑行不汗身、雨行不濡履❻。一水通津❼，出海之涘❽，估帆葉葉❾，潮汐下上，去來如龍，貨舶相望；而店前可以驅車❿、店後可以繫榜者⓫，昔之鹿港也。人煙猶是，而蕭條矣；邑里猶是⓬，而泬寥矣⓭。海天蒼蒼、海水茫茫，去之五里，涸為鹽場，萬瓦如甃、長隄如隍，無懋遷⓮、無利涉⓯；望之黯然可傷者⓰，今之鹿港也。

昔之盛，固余所不見；而其未至於斯之衰也，尚為余少時所目睹。蓋鹿港扼南北之中，其海口去閩南之泉州，僅隔一海峽而遙。閩南、浙、粵之貨，每由鹿港運輸而入；而台北、台南所需之貨，恆由鹿港輸出。乃至台灣土產之輸於閩、粵者，亦靡不以鹿港為中樞。蓋藏既富，絃誦興焉⓱；故黌序之士相望於道⓲，而春秋試之貢於京師⓳、注名仕籍者⓴，歲有其人，非猶夫以學校聚奴隸者也。而是時鹿港通海之水已淺可涉矣，海艟之來㉑，止泊於沖西內津㉒；之所謂「鹿港飛帆」者，已不概見矣。細載之往來，皆以竹筏運赴大艑矣㉓。然是時之竹筏，猶千百數也；衣食於其中者，尚數百家也。迄於今版圖既易，海關之吏猛於虎豹，華貨之不來者有之矣。洎乎火車之路全通，外貨之來由南北而入，不復由鹿港而出矣；重以關稅之苛、關吏之酷，牟販之夫多至破家，而閩貨之不能由南北來者，亦復不敢由鹿港來也。

鹽田之築，肇自近年㉔。日本官吏，固云欲以阜鹿民也㉕；而其究竟，則實民間之輸巨貲以供官府之收厚利而已㉖。且因是而阻水不行，山潦之來，鹿港人家半入洪浸；屋廬之日就頹毀，人民之日即離散，有由然矣㉗。

余往年攜友乘桴游於海濱㉘，是時新鹽田未興築、舊鹽田猶未竣工；余亦無心至於隄下，臨海徘徊，海水浮天如笠，一白萬里如銀，滉瀁碧綠如琉璃㉙。夕陽欲下，月鉤初上；水鳥不飛，篙工撐棹㉚。向新溝迤邐而行㉛，則密邇鹿港之舊津㉜，向時估帆所出入者，時已淤為沙灘，為居民鋤作菜圃矣。沿新溝而南至於大橋頭，則已挈鹿港之首尾而全觀之矣㉝。望街尾一隅而至安平鎮，則割台後之飛甍鱗次數百家燬於丙申兵火者㉞，今猶瓦礫成邱，荒涼慘目也。猶幸市況凋零，為當道所不齒；不至於市區改正，破裂闤闠㉟、驅逐人家以為通衢也㊱。然而再經數年，則不可知之矣。滄桑時之可怖心，類如此也。游興已終，舍桴而步，遠近燈火明滅；屈指盛時所號萬家邑者，今裁三千家而已，可勝慨哉！

【說文解字】

❶樓閣：樓房。❷街衢：四通八達的街道。❸翼然：鳥展翅的樣子。此處用以形容山石、亭台等建築物，高聳開展的樣貌。❹亙：連綿。❺砥：磨刀石。❻濡：浸溼、沾溼。❼通津：四通八達的渡口。❽涘：水邊、岸邊。❾估帆：鼓起船帆。❿驅車：駕車。⓫繫榜：把船拴住。繫，拴。榜，船。⓬邑里：鄉里。⓭泬寥：寂寞、孤獨。⓮懋遷：貿易、買賣。⓯利涉：方便渡水。⓰黯然：比喻衰落、了無生氣的樣子。可傷：可悲、可憐。⓱絃誦：泛指學校的教學活動。⓲黌序：學校。黌，學校。序，古代的學校名稱。⓳貢：清代選拔人才的制度。⓴注名：記名於冊。仕籍：記載官吏名籍的簿冊。㉑艟：一種古代戰艦。㉒泊：到、及。沖西：鹿港的別名。內津：內港。㉓艑：大船。㉔肇：首度、開端。㉕阜：盛大、多。㉖貲：繳納的財物。㉗由然：原因。㉘乘桴：乘坐竹或木編製的小筏。㉙滉漾：水波蕩漾的樣子。㉚篙工：操篙的船夫。㉛迤邐：連續不斷、慢步徐行的樣子。㉜密邇：靠近、貼近。㉝挈：提、舉。㉞飛甍：比喻高大的屋宇。甍，屋脊。㉟闤闠：市場。㊱通衢：四通八達的道路。

翻譯賞析

昔日的鹿港，有萬家房屋樓閣，街道商家面對面，道路上搭著亭子，就像鳥展開翅膀高飛的樣子。街道繁華，綿延二、三里長，道路筆直得就像弓箭上的弦，路面平坦得就像磨刀石一般光滑。夏日走在這條街道上，不會流汗；雨天走在這條街道上，鞋子不會沾濕。城鎮中有一條河流通往港口，馬上就可以出海。商船像葉子一樣，隨著潮汐進出港口，來去如龍，迅速快捷，貨船一艘艘前後相望，等待停泊。街上店面的前門可供來人停車，後門就是碼頭，可供船隻上下貨。這就是昔日繁榮的鹿港。如今百姓仍在，但鹿港已然蕭條沒落；鄰里依舊，但已變得空蕩冷清。大海蒼蒼，海水茫茫，再往前五里的海岸沙洲早已乾涸，已轉變為鹽場。鹿港曾經繁華的萬家屋瓦，現在如同裝飾一般空蕩；鹿港曾經人來人往的港口長堤，現在宛如城壕一般乾涸。沒有通商往來，沒有貿易買賣，一眼望去，令人黯然感傷。這就是今日蕭條的鹿港。

昔日，鹿港最繁華的時代，我固然不曾見過。但鹿港尚未衰微至今日這般景象時，小時候的我曾經目睹過。鹿港位於台灣南、北的中央，港口連接至福建南部的泉州，中間僅僅相隔狹長的台灣海峽。因此，以往閩南、浙江、廣東的貨物，皆是經由鹿港而來，而台北、台南所需的貨品，也都是經由鹿港運送。台灣的一切物品，若要輸往福建、廣東，都無不以鹿港為主要的集散地。而後，鹿港人民逐漸富裕，文教事業也日漸興盛，在學校讀書的人絡繹於途，每年都有鹿港學子在春、秋季，於京師參加考試，且金榜題名，並記名於官吏名冊。所以，鹿港之所以設立學校，可不是為了聚集供人使喚的庸才而已，而是為了培養真正傑出的人才。當時，鹿港通往大海的河道已經淤積，人們可以涉水而過，一旦海船來時，便只能停靠於鹿港內的渡口。昔日號稱「鹿港飛帆」的景象，那時已看不到了，裝卸貨物時，也都必須用小竹筏運送至大船。然而，當時鹿港尚未完全沒落，竹筏還有千百艘，而依賴竹筏載貨為生的，也還有數百人家。如今，改朝換代後，新來的海關官員比虎豹更為凶猛，從前的中國貨物也因此不再進口。當縱貫鐵路全線通車後，進口的貨物便由南、北港口輸入，不再倚靠鹿港。再加上關稅苛刻、海關官員殘暴，很多商店攤販都因此破產。那些不能從南、北港口輸入的福建貨品，也因為暴虐的海關官員，而不敢由鹿港走私。

近年來，鹿港逐漸開始經營鹽田。日本官員聲稱這是為了增加鹿港居民的收入，但真正的原因卻只是為了讓百姓繳納更多稅金，使官府可以收取更多稅收而已。他們甚至為了在海邊設置鹽田，導致河水無法正常排洩。當山洪爆發時，鹿港便會有一半的人家淹水，因爲這些原因，致使鹿港地區房屋頹毀、人民流離失所。

往年，我與朋友乘著竹筏遊覽鹿港海濱時，新的鹽田還未建起，舊的鹽田也尚未完工。如今，我已沒有心情走至海堤上，只能在海邊徘徊著。海水連至天際，天空如同一頂斗笠，萬里一片，海水蕩漾著宛如琉璃。夕陽正要下山，而如鉤的月亮剛要升起。水鳥已在休息，船夫搖著船竿，徐徐往新溝而去。我漸漸靠近鹿港從前的舊港口，那個從前眾多商船進出的所在，如今已淤塞成爲沙灘，居民把這裡開墾爲菜圃。只要沿著新溝往南，走到大橋頭，便能大致掌握鹿港的全貌。若眺望鹿港街尾連至安平鎮的區域，便會看到那些在光緒二十二年，因戰火而被焚毀的數百間華屋樓宇，如今瓦礫堆積，滿目瘡痍。幸好，因爲鹿港逐漸凋零，所以行政官員們不再重視此處，還不至於爲了拓寬馬路、實施市區改正，而拆掉市場、強迫百姓搬家。然而，再過幾年後，就不知道會不會這麼做了。台灣割讓時的滄桑經歷，還有那些令人恐懼的心情，大概就如同我上面所說的了。遊興已盡，我將竹筏靠岸，改爲步行。燈火明滅，鹿港最繁華的時期，號稱有萬戶人家，如今卻只剩三千戶而已，令人不勝唏噓。

修辭薈萃

一、示現：將實際上不聞不見的事物，說得如見如聞，使讀者感覺身臨其境。

追述示現　將過去發生的事物，憑藉想像力寫出。

預言示現　把未來的事情說得彷彿發生在眼前一樣。

懸想示現 把想像的事情說得彷彿發生在眼前一樣，與時間的過去或未來無關。

例**1**：樓閣萬家，街衢對峙，有亭翼然。亙二、三里，直如弦、平如砥，暑行不汗身、雨行不濡履。一水通津，出海之涘，估帆葉葉，潮汐下上，去來如龍，貨船相望；而店前可以驅車、店後可以繫榜者，昔之鹿港也。

☆Tips. 追述示現。

例**2**：獨在異鄉為異客，每逢佳節倍思親。遙知兄弟登高處，遍插茱萸少一人。（唐代王維《九月九日憶山東兄弟》）

☆Tips. 懸想示現。

例**3**：樓船夜雪瓜洲渡，鐵馬秋風大散關。（宋代陸游《書憤》）

☆Tips. 追述示現。

例**4**：想得讀書頭已白，隔溪猿哭瘴煙藤。（宋代黃庭堅《寄黃幾復》）

☆Tips. 懸想示現。

高手過招

請閱讀下列文章，並回答1—2題。

樓閣萬家，街衢對峙，有亭翼然。亙二、三里，直如弦、平如砥，暑行不汗身、雨行不濡履。一水通津，出海之涘，估帆葉葉，潮汐下上，去來如龍，貨船相望；而店前可以驅車、店後可以繫榜者，昔之鹿港也。人煙猶是，而蕭條矣；邑里猶是，而泬寥矣。海天蒼蒼、海水茫茫，去之五里，涸為鹽場，萬瓦如甃，長堤如隍，無懋遷、無利涉；望之黯然可傷者，今之鹿港也。（日治洪棄生《鹿港乘桴記》）

1.（　）文中「店後可以繫榜者」，應是指店家後面可以：

A. 停牛車

B. 繫船隻

C. 掛招牌

D. 貼公告

2.（　）根據文中所述，作者在描寫鹿港：

A. 昔日的繁華與當時的蕭條。

B. 貨船的興盛。

C. 當時的繁華與昔日的蕭條。

D. 鹽場的變遷。

3.（　）下列有關《鹿港乘桴記》一文敘述何者錯誤？

A. 是探索家鄉變遷歷史，並培養鄉土意識和在地情懷連結之文。

B. 作者洪繻，生於清末，卒於民初，彰化鹿港人。

C.該篇文章內容提及「開山撫番」，將原住民形容成「番」。

D.作者洪棄生有台灣詩史之稱號。

解答：1. B 2. A 3. C

旁徵博引

彰化八景

①**鹿港飛帆**：《彰化縣志》記載：「鹿仔港，煙火萬家，舟車輻輳，為北路一大市鎮。西望重洋，風帆爭飛，萬幅在目，波瀾壯闊，接天無際，真巨觀也。」

②**定寨望洋**：定寨，指的是定軍山上的磚寨。《彰化縣志》記載：「門樓高敞，登臨一望，遠矚全邑之形勝，近瞰一城之人煙，甚壯觀也。而大海茫茫，飛帆在目，則又得一勝概矣。」

③**豐亭坐月**：豐亭，指的是豐樂亭，原名太極亭，位於清代彰化縣署後。清代黃驤雲寫道：「能遊吏態當非俗，肯住詩心得不仙。了無渣滓沿心境，覺有清光在眼中。花落亭閒人影靜，關情總是望年豐。」

④**碧山曙色**：碧山，指的是碧山巖，前傍貓羅溪，後倚八卦山，位於今南投市。《彰化縣志》記載：「巖有樹木、溪流環其前，林泉幽寂，頗饒遊觀之趣。清晨四望，崇山峻嶺，羅列寺前。焰

峰九十九尖，狀似玉筍排空，參差無際，洵屬奇觀。」

⑤**虎巖聽竹**：虎巖，指的是白沙坑內的虎山巖，位於今彰化花壇鄉。《彰化縣志》記載：「巖左右依山環抱，茂林修竹，翠巖丹崖，遊覽之勝，與碧山巖等。每當春夏之交，禽聲上下，竹影參差，清風徐來，綠陰滿地，置身其間，彷彿神仙境界。」

⑥**清水春光**：清水，指的是清水巖，位於今彰化社頭鄉。《彰化縣志》記載：「巖左右青嶂環遶，樹木陰翳，曲逕通幽，秋壑之勝，恍若畫圖。春和景明，野花濃發，士女到巖遊覽，儼入香國中矣。」

⑦**龍井觀泉**：龍井，指的是龍目井。《彰化縣志》記載：「其泉清而味甘，湧起尺許，如噴玉花。井旁有二石，狀似龍目，故名。里人環井而居，竹籬茅舍，亦饒幽致。」

⑧**珠潭浮嶼**：珠潭，指的是日月潭。《彰化縣志》記載：「四周大山，山外溪流包絡。自山口入潭，廣八、九里，屈曲如環。水深多魚，中浮一嶼，曰珠仔山。番欲詣嶼，畫蟒甲以渡。嶼員淨開爽，青嶂白波，雲水飛動，海外別一洞天也。」

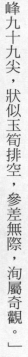

畫菊自序

作者簡介

張李德和（西元一八九三年—西元一九七二年），字連玉，號羅山女史、琳瑯山閣主人、逸園主人等。出身雲林西螺望族，後嫁給嘉義名門張錦燦為妻。隔年，張李德和便辭去教職，專心協助丈夫處理醫院事務。在協助丈夫事業之餘，亦加入西螺菼社、嘉義羅山吟社，也曾組琳瑯山閣詩會、鴉雀書畫會等文人聚會，獲得「詩、詞、書、畫、琴、棋、絲繡七絕」的美譽。

出處：張李德和集
出題率★★★★☆

古文鑑賞

人為萬物之靈，志有萬端之異。學琴學詩均從所好，工書工畫各有專長，是故咳唾珠玉❶，謫仙闢詩學之源；節奏鏗鏘❷，蔡女撰胡笳（ㄐㄧㄚ）之拍❸，此皆不墮聰明，而有志竟成者也。若夫銀鉤鐵畫❹，固屬難窺。儷（ㄌㄧˋ）白妃青❺，亦非易事。余因停機教子之餘❻，調藥助夫之暇，竊（ㄑㄧㄝˋ）慕管夫人之墨竹❼，紙上生風❽，敢藉陶彭澤之黃花❾，圖中寫影，庶幾秋姿不老❿，四座流芳，得比勁節長垂，千人共仰，竟率意而鴉塗，莫自知其鳩（ㄐㄧㄡ）拙云爾⓫。

【說文解字】

❶咳唾珠玉：比喻人的談吐或詩文如珠玉般美好。咳唾，稱讚對方的言論、談吐。❷鏗鏘：狀聲詞，形容清脆悅耳的聲音。❸蔡女：東漢末年的蔡琰，又稱蔡文姬，文學家。代表作有《胡笳十八拍》、《悲憤詩》等。❹銀鉤鐵畫：形容筆畫如鐵一般剛勁，如銀一般柔媚。❺儷白妃青：指詩文句式整齊、對仗工穩，就如同白色和青色互相搭配。

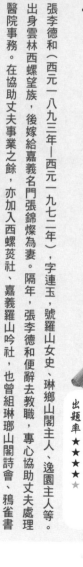

❻停機教子：借用明代三娘停機教子的典故。❼管夫人：即管道昇，字仲姬、瑤姬。元代文人、畫家，書畫家趙孟頫之妻。工書畫，尤擅墨竹、梅花、蘭花，筆意清絕，負盛名，世稱「管夫人」。❽紙上生風：比喻繪畫十分出色。❾黃花：菊花。❿庶幾：或許可以，表示希望的語氣詞。⓫鳩拙：鳩鳥拙於築巢，故以此為自謙愚拙之詞。

翻譯賞析

人類身為萬物之靈，每個人的志向、喜好皆不盡相同。不管是學習琴藝，或學習詩文，都各有各的好處；不管是擅長讀書，或工於作畫，也都各有各的專長。就像唐代詩仙李白，他的詩文如珠玉般美好，開闢了詩學之門；又像漢代蔡文姬，她奏出的樂曲《胡笳十八拍》，清脆悅耳。他們能有這番成就，不是因為他們特別聰明出衆，而是因為「有志者，事竟成」。如果我的畫筆要有如鐵一般剛勁、如銀一般柔媚，那大概是很難辦到的；如果我的詩文要如同白色、青色一般工穩整齊，那也不是一件容易的事情。我在幫助丈夫的事業之餘，照顧孩子的生活之暇，因為羨慕元代管夫人所畫的墨竹，所以模仿著陶淵明的菊花，將黃花繪於紙上。希冀我能將這些菊花的青春姿態留於紙上，希望這些菊花能如勁節的竹子般常垂，供千人仰望。因為這些願望，所以就算我知道自己拙於繪畫，我還是依舊率性妄為的作畫。

成語集錦

一、**咳唾珠玉**：比喻言辭精當、議論高明。也形容文詞極其優美。

原典 是故咳唾珠玉，謫仙闢詩學之源；節奏鏗鏘，蔡女撰胡笳之拍。

書證1：咳唾成珠玉，揮袂出風雲。（唐代房玄齡《晉書．夏侯湛傳》）

書證2：埶家多所宜，欬唾自成珠。（南朝范曄《後漢書》）

二、**銀鉤鐵畫**：形容書畫筆法剛勁有活力。筆畫如鐵般剛勁，如銀般柔媚。

原典 若夫銀鉤鐵畫，固屬難窺。儷白妃青，亦非易事。

書證1：徘徊俯仰，容與風流，剛則鐵畫，媚若銀鉤。（唐代歐陽詢《用筆論》）

書證2：錦心繡口，李白之文章；鐵畫銀鉤，王羲之之字法。（《幼學瓊林．文事類》）

修辭薈萃

一、**對偶**：上下文句的字數相同，句法、詞性相稱，亦稱爲「對仗」。

句中對 同一句中，上下兩語自為對偶，亦稱為「當句對」。

單句對 上下兩句，字數相等、詞性相同、語法相似、平仄相對。

隔句對 第一句與第三句對，第二句與第四句對。

長句對 奇句對奇句，偶句對偶句，至少三組，多則數十組的對偶，亦稱為「長偶對」。

例1：人為萬物之靈，志有萬端之異。學琴學詩均從所好，工書工畫各有專長。

✰ Tips. 單句對。

例2：銀鉤鐵畫、儷白妃青。

☆Tips. 句中對。

例3：庶幾秋姿不老，四座流芳，得比勁節長垂，千人共仰。

☆Tips. 隔句對。

高手過招

請閱讀下列文章，並回答1—3題。

人為萬物之靈，志有萬端之異。學琴學詩均從所好，工書工畫各有專長，是故咳唾珠玉，謫仙闢詩學之源；節奏鏗鏘，蔡女撰胡笳之拍，此皆不墮聰明，而有志竟成者也。若夫銀鉤鐵畫，固屬難窺。儷白妃青，亦非易事。余因停機教子之餘，調藥助夫之暇，窃慕管夫人之墨竹，紙上生風，敢藉陶彭澤之黃花，圖中寫影，庶幾秋姿不老，四座流芳，得比勁節長垂，千人共仰，竟率意而鴉塗，莫自知其鳩拙云爾。

1.（　）「咳唾珠玉，謫仙闢詩學之源；節奏鏗鏘，蔡女撰胡笳之拍」中的「謫仙」、「蔡女」分別是指何人？

A.王維、李清照

B.賀知章、蔡邕

C.李白、蔡文姬

D.李商隱、班昭

2.（　）「儷白妃青，亦非易事」中的「儷白妃青」是形容何事？

A.繪畫

B.詩文

C.琴藝

D.棋藝

3.（　）「余因停機教子之餘，調藥助夫之暇，竊慕管夫人之墨竹，紙上生風」中，作者分別提到哪兩個歷史人物？

A.先秦孟母、元代關漢卿

B.晉代謝道韞、漢代卓文君

C.漢代王昭君、元代趙孟頫

D.明代三娘、元代管道昇

解答：1.C　2.B　3.D

旁徵博引

明代三娘停機教子

明代的薛廣有一個妻子張氏，還有妾劉氏、王春娥，劉氏生了一個兒子，名為倚哥。某日，薛廣出外前往鎮江經商，托友人帶了白銀百兩回家，但他的友人見利忘義，私吞了那些白銀，並且假造薛廣的棺木，謊稱薛廣已經客死他鄉。薛廣的妻妾、子女都非常難過，命令老僕人薛保運回薛廣的靈柩。不久之後，張氏和劉氏都先後再嫁，只剩下王春娥與老僕人薛保，兩人含辛茹苦地撫養劉氏丟下的幼子倚哥。但是，倚哥長大之後，在同儕中被譏為無母之兒。於是，他生氣地回到家中，與正在辛苦織布的王春娥大吵大鬧，王春娥只好以刀斷機布，以示決絕。倚哥這時才驚覺自己竟如此不孝，最後母子和好如初。而後，倚哥中了狀元，而薛廣也以軍功還鄉，一家團聚。

二、國寫測驗

1 國寫SOP與例題

國寫說明

以下相關資訊皆來自 大學入學考試中心

國語文寫作能力測驗（簡稱「國寫」）係針對跨學系的語文表達能力需求而設計，期望考生透過可以感受、應加體察的經驗及素材，經由命題者的適度引導，自然而充分地運用語文表達能力。國寫理念主要分爲以下三項：

① **注重人文與自然、理性與感性、原理與實用、傳統與現代的結合**

除了考量不同學系共同的語文表達需求之外，更期望與大學通識教育「統整人格與知識」的目標相聯結，使測驗不只是甄選工具，更富有教育意義。

② **貼近生活經驗，切合社會脈動**

強調「題材生活化」，一方面增加考生的親切感、減低應考的緊張度，一方面亦促使考生多留意身邊的問題與現象，不致對周遭環境疏離、對社會事務漠然，窄化人生的視野。

③ **強化分析理解，促進多元思考**

強調「思考多元化」，希望考生能在不同性質材料的引導下，對試題所提出的問題或現象，忠實地寫出個人理性分析後的意見或內心的感受，不必爲了迎合固定的意識框架而虛矯造作。

一、測驗目標

國寫測驗之目標，係參考大學校系期望學生具備的文字表達能力而訂定。該期望分爲下列五項：

①能觀察、了解、歸納現象，並提出意見。

②能清晰具體地描述事實。

③能寫出個人的經驗，表達內心的情感與想像。

④能正確解讀圖表。

⑤能正確穩妥地遣詞造句、謀段成篇。

大學入學考試中心據以歸納爲下列兩項：

①知性的統整判斷能力

能否正確解讀文字或圖表，適當分析、歸納具體描述說明。能否針對各種現象提出自己的見解。

②情意的感受抒發能力

能否具體寫出個人實際的生活經驗。能否眞誠表達內心的情感。能否發揮想像力。

二、測驗內容與成績計算

國語文寫作能力爲就讀大學的一般能力，這種能力不應僅是國文科的教學責任與學習成就，也應是所有學科教師與預備就讀大學的學生均應重視的能力。因此國語文寫作能力測驗試題乃針對跨學系的語文表達能力需求而設計，其內容須兼顧思辨性與應用性，並評量閱讀、分析、歸納、感發、體悟等綜合能力；而在命題方向與取材上，可擴及人文、社會、自然等不同學科領域。

本項測驗，閱卷委員評閱各題時，先判定「等」，再決定「級」，再選定「分數」。考生各題得分，在多數情況下，爲兩位閱卷委員（一、二、三閱中的兩閱）所給分數之平均；少數情形下，爲第三閱或第四閱之給分。題目共兩大題，兩大題分數合計後，佔考生學科能力測驗國文考科總成績之百分之五十，進而計算十五級分與五標。

國寫單獨的成績報告書中，將提供考生各題所得成績所對應的能力說明。格式略如下述：

等第	「知性的統整判斷」試題等第能力說明	「情意的感受抒發」試題等第能力說明
A	能精確掌握題旨，善用各種材料加以拓展發揮，思考深刻，論述明確，結構嚴謹，文辭暢達。	能精確掌握題旨，發揮想像，構思巧妙，體悟深刻，結構完整，情辭動人。
B	大致能掌握題旨，取用相關材料加以論述，內容平實，結構平穩，文辭平順。	大致能掌握題旨，略能發揮想像、抒發情感，結構尚稱完整，文辭平順。
C	敘寫不盡符合題旨，材料運用未盡允當，缺乏己見，結構鬆散，文辭欠通順。	敘寫不盡符合題旨，情意浮泛，結構鬆散，文辭欠通順。
0	空白卷，或文不對題，或僅抄錄題幹。	空白卷，或文不對題，或僅抄錄題幹。

由於評分採「分題閱卷」，考生作答務必遵守答題規則，第一題須作答於「答案卷」正面，第二題須作答於「答案卷」背面。此外，作答務必使用筆尖較粗之黑色墨水筆書寫（建議使用筆尖粗約零點五—零點七公厘之黑色原子筆），不得使用鉛筆，並力求字跡清晰，字體在稿紙格內應儘量放大。

三、相關問題

①國語文寫作能力測驗為什麼要獨立分節施測？

提供完整充足的作答時間：目前的學測與指考國文考科都含有選擇題與非選擇題兩部分，考生在應試時，必須自行分配作答時間，在時間的壓力之下，有時不易兼顧。而就命題端來說，考量選擇題所需作答時間，非選擇題的設計也較受局限。一〇七年國語文寫作能力測驗與學測國文分為兩個考試節次，將可提供考生較充足的作答時間，亦較能提供評量所需的試題量。

重視寫作能力：跨領域學習與溝通能力，是當代重要的生存能力。考生未來在大學裡學習任何專業，都須奠基於良好的國語文閱讀與寫作能力。國語文寫作能力測驗在學測日程中分節獨立施測，配合人學選才，命題素材可涵蓋人文、社會、自然等不同學科領域，以提供考生展現思路邏輯的空間。而基於考試的公平性，國寫命題所選用之跨領域測驗素材具有通識性質，不涉及該領域的先備知識。

②國語文寫作能力測驗成績有何用途？

併入學測國文考科計算級分：考生國語文寫作能力測驗成績併入學測國文總分，進而計算學測國文考科的十五級分及五標，國寫得分佔學測國文總分之百分之五十。

③為什麼國語文寫作能力測驗成績不併入指考？

學測與指考的定位不同：學測爲入學的基本測驗，指考則爲校系指定的進階測驗。國寫的定位與學測相同，屬通識性質，因此國寫成績適合併入學測國文，不宜併入指考國文。其次，目前本中心提供國寫一年一試，考生只有一次考試機會，無法擇優使用，因此國寫成績不宜同時併入學測國文與指考國文，以免影響考試失利的考生權益。另外，極少數的考生可能不參加學測，只參加指考分發入學。國寫在學測考試日程中施測，未參加學測的考生沒有國寫成績。若國寫成績併入指考國文，將嚴重影響此類考生的指考國文成績。

④ 指考國文為什麼不考作文？

招考中程變革的過渡措施：配合國語文寫作能力測驗獨立施測，學測與指考國文考科將改爲只有選擇題。規畫上，學測國文將依測驗時間配置，適度增加題量，測驗基礎語文、文學與文化知識的理解與應用能力。指考國文亦將增加題量，測驗進階學科專業能力，亦有長文題或文學鑑賞題的命題空間。未來在十二年國教新課綱實施後的大學招生及入學考試，考試類別與科目將因應課綱而有所調整。因此指考國文不考非選擇題，只是中程階段（一〇七—一〇九年）的過渡措施。

長程將推動國寫一年二試：國語文寫作能力測驗旨在評量主動表達能力，考生作答內容較易受日常關注議題廣度、臨場反應快慢、思考是否出現靈感等因素影響，造成表現有所差異。是以高中國文教師常於座談會中反映，希望能增加學生考試機會，避免遺珠之憾。若未來國語文寫作能力測驗可提供一年兩次的考試機會，考生擇優使用成績，將更有助於大學校系選才。

⑤ 國語文寫作能力測試題是否能與高中國文課程結合？

國寫試題與高中國文學習當然有所結合，唯此種結合，基本上屬知能對應，並非亦步亦趨；與課本範文具體結合的任務，主要應由國文考科選擇題擔負。

⑥ 國語文寫作能力測驗試題是否可以「二選一」？

「二選一」命題作文是一〇四年研究用試題的題型之一：大考中心一〇四年國寫試題研發計畫共提

出五份研究用試卷，其中，卷五第二題引用作家洪素麗的散文作品〈瓷碗〉，由於文中既有「對傳統失落的悵惘」，也有「對當下現實生活中美好時光的描述」，爲使考生可從自己有所感動的角度作答，試題研發小組特別擬定兩個題目：「失落的光輝」、「愉快的一天」，供受測考生擇一作文。

該題所提供的兩個題目，雖然可能有難度不同的疑慮，但交付考生自行衡量選擇，在測驗的立足點上是公平的。考生若選擇自己不擅長的題目作答，自然就須承擔得分的風險；而「愉快的一天」雖然看起來較容易，考生要寫得好卻也有一定的難度。

「二選一」命題作文並非新題型：引文後提供「二選一」的題目，是出於對考生的體貼。其實以往的研究用試題、正式學測非選擇題，都曾經有過相同的做法。例如九十三年的研究用試卷，曾提供「瞞」與「被偷去的……」二題，供考生擇一作文；八十三年學測非選擇題，曾提供「夢」與「兩代之間」二題，供考生擇一作文；八十四年學測非選擇題，曾提供「網」與「青春」二題，供考生擇一作文；八十七、八十八、八十九、九十年學測非選擇題，也都有「二選一」的題型。

未來不必然有「二選一」的題型：「二選一」的命題用意雖好，作法也由來已久，但考量考生答題時可能有所顧慮，閱卷工作的複雜性亦較高，未來不必然會有這樣的題型。正式考試時，是否提供考生「二選一」的作答空間，仍須由命題者在設計試題時通盤考量。

⑦ 一年兩試以後，國語文寫作能力測驗的成績是否需要等化？

國寫試題採用評分標準直接等化：一年兩試之後，兩次國寫試題雖然不同，但因各卷所評量的能力是固定的（知性統整判斷能力、情意感受抒發能力），評分標準是一致的，考生成績依是否達到各等標準決定，評分結果不受考生群體人數多寡影響。

四、國寫SOP

①審慎閱讀題目，理解題目的詳細題意與內涵。
②搜尋自身資料庫中的靈感或可以使用的適當題材。
③擬訂內容大綱，詳細部署段落分布字數、行數，並使用起、承、轉、合檢視大綱。
④以一個精采漂亮的首段開始文章。
⑤注意內文的文義表達、標點符號、詞彙使用是否正確。
⑥可以使用名言錦句、修辭技巧等方式增強作文的深度與廣度。
⑦注意字體應工整，不可過大或過小。
⑧文章內的觀點應積極正面，若能有個人獨到見解更佳。
⑨以首尾呼應的結尾結論全文。

一〇六年國寫試辨題

更多相關試題可參考　大學入學考試中心

一、

人們行事往往有其原因或目的，例如積極援助國際難民的行為，政治人物有可能是迫於民意與輿論壓力不得不然；企業家有可能是為了博取好名聲而慷慨解囊、捐助大筆經費；教徒有可能是受到宗教信仰的影響因此主動救援。一件表面上看來單純援助難民的行為，背後卻可能有各式各樣的緣由。

甲、《戰國策．齊策》中記載：「馮諼為孟嘗君收責（債）於薛，使吏召諸民當償者，悉來合券。券遍合，起矯命（假稱奉孟嘗君之命）以責（債）賜諸民，因燒其券，民稱萬歲。後齊王廢孟嘗君，孟嘗君就國於薛，未至百里，民扶老攜幼，迎君道中。」

乙、《史記》〈游俠列傳〉與〈季布欒布列傳〉記載：漢高祖劉邦滅項羽後，懸賞千金捉拿項羽舊屬季布，並下令窩藏者將誅滅三族。魯人朱家為游俠，與季布並不熟識，但卻冒死藏匿季布，並透過夏侯嬰（漢代開國功臣，與劉邦交情甚深）說服劉邦赦免季布的罪。但後來季布做了官，朱家反而終身都不與他相見。

丙、西元一九一二年，搭載三千多人的巨型郵輪鐵達尼號撞上冰山，在沉船的危急時刻，儘管救生艇數量有限，士紳仍協助婦孺優先搭乘逃生，並未爭先恐後自顧逃命。

丁、某品牌鞋子廠商以「賣一捐一」的方式銷售產品：廠商每賣出一雙鞋，就捐一雙給需要的人。

①請仔細閱讀上述四則事例，並一一分析馮諼、朱家、士紳、廠商他們行爲背後的原因或目的，然後分別加以評論。

二、

甲、王維《辛夷塢》：「木末芙蓉花，山中發紅萼。澗戶寂無人，紛紛開且落。」

乙、鹿橋《人子》中有〈幽谷〉一文，大意是說：一位旅人走到一個幽谷，晚上他在閃爍的星空下微笑睡著。醒來，依稀聽到將於黎明時開花的小草們興奮地談著自己會被花天使賦予什麼顏色。其中一個幸運兒，花天使給了她愛什麼顏色，就開什麼顏色的選擇權。她靜默地苦思、又苦思；不斷地決定了，又在覺得不該辜負這樣的榮譽下，不斷地放棄。最後，當黎明來到，太陽猛地升起，所有的草花都綻放各自不同的顏色；而就在滿目盛開的繽紛花朵中，卻有一株美好枝梗，擎著一個沒有顏色、尚未開放就已經枯萎的小蓓蕾。

①上引二則詩文，各有它蘊含的旨趣，請用心思索、尋味後，以「花開花謝」爲題，作文一篇。先分別說明對此二則詩文所體會出的含義，而後設想如果自己是一朵花，會希望有什麼樣的生命過程與生命結果。

一〇七年國寫試題

更多相關試題可參考　大學入學考試中心

一、

自從有了電腦、智慧型手機及網路搜尋引擎之後，資訊科技的發展改變了人類大腦處理資訊的方式。我們可能儲存了大量的資訊，卻來不及閱讀，也不再費力記憶周遭事物和相關知識，因爲只要輕鬆點一下滑鼠、滑一下手機，資訊就會傳到我們面前。西元二〇一一年美國三位大學教授做了一系列實驗，研究結果發表於《科學》雜誌。其中一個實驗的參與者共有三十二位，實驗過程中要求每位參與者閱讀三十則陳述，再自行將這三十則陳述輸入電腦，隨機儲存在電腦裡六個已命名的資料夾，實驗中沒有提醒參與者要記憶檔案儲存位置（資料夾名稱）。接著要求參與者在十分鐘內寫出所記得的三十則陳述內容，然後再進一步詢問參與者各則陳述儲存的位置（資料夾名稱）。實驗結果如下圖：

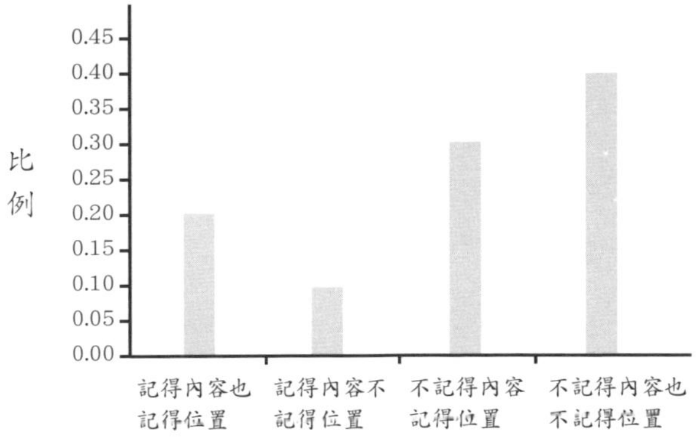

①有甲生根據上述的實驗結果主張：「人們比較會記得資訊的儲存位置，而比較不會記得資訊的內容。」請根據上圖，說明甲生為何如此主張。文長限八十字以內。

②二十一世紀的資訊量以驚人速度暴增，有人認為網路資訊易於取得，會使得記憶力與思考力衰退，不利於認知學習；也有人視網際網路為人類的外接大腦記憶體，意味著我們人類無須再記憶大量知識，反而可以專注在更重要、更有創造力的事物上。對於以上兩種不同的觀點，請提出你個人的看法。文長限四百字以內。

二、

你在傾聽小魚澼濺的聲音
張望春來日光閃爍在河面
微風吹過兩岸垂垂的新柳
野草莓翻越古岩上的舊苔
快樂的蜥蜴從蟄居的洞穴出來
看美麗新世界野煙靄靄——
在無知裡成型。你在傾聽
聽見自己微微哭泣的聲音
一片樹葉提早轉黃的聲音（楊牧《天》）

①詩中有聲音的傾聽，有視覺的張望，也有快樂與哭泣。作者描寫春天的美麗新世界，但詩題為何命名為《夭》？請從詩句中的感官知覺與情感轉變加以說明。文長限一百二十字以內。

②普魯斯特在《追憶逝水年華》中說：「一小時不僅僅是一個小時，它是一只充滿香氣、聲響、念頭和氛圍的花缽。」說明時間的認知與感官知覺及感受有關。楊牧的《夭》透過感官描寫，傳達季節的感知，請以「季節的感思」為題，寫一篇文章，描寫你對季節的感知經驗，並抒發心中的感受與領會。

一〇八年國寫模擬題

一、

那時候乘火車這件事在我覺得非常新奇而有趣。自己的身體被裝在一個大木箱中，而用機械拖了這大木箱狂奔，這種經驗是我向來所沒有的，怎不教我感到新奇而有趣呢？那時我買了車票，熱烈地盼望車子快到。上了車，總要揀個靠窗的好位置坐。因此可以眺望窗外旋轉不息的遠景、瞬息萬變的近景，和大大小小的車站。一年四季往往看慣了屋中，一旦看到這廣大而變化無窮的世間，便覺得興味無窮。我巴不得乘火車的時間延長，常常嫌它到得太快，下車時覺得可惜。我歡喜乘長途火車，可以長久享樂。最好是乘慢車，在車中的時間最長，而且各站都停，可以讓我盡情觀賞。我看見同車的旅客個個同我一樣地愉快，彷彿個個是無目的地在那裡享樂乘火車的新生活。我看見各車站都美麗，彷彿個個是桃源仙境的入口。其中汗流滿背地扛行李的人，喘息狂奔地趕火車的人，急急忙忙背著箱籠下車的人，拿著紅綠旗子指揮開車的人，在我看來彷彿都趕著有興味的遊戲，或者在那裡演劇。世間眞是一大歡樂場，乘火車眞是一件愉快不過的樂事！（節錄自豐子愷〈車箱社會〉）

① 請根據上述文章，縮寫成一百二十字以內的短文。

二、

「山徑之蹊間，介然用之而成路，爲間不用，則茅塞之矣。」（《孟子．盡心下》）

① 請撰寫一則二百至三百字的白話短文，以闡發上述引文的旨趣。注意：本題非翻譯題，切勿僅將原文譯成白話。

三、

甲、「環保」這個話題，近年來在全世界引起廣大迴響，多年來人類罔顧「環境倫理」，對大自然任意破壞，已導致地球生態環境的失調。……以被稱爲「地球之肺」的熱帶雨林爲例，平均每一秒鐘就有一個足球場大小面積的森林被砍伐，而其砍伐的速度遠超過樹木的生長速度，面對此種情形，消失中的森林已逐漸成爲世界共同的隱憂！

「再生紙」廣義而言就是把廢紙回收處理後再製成的紙。其中又分工業用再生紙及文化用再生紙。……就紙漿來源來看，雖然國內西元一九八九年的廢紙回收量高達百分之四十五，居世界第一，但每年仍必須自國外進口大量廢紙，其原因不外乎國內廢紙回收沒有分類，或者是分類不合乎紙廠處理條件而導致了資源的浪費。如果能將國內廢紙妥善回收，則可節省每年進口紙張的鉅額外匯，更可減少垃圾產量及延長垃圾場使用年限，可說是一舉數得，故在廢紙回收的流程中，分類是一個極重要的關鍵！

廢紙再生過程較原木製漿可減少百分之七十五的空氣污染、百分之三十五的水污染。除此之外，省略了漂白處理的原色再生紙，對環境的污染可降到最低點。基於以上的環境保育觀念，「再生紙」在歐美、日本早已大行其道，例如德國採用「再生紙」作為電腦報表紙的比例為百分之三十七點一。美國政府立法規定新聞用紙、化妝面紙須摻入一定比例的「再生紙」。日本東京都政府下令，所有影印用紙一律使用「再生紙」。甚至連森林資源豐富的北歐瑞典，「再生紙」的使用也極為普遍。

森林是生命之源，近年來溫室效應逐漸導致了全球性的氣候轉變；森林的大量伐採也使得土壤流失、水循環被破壞。而造紙卻是森林的主要用途之一，紙張的消耗量更成了衡量人民生活水準的指標。在此種惡性循環之下，自然原則被破壞，人類生存環境受到嚴重威脅。所以多一個人使用「再生紙」就可以多救活一棵樹；多救活一棵樹就可以讓地球更雄壯的呼吸！

「沒有任何一棵樹，因為你手中這本書而倒下。」在您看完此篇文章，希望您也能夠響應再生紙的使用，讓下一代依然能有一個美麗而青翠的地球。（以上節錄楊婉儀、陳惠芬、陳雪芬《二十一世紀的良心用紙——再生紙》）

乙、從環境成本的角度來看，再生紙是相當經濟的。根據台北市政府的調查，台北市的垃圾中，廢紙佔百分之三十五點六，換算後每日有高達一千公噸以上的廢紙送入掩埋場；回收廢紙再製可直接減少掩埋場的容積壓力。

若從社會成本的觀點來看再生紙，那它的成效更是驚人。目前國內一噸垃圾的運輸費用大約是二千多元，而一公斤垃圾的焚化費用，大約是五至七元，而廢紙的回收量為一百八十萬公噸。換言之，再生紙的推出不但達到垃圾減量的目的，一年更節省了一百四十多億元的成本！（以上節錄施榮華《再生紙環保嗎？》）

丙、生產一噸紙張，約需高度八公尺長、直徑十六公分之原木二十棵。一棵用於製漿之樹木，平均須經二十到四十年的風吹雨打，才能成長至可供使用。如果只寫幾個字就被丟棄實在是暴殄天物，能加以回收利用，發揮樹木更多的生命價值，那就是功德了。若以目前國內每個月約兩萬噸的模造紙市場，也就是每年至少須要砍伐四百八十萬棵樹。如果能以再生紙取代，不但可以垃圾減量，森林也會因為減少砍伐，而對資源水土之保育，及環境生態之平衡產生更大助益。（節錄黃修志《再生紙的推廣》）

①請閱讀上述資料，綜合各則要點，重新組織，以「再生紙」為題，撰寫一篇四百字以內的白話短文，以發揮資料中的觀念。

四、

甲、天地有大美而不言，四時有明法而不議，萬物有成理而不說。聖人者，原天地之美而達萬物之理。（《莊子．知北遊》）

乙、人是自然的產兒，就好比枝頭的花與鳥是自然的產兒；但我們不幸是文明人，入世深似一天，離自然遠似一天。離開了泥土的花草，離開了水的魚，能快活嗎？能生存嗎？從大自然，我們取得我們的生命；從大自然，我們應分取得我們繼續的滋養。哪一株婆娑的大木沒有盤錯的根柢深入在無盡藏的地裡？我們是永遠不能獨立的。有幸福是永遠不離母親撫育的孩子，有健康是永遠接近自然的人們。不必一定與鹿豕遊，不必一定要回「洞府」去；為醫治我們當前生活的枯窘，只要「不完全遺忘自然」一張輕淡的藥方，我們的病象就有緩和的希望。在青草裡打幾個滾，到海水裡去洗幾次浴，到高處去看幾次朝霞與晚照——你肩背上的負擔就會輕鬆了去的。（徐志摩《我所知道的康橋》）

丙、望著湯湯的流水，我心中好像忽然徹悟了一點人生，同時又好像從這條河上，新得到了一點智慧。的的確確，這河水過去給我的是「知識」，如今給我的卻是「智慧」。山頭一抹淡淡的午後陽光感動我，水底各色圓如棋子的石頭也感動我。我心中似乎毫無渣滓，透明燭照，對萬彙百物，對拉船人與小小船隻，一切都那麼愛著，十分溫暖的愛著！我的感情早已融入這第二故鄉一切光景聲色裡了。我彷彿很渺小很謙卑。（沈從文《湘行散記．一九三四年一月十八》）

丁、自然與人、人與自然之間的關係，可分從兩方面言之：人類的生存依賴於自然，不可一息或離，人涵育在自然中，渾一不分；此一方面也。其又有一面，則人之生也時時勞動而改造著自然，同時恰亦就發展了人類自己；凡現在之人類和現在之自然，要同爲其相關不離遞衍下來的歷史成果，猶然爲一事而非二。……人類的發展和自然的變化今後方且未已；這是宇宙大生命一直在行進中的一樁事而非二。（梁漱溟《人心與人生》）

戊、半個鐘頭以後，雪漸漸小了，天色廓清。在神聖的寂靜中，我搖下窗戶外望，覺得天地純粹的寧謐裡帶著激越的啓示，好像將有什麼偉大的眞理，關於時間，關於生命，正透過小寒的山林，即將對我宣示。一種宿命的接近，注定在空曠和遼闊的雲霧中展開。我不自禁開門走出來，站在松蔭的懸崖上，張臂去承受這福祉，天地沉默的福祉，靜的奧義。（楊牧《搜索者》）

己、在那次途程中，接近四川邊境時，那在夕晚中高聳入雲的秦嶺，那遍山的蒼老松櫪，和獵戶的幾把輝亮野火，山村居民驅狼的銅鑼聲，引起我一種向所未有的肅穆之感，李白的詩句「慄深林兮驚層巔」，宛如活生生地呈現在我的眼前了。天地間雄偉的景色使我憬然瞿然。我感到生命的布景竟是如此的壯美，自己應該如何實踐生命的意義、聖賢的教訓，以不負在這壯麗的、自往古至今日的連續劇中，做了一個小小的角色。……而窗前這幾片樹葉，更使我感到造物者的智慧、細心，他已大筆寫意，爲我們描出了高山長水，而又如此的心思細膩，連幾片小小的木葉，都不掉以輕心，都仔細的予以賦色、描繪，使我們生活中處處發現了美的痕跡，我遂進而悟解出：自己在日常生活的畫室中，也應摹仿這位偉人的畫師，一筆不苟；更使自己生活的畫面上，無一漏筆或敗筆出現。（張秀亞《白鴿．紫丁花》〈幾片枯葉的聯想〉）

庚、山靜，水動，動靜之間自有大自然的脈動運轉。凡人疲於生活，未必能領會天地間山水的奧秘，因此只能算是山水所屬而已，一切仰賴山水而生。仁者與天地同體，聖者則能閱讀山水的智慧，從中取得生命的方向。因此仁者樂山，智者樂水；求其沉穩靜謐，求其流暢、可塑、能應萬變的特性也！（王鑫《看！岩石在說話》）

①請參酌上列各家觀點，並結合自身經驗、體認，用自己的文字寫出人與自然共生共榮、交流感發的關係。文長不超過六百字。

②上列作品，各家「文字風格」（注意：非指「內容」）各有特色：有重遣詞用字，力求精美者；有直述意旨，平易質實者；有善藉景物以寓托情懷者……不一而足。你最欣賞哪一則？爲什麼？試加以分析。文長不超過四百字。

五、

昨遊江上，見修竹數千株，其中有茅屋，有棋聲，有茶煙飄颺而出，心竊樂之。次日過訪其家，見琴書几席，淨好無塵，作一片豆綠色，蓋竹光相射故也。靜坐許久，從竹縫中向外而窺，見青山大江，風帆漁艇，又有葦洲，有耕犁，有饁婦，有二小兒戲於沙上，犬立岸傍，如相守者，直是小李將軍（唐代山水畫家李思訓）畫意，懸掛於竹枝竹葉間也。由外望內，是一種境地；由中望外，又是一種境地。學者誠能八面玲瓏，千古文章之道，不出於是，豈獨畫乎？乾隆戊寅清和月，板橋鄭燮畫竹後又記。（鄭燮《遊江》）

① 請依據上文旨意，對文中「八面玲瓏」之意加以闡釋發揮。文長不限。

六、

「喝雪碧，做自己」、「堅持品味，卓然出衆，伯朗咖啡」、「特立獨行，××牛仔褲」，「給我××，其餘免談」，這些廣告詞背後都透露一個有趣的思考：一方面鼓勵消費者群起仿效，好讓商品普及化；一方面卻又強調商品獨樹一格，只有眼光不凡的消費者能欣賞。追求流行究竟是勇於表現自我？還是容易迷失自我？

① 請就「追求流行，表現自我」或「追求流行，迷失自我」爲題，選擇一個立場，提出你的看法。注意：文章中必須選定一個立場議論，不可正、反兩面皆論。

七、

張家兩姐妹剛從高加索旅遊回來，以下是她們與親友分享旅遊經驗的閒談內容：

「什麼？高加索在什麼地方？飛機怎麼飛啊？」
「從香港轉機到莫斯科，再轉機往南飛二小時多，飛過高加索山，到喬治亞首都弗利司。位子小、食物差、空氣不好，暈機暈得好厲害哦！」
「幹嘛北上莫斯科，又再南下？神經啊！」
「蘇聯時代，高加索三國都是蘇聯的加盟共和國，所以從莫斯科飛算是國內，現在也很少有從其他地方直飛去的。」
「這些國家有些什麼可看的啊？」
「亞美尼亞到處都是光禿禿的山，少數山谷還好。首都亞里溫的建築用的都是粉紅色火成岩，所以號稱玫瑰之城。」
「聽說亞美尼亞是基督教國家？」
「沒錯，亞美尼亞是古老的國家，在西元三〇一年成爲歷史上第一個基督教國家。它的僑民散居世界，很多地方都建有亞美尼亞教堂。喬治亞也是古老國家，不久也成爲基督教國家。不過後來卻出了一個無神論的史達林，現在宗教氣氛很淡。只有亞塞拜然是回教國家，它的人民來自中亞，和土耳其一樣帶有突厥的血統。」
「三個國家中是不是亞塞拜然最窮？」
「哪裡！它最富，因爲產石油，平原也多，農產豐富。另外，它靠裏海，產魚，魚子醬很有名。」
「我記得伊朗好像也有個地方叫亞塞拜然？」
「不錯，亞塞拜然人本來佔有的地方較大，但伊朗強，就把南半部佔去了。亞美尼亞本來也很大，大部分在現在的土耳其境內，現在只剩下十分之一大。十九世紀初，高加索三國南有伊朗，西有土耳其，北有俄國，都是強鄰，最後三國都被俄國併吞掉。不過現在總算獨立了。」

「這些國家離開蘇聯後是不是欣欣向榮呢？」

「才不呢！譬如以前亞塞拜然的石油和亞美尼亞的工藝品可互通有無；現在兩國卻連交通都不通了。從共產體制到資本體制，他們都還在摸索之中，離欣欣向榮還有一大段路要走呢！」

① 請根據上文所談論的內容，重新整理成一篇描述高加索三國歷史大要的文章，文長二百字左右。

八、

下圖顯示的是傳染病X從八十五年到八十八年各年度四季之間的發生率。圖的橫軸是不同年度，縱軸是每十萬人發生的個案數（單位：人數／十萬人）。

① 請判讀下圖，歸納、分析它所傳達的訊息，並以條列方式陳述。

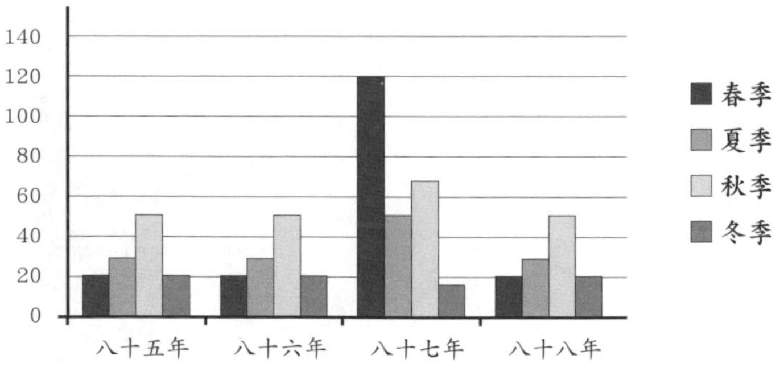

九、

台灣已進入高齡化社會，但一般人對老人世界仍缺乏了解，也欠缺了解的興趣。相對於兒童、青少年，老人似乎愈來愈處於社會的邊緣。下面是一位老人的日誌，平實記錄的背後，頗有心情寄託。例如，三十日的日誌：「三十年老屋，不知如何修起？」既說屋況，也正是說自己，若讀者細細推敲，自能體會其中調侃與蒼涼的況味。

㉚ 星期日	1. 隔壁修房，今日動工，云：舊曆年前可畢。 2. 客廳牆壁滲水，三十年老屋，不知如何修起？ 3. 至書店給孫子、女買禮物。
㉛ 星期一	1. 上午回心臟內科吳醫師門診領藥，掛四十九號。 2. 下午看眼科白內障，掛二十號 3.（明天記得帶禮物）
❶ 星期二	1. 中午十二點祥園小館家聚。（記得帶禮物） 2. 家聚取消，孫子補習，孫女準備考試。兒獨來，坐十五分鐘，留錢一包、撒尿一泡，走人。
❷ 星期三	1. 午，與妻兩人至麵館小酌慶生。吾言：若得老妻、老友、老狗相伴、身懷「老本」，家旁有老館，老不足懼！妻云：無聊！
❸ 星期四	1. 昨晚得知，老友逝，心肌梗塞……。料吾大去之期亦不遠矣！
❹ 星期五	1. 至公園小坐，冬寒乍暖。見幼稚園老師帶小朋友遊戲。 2. 幾個外傭推老人出來排排坐、聊天，一景也。
❺ 星期六	1. 冷鋒至，與妻合力搬出電暖爐。兒來電，問好不好？答以好。問血壓正常否？答以正常。問三餐服藥否？答以服！服！服！

① 請以上圖「❹星期五的日誌」爲對象，並以老人原本所記二事爲基礎，鋪寫成首尾完整的文章，文長不限。以老人爲第一人稱，用他自己的口吻與觀點加以撰寫，務必表現老人的心境與感懷。

十、

西元二〇〇一年，OECD（經濟合作發展組織）策畫了一項「PISA」（國際學生評量計畫），測驗三十二國、二十六萬五千多名十五歲青少年，是否具備未來生活所需的知識與技能，結果排名前三名的是芬蘭、加拿大、紐西蘭。這項被喻爲「教育界的全球盃」、具有檢驗各國教育體制和未來人才競爭力的報告引起各國震撼，排名不理想的國家紛紛檢討：「我們的學生很笨嗎？我們的國民讀得夠不夠？」再次正視閱讀的重要性。

近年來，在高科技時代、E化浪潮中，傳統式閱讀卻重新成爲許多國家教育改革的重點。在美國，無論是柯林頓任內的「美國閱讀挑戰」運動或布希的「閱讀優先」方案，均見國家元首大力提倡閱讀。九一一恐怖事件發生時，布希總統正在小學爲小朋友說故事，情景令人記憶猶新。在英國，布萊爾首相在施政報告中連續重覆三次「教育、教育、教育」以表達其迫切性，政府更訂定「閱讀年」，與媒體、企業、民間組織合作，要打造一個「舉國皆是讀書人」的國度。在澳洲，小學生的家庭作業是唸一本書，「至少唸二十分鐘才能停」。芬蘭的學生在PISA調查中名列前茅，不但閱讀能力最強，更有百分之十八的芬蘭中學生每天花一、二小時，單純只爲了享受閱讀的樂趣而閱讀。

台灣雖未參與PISA評量，但據文建會調查：十五歲以上民衆從不看書或幾個月才看一次的比例達百分之三十八點七，半年內不曾買書或雜誌者佔百分之五十一點二，而百分之四十六小朋友的休閒活動是玩電腦、看電視。以芬蘭爲例，其首都市民平均每人每年從圖書館借閱十六本書，而台北市民則只有兩本。學者專家憂心台灣中小學生「看電視、玩電腦、不看書，要看也只看教科書、參考書」。

①讀完上述資料，回顧自己的讀書生涯，此時最深的感想是什麼？文長至少二百字。

②有一所偏遠地區的小學，全校師生約兩百人，圖書欠缺、設備老舊、經費短絀，且家長對學校的參與度甚低。假設你現在是這所小學的校長，看了上述資料，決心推動全校閱讀，請寫下你的「閱讀推動計畫」。文長至少二百字。

十一、

甲、「香米」，顧名思義即是煮熟後會散發出香味的米。六十六年，農業試驗所嘉義分所開始從事香米育種研究，引進國外香米品種與台灣優良水稻品種進行雜交育種。

乙、益全香米穀粒大而飽實，米粒透明度佳，黏度適中、彈性優、口感Q。據實驗，其單位面積產量比一般稻作多，育苗時間短，對於稻熱病的抵抗力強。益全香米具獨特的芋頭香，據吃過的人表示，掀開飯鍋時，會被那股香芋味感動。

丙、「台農七十一號」是繼「台稉四號」及「台農七十二號」之後，在台灣地區育成的第三個稉型香米品種。「台稉四號」是七十九年由花蓮區農業改良場命名；「台農七十二號」則是於七十六年由農試所嘉義分所命名，兩種米雖然都有香味，但各有缺點，雖曾推廣種植，卻成效不佳。

「台農七十一號」是以「台稉四號」為父本，取其具有國人喜愛的芋頭香味，母本則為外觀、品質均佳的「日本絹光米」。農試所自八十一年起正式將「台稉四號」與「絹光米」進行雜交，據參與育種的人員指出，「台農七十一號」不僅是二十幾年來農試所自行雜交育種成功的第一個稻作新品種，也是農業界首度跳脫舊框架，以品質而非產量或抗病性爲主要育種目的的新品種。專家表示，連栽種方法也不能再循舊有模式，農民必須配合新香米的生長特性改變。

丁、加入「世界貿易組織」（WTO）後，世界各國的米將大舉進軍台灣，從日本高級「越光米」、泰國皇家御用米，到美國米、澳洲米……，對稻農而言無疑是一大打擊。

戊、

姓名	郭益全
籍貫	台南市鹽水區
生卒年	三十五年生，八十九年九月九日猝逝，享年五十五歲。
死因	家族本有心血管疾病病史，又因工作過勞，引起胸口悶痛卻不察，導致心臟病發，送醫不治。
學歷	美國德州農工大學博士，研究「水稻遺傳與育種」。
經歷	八十一年起，擔任農試所「水稻育種計畫」主持人，帶領團隊投入高品質香米品種改良工作。八十九年十月二十五日，正式通過農委會之審查登記，命名為「台農七十一號」。
工作信念	「要種稻，就要種好稻；要吃米，就要吃好米。」
讚譽	農試所同仁讚譽他是「接受正統水稻遺傳育種訓練，在台灣從事相關研究的第一人」。農委會視「台農七十一號」為革命性稻作品種，為紀念郭益全，特訂名為「益全香米」。
其他	郭益全猝逝後，同事接手他未完成的事務，見到堆積如山的資料，才體會他對工作的投入有多深。郭夫人說：「每天洗米的時候就會想到他，如果他能吃一口香米再走，該有多好！」

①閱畢上列資料，相信你對台灣香米育種歷史及「益全香米」靈魂人物郭益全博士已有初步的認識。香米的育種過程讓我們看見，即使是最尋常的東西，也藏有無數無名英雄的心血。假設現在要立一座「香米碑」，告訴民眾香米的故事。請將上列資料融會貫通，並運用文學想像，以「香米碑」爲題，鋪寫一篇紀念郭益全博士並記述台灣香米育種歷史的文章。文長不限。

十一、

近一、二年來，「中高齡失業」成爲台灣社會「沉重」的負擔。所謂中高齡，泛指四十五歲到六十五歲。根據主計處西元二〇〇三年十月統計，五十至五十四歲平均待業期達三十五點二三週（八點一個月），五十五至五十九歲達三十八點六八週（九個月），年齡愈大愈不容易找到工作。

假設，你的鄰居陳先生也在這波中高齡失業潮裡。

陳先生今年五十歲，他的太太來自越南，兩名子女分別就讀小學、幼稚園，一家四口僅靠他的薪水度日。一年前，陳先生任職的工廠遷往大陸，他也因此失業。雖然曾到「就業服務中心」登記，也應徵過幾個工作，然皆未獲回音。陳先生從事過紡織、餐飲、保全，最近更在社區大學上過電腦課，他迫切需要一份工作，但因文筆不佳，寄出的求職信往往石沉大海，因此他拜託你幫忙寫一封求職信。他特別強調，對工作性質、地點都不挑剔，希望的待遇是四萬元。

在寫這封求職信之前，你必須仔細衡量上述陳先生的狀況，從中選擇若干作爲訴求重點，以便打動僱主的心。那麼你會選擇哪些重點呢？請逐項列出，並說明選擇其作爲訴求重點的理由。

十三、

甲、義大利籍天主教靈醫會會士、澎湖惠民醫院院長何義士修士，西元一九二四年生於義大利，十二歲加入天主教靈醫會，在斷絕財富、色慾和謹防意外三項會規外，何義士自己許下第四願：為一切病患犧牲。西元一九四七年，何義士離開義大利，跟隨靈醫會的會士遠渡重洋到中國雲南行醫救人。

在雲南工作期間，眼見當地政府對痲瘋病人的漠視，當時年僅二十三歲、心懷公義與悲天憫人的何義士修士，總是難過地掉下眼淚。於是他全力投入痲瘋病患的照護工作，並四處籌募基金，希望在雲南興建痲瘋病院和綜合醫院。詎料，他的作為被當地政府視為具有政治意圖，最後只好黯然離開中國。之後，何義士回到義大利潛心學醫，希望學成後回到東方，繼續行醫。

西元一九五三年，何義士隨靈醫會的弟兄們來到當時十分落後的宜蘭縣羅東鎮，當地有由靈醫會創設的羅東聖母醫院。他視病如親，遇有緊急狀況，不惜當場挽袖輸血給病人，一直到他辭世為止，總計捐給台灣人三萬七千五百毫公升的鮮血。

哪裡偏僻，他就去哪裡。西元一九五八年，他主動向修會申請，前往離島澎湖濟世行醫，更募款興建澎湖惠民醫院。西元一九七三年，他到台北三重創辦診所，西元一九八三年，何義士再度回到澎湖接任惠民醫院院長職務。他體恤醫護人員辛苦，又不放心病患，總是堅持親自值夜班，一天二十四小時不限時、地為病患看診。不論多晚，只要有病人求診，他都能在極短的時間內趕走疲憊，改以笑臉面對病人和家屬。因為他堅信，醫師給病人的信心是最佳的良藥。

乙、在澎湖奉獻近半世紀的天主教靈醫會惠民醫院院長何義士，於八月十五日傍晚在未為人察覺的情況下，坐在院內客廳的椅子上安詳地走了，享年七十五歲。他生前曾獲頒三次醫療貢獻獎，也曾獲得其祖國義大利頒發的最高榮譽騎士獎章，他的逝世留給各界無限哀思。

惠民醫院修士韓國乾表示，何院長走得很安詳，臉上還泛著紅潤的光澤，如同在安睡中，在教會來說，這是天主因何義士為中國病患付出一生而給予的榮光。

韓修士回憶指出，十五日上午，何義士還主持聖母昇天彌撒，神情愉快且精神飽滿，中午用餐後，騎著腳踏車外出運動，下午四時許回到院內，一如平常般，熱情地與人打招呼。接著獨自一人至院內五樓的客廳小憩，至六時許，韓修士依慣例至五樓客廳請他下樓用膳，只見何義士安詳地坐臥在椅上，狀似熟睡，韓修士輕搖他的肩膀，發現沒有反應，立即召請值班醫師急救，但已經晚了一步，醫師研判是心臟衰竭。

經何義士修士診治過的病人，對他的美麗大鬍子皆有著極深的印象。與他親近的人都知道，他之所以留著大鬍子，是因為在他二十三歲離開故鄉時，母親曾對他說：「維護神職人員形象最好的方法，就是要像個有愛心的老者。」因此，從小受母親影響甚深的年輕何修士便開始蓄留鬍鬚，立志做個有愛心的人，做個具有好形象的神職人員。

何義士最常掛在嘴邊的一句話就是：「人不能決定自己的容貌、身高，但卻可以選擇生命的樣子。」因此終其一生，他都選擇在雲南或是澎湖這些偏遠地區為病患服務。他自奉甚儉，別的修士不穿的衣服，只要能穿，他都會愛惜的撿拾來穿。他一輩子關心別人，為他人設想，晚年仍時時掛念雲南的痲瘋病患，為了興建那裡的第二座痲瘋病院，何義士正在趕寫一本有關雲南痲瘋病患的書，準備在聖誕節前出版，以便募款。為此，他常趕稿至凌晨兩三點，過世的前一天晚上，他仍在熬夜趕書。

何義士在澎湖的最後一段路程，僅有教友、院內同事及少數曾被何義士拯救的病患排在棺木兩旁陪著他，走得冷清，不少人忍不住為他叫屈，當場痛哭起來。

①現在，讓時間重回西元一九九九年八月十四日晚間——也就是何義士生命的最後一晚：他坐在桌前寫稿，忽然覺得身體不適，於是起身走動，回座後深感自己已然年老，過往歲月一幕幕浮現於眼前，他不禁陷入沉思之中……此時此刻，他會想些什麼呢？又會向上天禱告什麼呢？閱讀上述資料後，你對何義士的人格、襟懷與志業當有所認識、了解。在此基礎之下，請以其眼為眼、以其心為心，用第一人稱「我」寫出何義士生命最後一晚的所思所感、所祈所願。

十四、

穴鳥如果找到了一個將來可以造窩的小洞，牠就會兇狠狠地把其他穴鳥一齊趕走，不管來搶地盤的鳥地位多高，牠是再也不肯讓步的。同時牠會用又高又尖的調子，不停喊出「即刻、即刻、即刻」通知牠看中的雌鳥——新房子已經準備好了。穴鳥這種鳥類呼喚伏窩（孵卵）的儀式在秋天裡特別頻繁，每逢秋高氣爽的天氣，這些鳥兒就會出來找窩，同時會對求偶的活動特別感興趣，「即刻、即刻」之聲幾乎不絕於耳。到了二月、三月，大白天裡「即刻」的聲音幾乎不曾間斷；三月最後幾天裡，牠們的情緒到了最高潮，「即刻」合唱在某個牆壁的凹窪處更是格外響亮。就在這時，從凹窪處響出來的音色變了，換成一種比較深沈而豐富的調子，聽起來像是「也卜、也卜、也卜」。愈唱到後來，節拍愈快，再往後，就成了一串急不可辨的連音了。於是興奮的穴鳥從各個方向一齊都擠到這個小洞的旁邊，牠們把身上的羽毛抖了開來，分別擺出威嚇的架勢，一齊加入「也卜」大合唱。

這到底是什麼意思呢？我花了好久的時間才找出原因：原來牠們這套儀式完全是在對付社會的罪人時才有的表現。因為適宜穴烏造窩的小洞實在太少，競爭非常劇烈。有時一隻非常強壯的鳥為了爭奪地盤，會無情地攻擊一隻比牠弱小得多的同伴，這時「也卜」反應就產生了。受侮的穴烏又急又憤，牠的「即刻」之聲逐漸提高加快，最後終於變成「也卜」了。如果牠的妻子當時不在場，得了牠告急的訊號，就會蓬鬆身上的羽毛趕來助戰。如果這個挑釁者還不逃走，就會引起難以置信的後果，所有聽見牠們「也卜」的穴烏都會憤怒地趕到現場，於是原先「一觸即發」的戰事在一陣愈叫愈響、愈喊愈急的「也卜」聲中立刻化為烏有。趕來管閒事的鳥經過這樣的一頓發洩之後，就又散開了，留下原來的地主在牠重得和平的家裡，靜靜地「即刻、即刻」。

通常出來主持公道的鳥數目都不少，足夠使一場爭端平息。最古怪的是原來的挑釁者也會參與「也卜」大合唱，旁觀的我們如果把人的想法投射在鳥的身上，會以為這隻生事的鳥兒，是為了轉移大家的注意力才跟著喊「捉賊」的。事實上無論是哪隻穴烏，一聽到「也卜」的叫聲就會不由自主地加入行列。生事的鳥兒根本就不知道自己是引起哄鬨的原因，所以當牠「也卜」的時候，牠也和別的鳥兒一樣，一邊轉，一邊東張西望地找尋嫌疑犯。雖然旁觀的我們會覺得荒唐，但牠的每一個動作可都是誠心誠意的。

（改寫自勞倫茲《所羅門王的指環》）

① 根據上述文字，判斷穴烏所發出的「即刻」與「也卜」聲可能分別代表哪些意義？

② 對上文中生事的穴烏也跟著叫「也卜」，你有什麼感想或看法？而看到穴烏集體的「也卜」行為，再對照人類在類似情況下的反應，你又有什麼感想或看法？請分別加以闡述，文長不限。

十五、

甲、老師與家長的對話

老師甲：「吳茗士同學是我們班最優秀的學生，天資聰穎，不但有過目不忘的記憶力，數理推論與邏輯能力也出類拔萃，任何科目都得心應手。更可貴的是，他勤勉好學，心無旁騖，像大隊接力、啦啦隊等都不參加。我想，他將來不是考上醫學系，就是法律系，一定可以爲校爭光！」

家長：「我們做家長的也是很開明的，只要他專心讀書、光耀門楣就好，從來不要他浪費時間做家事。老師認爲他適合什麼類組，我們一定配合，反正醫學系、電機系、法律系、財金系都很有前途，一切就都拜託老師了！」

乙、A同學疑似偷竊事件

A生：「老師，我沒有偷東西！那時候，吳茗士當値日生也在場，可以爲我作證！」

吳生：「我不知道，我在算數學，沒有注意到。」

老師乙：「吳茗士，這關係到同學的清白，請再仔細想想，你們兩個同在教室，一定有印象的！」

吳生：「我已經說了我在算數學，哪會知道啊！而且，這干我什麼事？」

丙、生物社社長B與吳同學的對話

B生：「你不是不喜歡小動物嗎？爲什麼要加入生物社呢？」

吳生：「我將來如果要申請醫學系，高中時代必須有一些實驗成果，而且社團經驗也納入計分，參加生物社應該很有利。」

B生：「我們很歡迎你，但是社團成員要輪值照顧社辦的小動物喔！」

吳生：「沒有搞錯嗎？我參加生物社是來做實驗的，又不是參加寵物社！」

丁、同學C的描述

「吳同學功課好好，好用功喔！不但下課時間不和我們打屁聊天，而且對課業好專注，只讀課本和參考書呢！像我愛看小說，他就笑我無聊又浪費生命。唉，人各有志嘛！我想他將來一定會考上很好的大學吧！」

① 請閱讀上述資料，分別針對老師甲、家長、吳生的觀念和態度，各寫一段文字加以論述。

十六、

鄉居的少年那麼神往於火車，大概因爲它雄偉而修長，軒昂的車頭一聲高嘯，一節節的車廂鏗鏗跟進，那氣派眞是懾人。至於輪軌相激、枕木相應的節奏，初則鏗鏘而慷慨，繼則單調而催眠，也另有一番情韻。過橋時俯瞰深谷，眞若下臨無地，躡虛而行，一顆心，也忐忐忑忑吊在半空。黑暗迎面撞來，當頭罩下，一點準備也沒有，那是過山洞。驚魂未定，兩壁的迴聲轟動不絕，你已經愈陷愈深，衝進山嶽的盲腸裡去了。光明在山的那一頭迎你，先是一片幽昧的微熹，遲疑不決，驀地天光豁然開朗，黑洞把你吐回給白晝。這一連串的經驗，從驚到喜，中間還帶著不安和神祕，歷時雖短而印象很深。（余光中《記憶像鐵軌一樣長》）

① 請閱讀上述文章，分析作者如何藉由想像力，描述搭火車過山洞時所見的景象與感受。

十七、

晏子使楚，以晏子短，楚人為小門於大門之側而延晏子。晏子不入，曰：「使狗國者，從狗門入；今臣使楚，不當從此門入。」儐者更道，從大門入，見楚王。王曰：「齊無人耶，使子為使？」晏子對曰：「齊之臨淄三百閭，張袂成陰，揮汗成雨，比肩繼踵而在，何為無人？」王曰：「然則何為使子？」晏子對曰：「齊命使，各有所主，其賢者使使賢主，不肖者使使不肖主。嬰最不肖，故宜使楚矣。」（《晏子春秋．雜篇》）

① 請閱讀下文，試以楚國、齊國或第三國記者的身分，擇一立場報導此事件。不必擬新聞標題，文長限兩百五十至三百字。

2

寫作前的準備

多看、多聽、多感覺——寫作來自生活觀察及體驗

一、對生活的觀察力

寫作就是將心中的感受以及各種不同的情懷，經由自身的經歷與體悟，藉助文字的知性、感性與理性等多種面向，融會貫通後完美地展現出來。我們對於自己生活周遭的人事物，不可能視若無睹或觀而不見，唯有用心深入觀察和實際體驗，才能有豐厚的寫作材料。

如果自己的生活經驗，因受限於時間與環境而較爲枯燥乏味，但又想要在一定的時間內獲得多重感悟，其實有相當的難度。建議不妨從與他人的接觸或交談的過程中，多方汲取自己認爲有價值、有意義的智慧體驗，甚至可以記錄下來作爲日後寫作的參考資料庫。

我們可將自己所看到、聽到、聞到、吃到、碰到、想到，以及由他人作品文章裡所學習到的內容詳加筆記，如此一來，在日積月累下，即能成爲可觀又實用的寫作素材。

清代劉鶚在《明湖居聽書》一文中，對於生活中習以爲常的歌聲便有相當具體而傳神的描述：「唱了十數句之後，漸漸地愈唱愈高，忽然拔了一個尖兒，像一線鋼絲拋入天際。那王小玉唱到極高的三、四疊後，陡然一落，又極力騁其千迴百折的精神，如一條飛蛇，在黃山三十六峰半中腰裡盤旋穿插。」所以，生活中的觀察力也是寫作的重要關鍵之一。

二、五感運用，摹寫力再上層樓

所謂的觀察力，其實包含了視覺、聽覺、觸覺、嗅覺和味覺等五感。視覺代表眼睛，聽覺代表耳朵，觸覺代表皮膚，嗅覺代表鼻子，味覺代表嘴巴和舌頭。當五感具備之後，還要再透過心靈深層的感受力，以及大腦富有邏輯性的思維過程，才能組合出完美的文字，創造精采的作品與文章。

首先，眼睛務必仔細看，才可以培養出精確而敏銳的觀察力，如果只是走馬看花，是看不出所以然的。法國雕刻家與藝術大師羅丹曾說：「美，到處都有。對於我們的眼睛，不是缺少美，而是缺少發現。」美好的事物會讓人陶醉，也會使人打開心靈之窗，但是必須先發現。清代李慈銘在《越縵堂日記》裡寫道：「庭中紫豆一叢，作花甚繁；芭蕉展葉，綠滿窗戶；紫薇久花，離離散紅。」他眼中五彩繽紛的景象，全都是靠眼睛細膩的觀察而來。即使是天天看的人事物，如果用心觀看也能有所發現。

接著，耳朵也要用心聆聽周遭人事物的聲響，萬萬不可聽而不聞，也不可左耳進右耳出，否則便難以充實寫作的材料。耳朵能夠分辨美好的樂音與嘈雜的噪音，也能夠辨識男女老少、高低音色、快慢不同等變化，甚至是情緒中的喜怒哀樂也能有所感受。陳黎的《聲音鐘》便是最好的代表：「他們的報時方式、出現時機，是和這有情世界一樣充滿變化與趣味的。他們構築的不是物理的時間，而是人性——或者更準確地說——心情的時間。……這些聲音鐘不但告訴你時刻，也告訴你星期、季節。慢條斯理喊著『修理沙發哦』的車子經過時，你知道又是週末了；賣麥芽糖、鹹橄欖粉的照例在星期三出現；賣衛生紙與賣豆腐乳的，都是在星期天下午到達。昨天晚上你也許還吃著燒仙草，今天你忽然聽到他改叫『冷豆花哦』——這一叫，又讓你驚覺春天的確來了。」

再來，鼻子所聞到的各種不同氣味，亦可使人的心情受到影響：香味能夠使人心情愉悅，甚至放鬆；臭氣則會令人難以接受，甚至暴躁難耐。藉由自己對於氣味的親身經驗與體會，也能夠找到可貴的寫作材料，揉合在文字當中，使之富有變化且靈活生動。朱自清的《春》一文提到：「風裡帶來些新翻泥土的氣息，混著青草味，還有各種花的香，都在微微潤溼的空氣裡醞釀。……花裡帶著甜味；閉上眼，樹上彷彿已經滿是桃兒、杏兒、梨兒！」文中嗅覺的傳達表現十分動人。

此外，口舌嚐到的滋味，更是生活中不可或缺的感知。「吃」是維持人類生存的重要條件之一，透過自身的品味及咀嚼，也能夠有感情層面上的抒發。在鍾肇政的《中元的構圖》一文提到：「過了一刻兒，那雜湊在一起的九個人加上我，大家圍著三隻飯盒吃了一頓肉。甜甜的，腥腥的，都是赤肉；韌韌的，紅紅的，那是力量。我吃了力量，吃下去，全身就有力了，我又會走路了。可是那是什麼肉呢？我不懂。次晨我們又走了，走前我在一叢灌木下看到一堆骨頭。我明白了，天哪，我吃了什麼？我不敢說，我不敢說，我成了畜生了。」

最後，便是肢體皮膚所接觸到的感覺了，這個感覺也經常流露內心正面或負面的情感，像人和人之間的擁抱，透過擁抱的正向力量，便能夠獲得安慰與平靜。在陳醉雲的《蟬與螢》一文中提到：「夏秋之間，一到夜晚，便祛除了一日間蒸溽的熱惱，人們也像是滌淨了一日間困頓的疲勞。當我們坐在樹下或躺在草地上休憩的時候，林間樹梢上顫動著蕭颯的風聲，飄下一股爽朗的涼味，已夠令人陶醉了。」

閱讀是思考與表達的基石——由閱讀臨摹寫作技法

一、寫作不是一天造成的

唐代著名詩人杜甫曾云：「讀書破萬卷，下筆如有神。」意思是，如果讀盡萬卷書，那麼在書寫文章時，就不會腸枯思竭，反而能夠文思泉湧，有如神助。由此可見閱讀的的重要性，而且世界上的學問與見地，通常也得經由博讀理解後才能有所成效，寡讀反倒見拙無益。

希臘哲學家蘇格拉底曾說：「眞正高明的人，就是能夠借助別人的智慧，使自己不受他人蒙蔽的人。」一個人獲取智慧並體悟人生，絕不可能單靠個人的努力與意志，必定也運用了前人所積累的經驗。南朝劉勰曾在《文心雕龍》中提到：「凡操千曲而後曉聲，觀百劍而後識器。」一開始學習書法者須臨摹字帖，當臨摹練習完畢後，自己便學會一著，有心得者或許還可獨樹一格、創新字體，甚至成爲書法大師。學習各類手藝者，初時均須拜人爲師，由一刀一剪、一錘一鑿，依樣畫葫蘆。做多之後便熟能生巧，獲得巧妙的技藝，有心得者說不定還能翻新花樣、匠心獨運。同理可證，學習書寫作文也必須經由閱讀前人文章等基本功開始練習。

二、博覽可昇華思想境界

閱讀本身所傳遞的多元知識，本就浩如煙海、廣博深遠，因此唯有博覽群書，才能自書中汲取古今中外歷史人物無數生活經驗的結晶與淵深博大的智慧，並且強化識別眞假的智力、豐富自身的想像力。閱讀不僅能昇華思想境界，還能陶冶情操，更讓學問和見識有所長進。此外，藉由博讀還可讓人們習得古今中外無數名家作品中雋永、優美、犀利、辛辣等各式各樣風格的語言特色，無論是詩歌、散文、寓言或遊記等，均能感受其中潛移默化的美學教育與薰陶。

三、閱讀的來源和方法

讀書實則爲使生活充裕、使思想豐富、使視野擴展，並且提供寫作題材的好方法，不管是閱讀學生時代的教科書或其他課外讀物，抑或是大衆化的報章雜誌，均能有吸取知識、知曉道理、匯聚精妙詞彙的效果。只要讀的書夠多，資料庫及詞彙量就能不斷累積，因此，閱讀絕對是寫作的基本功夫。若想要寫好文章，卻總不付出用心與耐心閱讀，就如同緣木求魚、痴人說夢。

有許多文言文可以作爲閱讀的第一首選，例如韓愈、柳宗元、歐陽脩、蘇軾等古代名家的文章，較有代表性的名篇如〈始得西山宴遊記〉、〈赤壁賦〉等。在熟記文內重要內容後，若心有餘力，可再將其中的含義、章法、架構、語句等牢記在心，那麼未來在寫作時，若有相似的題目或主旨，便能作爲參考，再加入自己的想法並增加變化感，便能創造出一篇屬於自己的佳作。此外，也可選擇幾篇較有特色或情感條理分明的白話文，認眞細心閱讀，不須刻意背熟，只要將優美的字詞、語句、寫作技法熟記於心，在遇到相關題目時，便能隨時運用，作爲供給作文的工具及素材了。

除了上述所提及的教科書外，也可大量閱讀報章雜誌。建議不妨選看報章雜誌的社論、專論、副刊或各類專欄等，因為這些欄位的文章幾乎都是由名人、學者、專家、作家所撰寫，說是精華之作一點也不為過，其中蘊含了各類知識、人生道理、寫作技巧等，經常閱覽便可得到豐富的收穫與心得。

另外，時常閱聽電視劇、電影與流行歌曲等，也對寫作相當有助益。不少電視劇和電影皆是由小說或名著加以改編而成，例如最為知名的《哈利波特》系列。有的影片劇本新穎，內容、情節鋪排流暢，其中的故事環節，特別是人物、對話和情緒的安排與描繪，更具幽默雋永、清新俊逸或深情繾綣等特色，皆可作為書寫文章的素材。

閱讀時，不妨準備一本筆記本，或使用電腦、手機，將書籍文章中的優美字詞、語句、關鍵重點等，隨時隨地記下來。經由日積月累，便能成為自己的學問，日後下筆寫作時，自然得心應手。若持之以恆勤作筆記，這些資源將會取之不盡、用之不竭。最後，可以再將筆記的內容結合自身所經歷過的相關例子書寫，不但能夠避免大而不當的狀況，還能令人感到親切實在，強化文章本身表情達意的效果。對於閱讀的文章感悟得愈深，便愈容易運用文字傳遞，也愈容易抒發自己的情感。

四、讀萬卷書如行萬里路

閱讀是寫作的基底，寫作是閱讀的延伸；閱讀是一種內化吸收，寫作則是一種外化釋放；閱讀即為輸入，寫作即為輸出。即便是相同題目的書寫，有些人可將文章的內容描述的豐富且深刻；有的人則是將文章寫得侷限膚淺、艱澀難懂，這全是因為作者自身的寫作修為與思想程度有所落差而導致。而思想深度的差異，大部分取決於作者讀書量的多寡，因此，勤加閱讀絕對是強化作文程度的一大關鍵。

生活中的寫作素材——如何收集寫作材料

一篇引人入勝的作文，勢必要有優秀的文采，但是那些令人稱頌的文筆又是從何而來呢？其實，作文不外乎是內容的文字呈現，也與收集而來的資料息息相關。將這些收集而來的資料統整並組合後，才能表達出作者心中深刻的意涵。

寫作出自於生活體驗的智慧，而生活體驗的智慧造就了寫作。清代張潮在《幽夢影》中曾提及：「善讀書者，無之而非書：山水亦書也，棋酒亦書也，花月亦書也。善遊山水者，無之而非山水：書史亦山水也，詩酒亦山水也，花月亦山水也。」生活即爲一本本深遠雋永的書籍，也是一次次愉悅歡喜的旅行，若能有這樣的想法與認知，便可隨時隨地享受生活的樂趣，並使之成爲寫作的豐富素材。

陳黎的《聲音鐘》，便是一篇取材於生活且資料收集完備的作品：

我住的房子面對一條寬幽的大街，後面是一塊小小的空地。平常在家，除了自己偶然放的唱片，日子安靜得像掛在壁上的月曆。時間的推移總是默默地在不知不覺中進行，你至多只能從天晴時射入斗室內的陽光，他們的寬窄、亮暗來判定時光的腳步；或者假設今天剛好有信，郵差來按門鈴，你知道現在是早上十點半了；或者，如果你那粗心的妻子又忘了帶鑰匙，下班回家在門外大聲喊你，你知道又已經下午四點了。但自從我把書桌從前面的房間移到後面之後，才幾天，我就發覺我的頭腦裡裝了許多新的時鐘。……那塊小小的空地是後面幾排人家出入的廣場，假日裡孩子們會在那兒玩沙、丟球，除此之外，就幾乎是附近女人家、老人家每日閒聚的特區了。那些小販們總是在這個小空間最需要他們時適時地出現。早起，看完報，你想起自己還沒吃早餐，「豆奶喔，煎包喔，糯米飯喔」的叫賣聲就正好穿過你推開的窗户，不客氣地進來；而且你知道這是用純正台灣國語呼叫的「中華台北版」早餐。換個方向，你也許聽到一輛緩緩駛近的小汽車，開著一台錄音機嬌滴滴地喊著：「最好吃的美心麵包，最好吃的美心三明治，請來吃最好吃的美心巧克力蛋糕，美心冰淇淋蛋糕……。」時間一到，這些叫賣聲就像報時的鐘一般準確地出現。

由上述節錄的內容不難發現，陳黎所描寫的「聲音鐘」，完全取材於他所處的生活環境，任一人事物都有所描繪，絕非憑空想像杜撰而來的畫面，正因爲他收集資料的完整性相當高，因此才能有所感觸，使文章豐富且極具生命力。

無論生活是刻板單調或多采多姿，每個人勢必都有屬於自己與衆不同的生活經歷，只要發揮敏銳的觀察力，用心體驗周遭的生活與人事物，便能有所領會。細看人生的花開花落，傾聽世局的潮起潮落，感懷各有所異，也各有所獲。若想要寫好文章就必須認眞地體驗生活，如此一來，無論寫什麼性質的文章，便都可以將簡單的題目發展延伸，並組織爲一篇質量俱佳的好作品。

一、家庭生活的寫作材料

多數人出生於安全如避風港的小天地中，家庭乃是人類生活的首要重心，所有的感受與學習都是由此開始。一個家庭裡，除了提供基本的經濟物質來源之外，尚有精神上的支持與鼓勵，還有生活上的規範與教導。而不一樣的家庭，便有著不一樣的背景與條件、有不一樣的父母之愛，以及不一樣的手足之情。不相同的生長環境以及不一樣的文化背景，會造就相異的思考模式，形成多樣的價值觀念。每一個家庭的生活方式不同，也就提供了我們許許多多的寫作材料與想法。

對於家庭，每個人都有無法卸責的使命感。如果是生長在環境背景較爲艱困的家庭中，比起他人可能更須要面對諸多磨難與考驗，而在經歷血淚交織與備嘗辛酸的奮鬥歲月後，會使人更具歷練與感觸，寫作的題材也就更加有深度。

二、校園生活的寫作材料

在學校裡和師長的相處狀況，甚至是校長、主任、教官經營學校的理念等，還有老師對待學生的各種態度，以及各科老師的教學情形，或者是他們的學識程度、爲人品德、教育精神、談吐舉止等特色，都是很好的寫作材料。而與同儕們朝夕相處與筆硯相親的過程，更是充滿許多歡笑與淚水的故事。

此外，在教室裡上課學習的苦悶、應試測驗時的緊張、辛勤抄寫筆記時的認眞、在操場運動時的活力與刺激、到福利社買東西的小確幸……還有學校裡的花草樹木、泉石亭台，仰頭可見的藍天白雲、朝暉斜照等景象，皆可成爲觸發心靈、引發情思的事物。因此校園生活的點滴及感觸，全都是值得敘寫的青春痕跡。

靈感哪裡來——多面向思考與想像

關於寫作材料的根據及來源，平日除了可以利用看、聽、做、想及閱讀等方法收集之外，在正式的大考測驗中，還能夠憑藉著豐富的聯想、急轉的靈感、堆疊的經驗、過往的回憶等各式各樣的方式，完成一篇精采的文章。

在清代劉鶚《老殘遊記》的〈歷山山下古帝遺蹤，明湖湖邊美人絕調〉中，作者敘述老殘路過濟南，在大明湖的明湖居聽說大鼓書的情景，其中便運用了相當高超的思考與想像筆法，內容主要描寫兩位說書姑娘——黑妞和白妞（王小玉）的說唱情形：

王小玉便啓朱脣，發皓齒，唱了幾句書兒。聲音初不甚大，只覺入耳有說不出來的妙境。五臟六腑裡，像熨斗熨過，無一處不伏貼。三萬六千個毛孔，像吃了人參果，無一個毛孔不暢快。唱了十數句之後，漸漸的愈唱愈高，忽然拔了一個尖兒，像一線鋼絲拋入天際，不禁暗暗叫絕。那知他於那極高的地方，尚能迴環轉折。幾轉之後，又高一層，接連有三四疊，節節高起。恍如由傲來峰西面攀登泰山的景象，初看傲來峰削壁千仞，以爲上與天通。及至翻到傲來峰頂，才見扇子崖更在傲來峰上。及至翻到扇子崖，又見南天門更在扇子崖上。愈翻愈險，愈險愈奇。那王小玉唱到極高的三四疊後，陡然一落，又極力騁其千迴百折的精神，如一條飛蛇在黃山三十六峰半中腰裡盤旋穿插。頃刻之間，周匝數遍。從此以後，愈唱愈低，愈低愈細，那聲音漸漸的就聽不見了。滿園子的人都屏氣凝神，不敢少動。約有兩三分鐘之久，彷彿有一點聲音從地底下發出。這一出之後，忽又揚起，像放那東洋煙火，一個彈子上天，隨化作千百道五色火光，縱橫散亂。這一聲飛起，即有無限聲音俱來並發。那彈弦子的亦全用輪指，忽大忽小，同他那聲音相和相合，有如花塢春曉，好鳥亂鳴。耳朵忙不過來，不曉得聽那一聲的爲是。正在撩亂之際，忽聽霍然一聲，人弦俱寂。這時台下叫好之聲，轟然雷動。

作者將簡單的說唱情形描寫得鮮明生動又富有想像力，且以形象化的方式描繪，寫來相當傳神，令人印象深刻，嘆爲觀止。

其實，一篇文章的產出大多是依照題目所給予的提示或方向進行，且要真切運用腦海中已然儲備好的學識、經驗、觀察、詞句等素材，方能組織而成。然而，從了解題目到運用材料的這段過程，全都須要靠連貫與即興的思考，才能將所欲書寫的內容成功地系統化。也就是說，沒有思考與想像，便無法下筆成文。換言之，書寫文章最困難的事情，就是不知該如何思考及想像了。

在寫作時，常常會有一種情況發生，儘管閉目沉思、索盡枯腸、絞盡腦汁，但就是沒有辦法想出下筆的詞句。不過一旦靈感湧現，我們便能下筆如有神，行文暢達如同江河水流般無止盡，甚至無法停筆，好像寫作很容易似的。這種憑著靈感寫作的方式，若是因興趣而寫，便能在充足的時間裡等待，直到有了靈感再寫作也不遲；但若是在有時間限制的大考中，根本沒有充裕的時間去挖掘或等待靈感，且通常愈是緊張焦急就愈沒有靈感。因此必定得另尋方法、開闢途徑，找出一個能快速思考出文章內容的辦法與模式，才能解決寫作上的窘境。

若是大考中的題目說明已明顯提示重點，便可根據重點加以思考與想像；若沒有明示重點，只有給予方向，那就可以按照個人觀點思考與想像。但是，思考與想像的鍛鍊並非一蹴可幾，也並非像無頭蒼蠅般沒有目標方向地盲目亂闖、亂鑽。以下提供一些方法予以參考及使用：

一、聯想法

人事物常會有其屬性，當掌握到某一點屬性時，便可以由這一點延伸擴展，如九宮格般由一個點發散聯想。聯想法還可以細分，首先是包含了聯想概念接近事物的接近聯想，其中又可分成時間的接近和空間的接近，例如由雨滴聯想到陰天。再者還有類比聯想，即聯想類似的事物，找出他們特殊可提及之處，例如由雨滴聯想到淚水。此外還有對比聯想，一般運用在抽象的事理中，當難以找出人事物的屬性和層次比較時，便可由反面想起，在材料貧乏時特別適合運用此方，例如潮溼與乾旱。最後是因果聯想，即聯想有因果關係的事物，如因果、主從、大前提和小前提等，例如雨滴和流水。

二、輻射法

以某件事或以某個理論作爲基礎，由此往外擴充延伸，尋找所能觸及的事物或道理。若利用某件事物或某個理論爲主體，再去找尋此主體能碰觸到的事物或哲理，思考對於撰寫的文章主旨之作用，那麼其輻射的軌跡，以及可觸及的面向一定相當廣泛，所獲得的題材也一定十分豐富。

三、推想法

在寫作時，對於許多人事物的立場與想法，必須盡量面面俱到與內外兼顧，不能只專注在一個點上，因爲這樣的看法與想法並沒有寬度和深度可言，甚至會導致寫作材料趨於貧乏的困境。由點而線，再由線而面，深入到由面而體，最後全方位細微觀察體的各種角度。如時間上的推想，包含思索過去、現在及未來；地點上的推想，包含觀察及思考此地與他處；方向上的推想，包含考量正面、反面和側面；觀點上的推想，包含檢視自己、他人的觀點。

四、觸發法

如果可以從一件事進而感悟其他事件，換句話說，就是藉由接觸某一人事物，然後再發現另一個道理，就是所謂的觸發法。觸發法可拓展寫作領域的寬度及深度，且能讓文章有獨到與創新的呈現。

語文能力的具體展現——不可忽視的語感練習

一、語感能力影響文章素質

在寫作時所使用的語言能力，通常泛指聽、說、讀、寫四種基礎能力。如果透過思維能力鍛鍊這四種基礎能力，便能逐漸形成個人寫作時，具有質地且別具風味的語感。

不同的年齡層、不同的時代、不同的地域或族群，語言和文字的意義都可能產生不同指涉的情況。而在不同的使用時機中，語言和文字的意義也有所差別。如果要眞正了解一個詞語或文字的多種意義，就必須在日常生活中時時觀察，了解詞語或文字的運用情況，這樣才能知曉不同情況下的語言和文字各具有何種意義。而後，我們便可以累積大量語言和文字的使用經驗，並在實際的運用情境中領悟語言和文字的歧異性。當我們寫作時，也能利用過去的使用經驗，在合情合理的情境下，善用語言和文字的多義性。如此一來，便能使文章看起來更爲豐富多采。

因此，我們可以在日常生活中多留意自己在使用語言和文字時，有哪些特別的意義，或是令自己印象深刻的用法。若想快速擁有寫作時優美的語言與文字語感，就必須在日常生活的使用經驗中了解語言和文字正確的表面意義，以及背後的深層意義。若能不斷練習和思索每一個字彙和語詞的表意與深意，就能夠在適當的時機，用最富含情味的方式表達，從而引出語言和文字的相關聯想和推論。

我們無法憑空想像所有語言和文字的意義，若想要多方認識語言文字的表義與深義，唯有透過不斷的自我要求與訓練。能夠在平常自我訓練語感的人，才能在大考臨場寫作時掌握語文的使用時機。語感能力強的人，在寫作或閱讀文章的過程中，也能夠有效而迅速地理解語言文字的表義與深義，辨別語言文字使用時機的正確或錯誤。

在一篇作文中，作者的語感能力可以從大處的謀篇發揮，也能由小處的詞彙展現。運用適切的語言文字時，若能從整體著眼，使得用字遣詞與篇章段落看起來更爲妥貼，並力求達到恰如其分，這就是基礎的語感表現了。語感能力在一篇作文裡，有時甚至會被視爲作者語文能力高低的表現。換句話說，若能提升語感能力，便可以提高文章素質。

二、透過閱讀學習名家語感

①《桃花源記》

以下舉例晉代陶淵明《桃花源記》，請試著理解作者在撰寫此篇文章時所使用的特殊「語感」。例如「落英繽紛」、「彷佛若有光」、「豁然開朗」、「雞犬相聞」、「皆嘆惋」、「尋向所志」等。

晉太元中，武陵人捕魚爲業，緣溪行，忘路之遠近。忽逢桃花林，夾岸數百步，中無雜樹，芳草鮮美，落英繽紛，漁人甚異之；復前行，欲窮其林。林盡水源，便得一山。山有小口，彷彿若有光，便舍船，從口入。

初極狹，纔通人；復行數十步，豁然開朗。土地平曠，屋舍儼然。有良田、美池、桑、竹之屬，阡陌交通，雞犬相聞。其中往來種作，男女衣著，悉如外人；黃髮垂髫，並怡然自樂。見漁人，乃大驚，問所從來，具答之，便要還家，設酒、殺雞、作食。村中聞有此人，咸來問訊。自云先世避秦時亂，率妻子邑人來此絕境，不復出焉；遂與外人間隔。問今是何世？乃不知有漢，無論魏、晉。此人一一爲具言所聞，皆嘆惋。余人各復延至其家，皆出酒食。停數日，辭去。此中人語云：「不足爲外人道也。」

既出，得其船，便扶向路，處處誌之。及郡下，詣太守，說如此。太守即遣人隨其往，尋向所誌，遂迷不復得路。南陽劉子驥，高尚士也，聞之，欣然規往，未果，尋病終。後遂無問津者。

文章開篇先點出背景爲東晉太元年間，內文主角爲一位武陵的漁夫，地點則是桃花林與桃花源的入口。接下來，文章敘述「忘路之遠近，忽逢桃花林」，此處可練習善用「忘」、「忽」這樣的寫法，表現心靈與地域上的徵狀。「路」與「林」是連接空間的管道，也是時間狀態的象徵，因此，使用「忘」與「忽」能讓讀者進入作者所設計的情境中，這也是陶淵明獨特的語感展現。

至於在進入桃花源之前所出現的景象，有水，有山，又有山洞，這些都是陶淵明由自己的生活經驗中所擷取出的元素，因此自然而然地將「欲窮其林。林盡水源，便得一山。山有小口，彷彿若有光」、「有良田、美池、桑、竹之屬，阡陌交通，雞犬相聞」等使用於文章之中。

陶淵明自己住過的地方，例如柴桑里和栗里都在廬山下，也都靠近水邊，因此他能夠在文章中得心應手地寫乘舟、入山的情況。由此可知，要培養讓人印象深刻的語感，多數是以個人的實際經驗加以敘寫鋪陳。就像陶淵明，試圖將桃花源寫成一個眞實存在的地方，以增加文章的眞實性；然而，又不能爲了眞實性而拋棄神話感，因此便利用自己周遭居住的環境爲藍本，描摹出一個虛幻的神奇世界，同時滿足眞實與虛構的情境。

②《蘭亭集序》

以下舉例晉代王羲之《蘭亭集序》，這篇文章的寫作緣由乃是導因於王羲之平常喜好道家的服藥煉丹與修身養性，因此，他不喜歡住在京師建康。當他初次來到浙江時，便有終老於此的念頭。浙江紹興市西南的蘭渚山景色秀美而清幽，包括孫綽、李充、許詢、支遁等以文章聞名於世的名士，也都在此地建有住宅。王羲之便曾和志趣相投的好友幾十人，宴集於會稽山北的蘭亭。在宴會後，王羲之爲自己和與會好友一起寫的詩集作了序言，並以此篇序言抒發心中的感慨：

永和九年，歲在癸丑，暮春之初，會於會稽山陰之蘭亭，修禊事也。群賢畢至，少長咸集。此地有崇山峻嶺，茂林修竹，又有清流激湍，映帶左右。引以爲流觴曲水，列坐其次，雖無絲竹管弦之盛，一觴一詠，亦足以暢幽情。是日也，天朗氣清，惠風和暢，仰觀宇宙之大，俯察品類之盛，所以游目騁懷，足以極視聽之娛，信可樂也。

夫人之相與，俯仰一世，或取諸懷抱，晤言一室之內；或因寄所託，放浪形骸之外。雖取舍萬殊，靜躁不同，當其欣於所遇，暫得於己，快然自足，不知老之將至。及其所之既倦，情隨事遷，感慨係之矣。向之所欣，俛仰之間，已爲陳跡，猶不能不以之興懷。況修短隨化，終期於盡。古人云：「死生亦大矣。」豈不痛哉！

每覽昔人興感之由，若合一契，未嘗不臨文嗟悼，不能喻之於懷，固知一死生爲虛誕，齊彭殤爲妄作。後之視今，亦猶今之視昔，悲夫！故列敘時人，錄其所述，雖世殊事異，所以興懷，其致一也。後之覽者，亦將有感於斯文。

此篇文章描繪永和九年（癸丑年）暮春三月初三日，這一天是上巳節，王羲之約了好友們在會稽山北的蘭亭聚會。接下來，作者使用「群賢畢至，少長咸集」，此處可以留意「群」、「畢」、「少」、「咸」的用法，王羲之用簡單的單字提升文章節奏。接著，作者寫出「此地有崇山峻嶺，茂林修竹，又有清流激湍，映帶左右。引以爲流觴曲水，列坐其次，雖無絲竹管弦之盛，一觴一詠，亦足以暢敘幽情」。以此句描寫景色，意思是這個地方有崇山峻嶺、茂密樹林、修長青竹，還有湍激清澈的流水，衆人列坐在流水旁邊，用流觴曲水的方式喝酒，雖然沒有音樂助興，但是喝一杯酒、詠一首詩，也足夠衆人暢快地表達各自的幽雅情懷了。

在第一段裡，王羲之運用大量華麗詞藻，展現他過人的語感。接下來的第二段，他又以較爲樸實的語句表現自己的心境。作者提到，人與人之間的交往都只在這短暫的一生中，有些朋友因爲抱負相同，有幸能夠在一間房間裡會晤切磋；有些朋友則因爲信仰理念的鴻溝，使得彼此都超脫在世俗之外。接下來的句子，雖然純樸，卻鏗鏘有力：「雖取舍萬殊，靜躁不同，當其欣於所遇，蹔得於己，快然自足，不知老之將至。」意指雖然不同的人對得失的看法都不相同，但有些人能保持靜心，並且不被名利所誘惑；有些人卻動心了。那些被世俗名利所誘惑的人，只是暫時得到一點好處便沾沾自喜，卻不知道他的生命也已走到盡頭。王羲之用簡樸而有力的語言，娓娓道出人世間的眞相，令人看來感慨萬千。他認爲，人即使有一天厭倦了獲得的名利情，但一旦事過境遷後，也只能感慨而已。這一段的末尾回到道教的理念，王羲之認爲做人的目地就是修煉以返本歸眞，從而超脫生死。但是，有些人卻執著於常人的名利情，因此失去修道機緣，導致無法超脫生死，令人惋惜。

整篇文章的「意在言外」皆是由道家思想出發，因此每個語句都充滿著道家的語感。王羲之認爲，雖然每個人都知道將生和死同等看待的確有些荒謬，將長壽和短命視爲同等輕重也不合理。然而，如果將來的人回頭看這次聚會，不就像現在的人看前人一樣可悲嗎？緣此，王羲之一一記下參加這次聚會的人，並且抄錄他們的詩作。雖然時代不同，情況也會不同，但人的興致都是一樣的，將來的讀者或許也會對這些詩作有所感慨。

王羲之的寫作語感之所以能夠超越時間和空間的限制，就是因爲他緣於自我「思想」層面的積累。就如同前面所說的，在語言或文字的使用過程中，若能融入人生的哲學，所寫的文章自然看來更有質感且具深度。

3

寫作時的技巧

下筆前先弄清楚——審查題目，理解說明

一、看清題目

任何考試中，在下筆寫作之前，都務必詳細閱讀作文主題、相關寫作提示及其他注意事項，且要確實理解題目的含義，以免答非所問。此外，務必看清楚題目中的每一個字，切忌看錯文字；因爲一旦看錯一個字，可能就「失之毫釐，差以千里」了。而且，即使看對題目的字句，也不代表完全理解題目所要傳達的意義，所以不會錯意也是相當重要的。

不過，也不能因爲擔心沒看清楚題目，就在觀看題目時停頓太久。建議將寫作題目視爲一個問題，出題者想要考生回答什麼，我們就回答什麼，避免文不對題。題目就好比是樹木的根本、流水的源頭，如果看錯題目或不了解題目的意義，那麼此篇文章的內容肯定完全走味。所以，在寫作之前一定要先研究清楚題目，正確了解題目的方向，方能寫出正確的內容，此爲決定作文內容的第一個要件。

二、探究題目的內涵

除了留意題目字面上的意思之外，還須小心審察題目文字外的意涵與要旨，方可擷取題目之精髓，延伸文章的長度，拓展文章的深度，表現自己的思維與涵養。而題目的關鍵含義即爲文章的根源，因此只有了解題目的意思是不夠的，還必須找出題目的相關重點。主題的中心思想便是此篇作文的精要所在，

所以寫作提示內容的說明及解釋也相當重要，考生可從中尋求寫作的方向，並藉其了解題旨、挖掘靈感。

三、選擇寫作的體裁

每個題目都有適合下筆的體裁形式，以凸顯主題所欲呈現的中心思想。因此在寫作之前，也要詳細思考該題目適宜使用何種體裁，方能發揮得最佳、最完整。一般而言，若有關說明事物的道理、論述自己的意見、特別強調的重點在於正反說理者，爲論說文；若主要在於描寫人事物的狀態、著重現象敘述者，爲記敘文；而偏重抒發內心深層思維、較注重於情感面者，則爲抒情文。

現今，無論是考試或競賽的題目，都已不再如過去一般刻板單一，而是各文體之間相輔相成；換言之，論說文裡也有記敘文的成分，但是以論說爲主，記敘爲輔；而抒情文裡也有記敘文的成分，但是以抒情爲主，記敘爲輔。甚至，在某些論說文中，有時候也有抒情文的感性氛圍；而在抒情文中，偶爾也有少許論說文的理性脈絡。

此外，有些題目甚至可同時以論說文或抒情文的方式呈現，端看下筆者擅長哪種體裁，便能夠選擇以哪種文體書寫。舉例來說，「可貴的合作經驗」應以論說文書寫，較能呈現合作經驗所帶來的道理及體悟。「動人的笑」應以抒情文發揮，較能傳遞內心所感受的感動之情。「傷痕」類的題目，無論以論說或抒情下筆皆可，差別在於感性層面或理性層面比例的多寡。

總而言之，採用何種文體是以主題旨要和內容情節決定，方能達到爲文的最大效果，也才能在行文下筆時態度明確，且前後連貫、方向一致，使整篇文章一氣呵成。

四、尋找題眼

書寫文章以前，除了認清題目外，還必須確定題目的重點在哪裡，也就是必須找出題眼。如此一來，才能把握寫作的關鍵與重點，進而加以發揮。「題眼」即題目中能點出主題重點、表達明確意義、決定文章內容的的關鍵詞語。欲找出題眼，必須先將題目看清楚，了解題目意義並分析之。若無法掌握重點卻大放厥詞或大發議論，就會導致捨本逐末。因此探究題眼是一項相當重要的程序，絕不能掉以輕心，只要將題眼定位清楚，下筆作文便容易得多。

五、鎖定題目範圍

當確立題目的中心思想後，再來就必須設定與規畫範圍，才不會在寫作時超出題目的界定，因而寫出偏離題旨的文章內容。若將題目範圍限制得太過狹隘，則無法延長伸展思路，導致左支右絀；但題目範圍若設定太過廣泛，則會天馬行空，模糊主題焦點。因此，當考生在審查題目時，務必確立文章的寫作範圍，穩住陣腳，才能寫出自然如行雲流水般的佳作。

開始蓋房子前要先周詳設計——擬定大綱

根據作文題目的中心思想，將剪裁後所得的材料先加以規畫後，再寫成文章，這樣的安排便是擬定大綱，也可稱之爲布局。下筆前先擬定大綱可使文章首尾呼應、融合圓潤，連成一氣而層次井然，也讓閱卷者較容易閱讀及理解內容，可以說是組織或結構文章的必要做法。

作文就如同蓋房子，即使是萬丈高樓也得平地起，在最初設計藍圖時，就必須非常謹愼小心，接著再依據設計圖打穩地基、施工建築。作文書寫的訓練亦同樣如此，首先運用巧思布局、擬定大綱，然後再依循大綱落筆行文，若想要下筆如有神，擬定大綱的步驟便不可輕易省略。

即便如前述所提到的，考生已掌握文章主旨的中心思想，那也只是較爲簡略的概念。如何由簡單的概念延伸，進而完整鋪陳出一篇好文章，其中便需要倚靠大綱。若沒有擬定內容大綱作爲連接的橋樑，那在寫作時勢必會遭遇許多瓶頸。無論是平鋪直敘或絢爛優美的文字，若缺乏內容大綱作爲骨架，那便沒有軌跡途徑或脈絡條理，就難以面面俱到地傳達作者的意趣、思維與心緒，更遑論可行文說理達到通透澄澈或清晰無礙的水準。即便最後湊足了文章所需的字數與篇幅，在沒有大綱作爲堅固的鋼筋骨架的前提之下，就容易發生沒有間架結構的問題。那麼文章前後的意義便無法一致與連貫，造成枝蔓分歧、繁雜冗贅的情形。若要排除這些問題，就必須於寫作前先擬定內容大綱。而在擬定大綱時，只須先寫出文章的大意，不必計較使用的詞語。

以下舉例清代鄭燮的《寄弟墨書》，此爲一篇大綱擬定完整且結構脈絡分明的文章：

十月二十六日得家書，知新置田穫秋稼五百斛，甚喜。而今而後，堪爲農夫以沒世矣。

我想天地間第一等人，只有農夫，而士爲四民之末。農夫上者種地百畝，其次七、八十畝，其次五、六十畝，皆苦其身，勤其力，耕種收穫，以養天下之人。使天下無農夫，舉世皆餓死矣。吾輩講書人，入則孝，出則弟，守先待後，得志，澤加於民；不得志，修身見於世；所以又高於農夫一等。

今則不然，一捧書本，便想中舉人、中進士，作官如何攫取金錢、造大房屋、置多田產。起手便錯走了路頭，後來愈做愈壞，總沒有個好結果。其不能發達者，鄉里作惡，小頭銳面，更不可當。夫束修自好者，豈無其人？經濟自期，抗懷千古者，亦所在多有；而好人爲壞人所累，遂令我輩開不得口。一開口，人便笑曰：「汝輩書生，總是會説，他日居官，便不如此説了。」所以忍氣吞聲，只得捱人笑罵。

工人制器利用，賈人搬有運無，皆有便民之處，而士獨於民大不便，無怪乎居四民之末也，且求居四民之末而亦不可得也。

愚兄平生最重農夫。新招佃地人，必須待之以禮。彼稱我爲主人，我稱彼爲客户；主客原是對待之義，我何貴而彼何賤乎？

吾家業地雖有三百畝，總是典產，不可久恃。將來須買田二百畝，予兄弟二人，各得百畝足矣，亦古者一夫受田百畝之義也。若再求多，便是占人產業，莫大罪過。天下無田無業者多矣，我獨何人，貪求無厭，窮民將何所措手足乎？

此篇文章所擬定的綱要工整分明。第一段以抒懷為主，先寫作者收到家書，知曉今年家中秋收甚豐的喜悅心情。第二、三、四段以評斷四民的優劣為主，對士、農、工、商加以議論，表達敬重農夫的心意。第五段則以叮嚀為主，告誡家人對待佃農必須以禮相待。第六段則以期許為主，有置產不貪多的知足及悲天憫人之胸懷。

由此可見，擬定大綱是必要的，因為這是通篇文章的脈絡。而在練習擬定大綱時，繁簡的調配亦相當重要，建議可嘗試由簡入繁，換言之就是大綱的內容不用太過繁多複雜。一般而言，在擬定大綱時，除了要留心每一條大綱的意義外，務必要記得同時對應題目、主旨及段落之間的聯繫，切勿鑽牛角尖，避免讓文章走進死胡同。

跟著步驟做就對了——寫作七步驟

寫作不是一種天賦，雖然有些人眞的能夠信手拈來、下筆成章，但是有這種能力的人並非多數。因此，作文底子絕不是一蹴可幾，而是靠著一點一滴的堆疊及經驗累積的成果。那麼，寫作需要步驟嗎？還是可以一見到題目就文思泉湧，然後振筆直書呢？其實在行文的當下，即便思路迅速豐暢，也不能想寫什麼就寫什麼，因爲這樣容易發生「群山並列，沒有主峰」的狀況，龐雜無序、沒有重點。所以，寫作當然是需要步驟的。

那麼，寫作究竟有哪些步驟呢？是否有一個作文標準流程呢？答案是有的。首先細讀並認清主題，其次確立主旨和題眼，接著擬定段落和綱要，再來選取寫作材料，然後下筆寫作鋪陳，最後自我修正調整。也就是寫作七步驟：一、細讀認清主題；二、確立主旨題眼；三、選擇文章體裁；四、擬定段落綱要；五、選取寫作材料；六、下筆寫作鋪陳；七、自我檢查修正。當然，一至四點在前述的章節中已詳細敘述，此處爲簡單摘要，若讀者需要詳細資訊，可閱讀前述章節。

一、細讀認清主題

書寫文章最忌諱沒有完全了解題目的意義，在下了筆之後才發現距離題旨愈來愈遠，造成文不對題，最後又修修改改，浪費寶貴的應試時間。因此在下筆前，務必要認清並細讀題目，在清楚明白題目的意義後，再決定該如何書寫，千萬不要看到題目就急著下筆。至於該如何「認清題意」呢？

① 領會字面的意義

切記，千萬不可看錯文字。試想，若將「節目」看成「節日」，「關心」看成「開心」會如何呢？例如，題目要寫「最關心的事」，但卻「開心」地敘述了一大堆心情愉悅的事……，雖然僅僅是一字之差，結果卻是通篇文不對題。還有，「取捨」不能只說「捨」，卻忘了講解「取」的意義。若題目爲「慢跑的甘苦談」，文章中卻僅描述慢跑的辛苦，忽略慢跑的「甘」，那閱卷者看到這樣的內容，除了會覺得考生粗心外，恐怕也會爲之感到惋惜。

② 洞悉題目的內涵

部分題目除了字面上的意義外，還有更深一層的含義。舉例來說，若作文題目爲「鏡子」，除了可寫出鏡子有修飾儀容等有形功能外，也可參考唐太宗的名言加以延伸。唐太宗曾說：「以史爲鏡，可以知興衰；以人爲鏡，可以知得失。」他以鏡子爲譬，認爲鏡子有反映古今歷史成敗的無形功能，而忠臣魏徵則是自己的鏡子，可以讓唐太宗知曉己身的缺失。

二、確立主旨題眼

在細讀並認清題目的正確意義後，再來就要確立題眼。題眼，換言之就是「題目的眼睛」，也可以說是文章的中心思想或旨要。相同一個題目，會因爲中心思想不同，而產生大相逕庭的內容。部分題目本身即蘊含中心旨要，有的中心思想於文章的開頭就得以表現，但有的中心思想則在文末才呈現；有些貫穿於字裡行間，有些則由文章提及的人物口中說出。此外，題眼的限定也是爲了便於寫作者掌握書寫的範圍，才不會無限延伸主題，導致偏離主旨。

三、選擇文章體裁

有些題目只能限定使用一種體裁，如記敘文、抒情文、論說文或是應用文等文體，這是因爲每個題目所要傳達的意義不同，所以便有各種不同的文章體裁。但是，如果題目和說明中所給予的提示能表現及適用於不同體裁時，就可按照自己較拿手、專長且熟悉的體裁書寫；若是題目限定只能使用某種體裁寫作時，就必須按照該文體的體例寫作，千萬不要改變文體，以免造成文題不符的情形。此外，在決定使用哪一種體裁書寫前，也必須先了解各類體裁的性質、寫作原則及注意事項。

四、擬定段落大綱

擬定段落和大綱的步驟非常重要，絕對不能省略。不擬好大綱就下筆寫作的人有兩種：一種是想到什麼就寫什麼，寫一句算一句，想到哪裡就寫到哪裡。但是通常會寫好上句而不知道下句在何處；或者是第一句寫完了，不曉得第二句該怎麼銜接。第二種則是「胸有定見」、「心有默稿」，他早已在腦中構思完成整篇文章的內容，一拿到稿紙便下筆如有神。前者的狀況非常不應該，後者又不是一般人可輕易達到的境界。所以，一般寫作者就必須事先擬定大綱，以寫出不遜於上述後者的文章。

擬定大綱包含要寫幾個段落，每個段落裡要安排什麼綱要與內容，以及文內時間的順序如何呈現，空間位置的變換次序爲何，事件的開始、原因、經過及結果如何表現，或是運用分類的技巧，各別由多方面、各角度說明、介紹；或以對比、映襯的筆法強調和比較。總而言之，擬定段落綱要務必符合統一、重點、秩序及聯貫的寫作原則，更要依據主旨適切編排資料內容，讓整篇文章的開頭、正文、結尾均有最佳呈現。

五、選取寫作材料

寫作的材料哪裡找呢？生活中俯拾皆是。我們在日常生活裡眼睛所看到的、耳朵所聽到的、心中所感受到的，抑或腦袋裡所想到的，再加上親身體驗的經驗與事件，以及平常在閱讀書報、雜誌時所獲取的知識典故，都可以加以收集、儲存成爲寫作的材料。當然，也必須對照題目選擇使用素材，寫作材料的重點在於「選取」，而非一味「堆積」。

爲什麼在眾多材料裡得有所「選擇」呢？不是愈多愈好嗎？舉例來說，若要煮一碗色香味俱全的牛肉麵，最主要的材料有牛肉、麵條、調味料、香料、蔬菜、水及油。煮好之後，有人可能還要加進酸菜，也會有人想要加進辣椒，或者有人兩樣都加，讓味道與口感變得更爲豐富。但若將奶油、煉乳、巧克力、洋芋片等東西都丟進去，這樣還可以下肚嗎？由此可見，選材在作文裡是相當重要的一環。寫作時務必按照主題，選取適當且合宜的寫作材料，與主題不相干的人事時地物，即便再好、再有趣、再精采也都要懂得取捨，千萬不要畫蛇添足，成爲文章中的敗筆。

六、下筆寫作鋪陳

當文章的主題和要旨確定了，結構也安排布置妥當，材料選擇亦有了構想，那便可以開始下筆作文了。在書寫時需要注意文章內的用字遣詞，務必多加推敲，力求精鍊；文句也要流暢通順、新奇別緻、生動鮮明；字體不求漂亮，但一定要盡量清楚工整，讓閱卷者容易辨識，盡量不要出現錯別字；更不要小看標點符號的功用，多多運用標點能夠幫助文義的傳達更加完整；當然，修辭技巧也不可缺少，這是讓文辭優美、語句靈活及篇幅延伸的關鍵。

七、自我檢查修正

當文章完成後，千萬不能忽略再次檢查的步驟。應對內容多加細察，若發現有誤即立刻修改，精雕細琢，讓通篇文章更臻完美。檢查不是隨意看看即可，而是要再審慎細看一至二次，以利修改錯誤。

開始動手寫文章——基本的寫作技巧

一、選擇方法

在前一個章節已提到寫作的七步驟，透過這七個步驟，基本上可以完成一篇平穩的文章。但別忘了，在寫作之前，也要做好多觀察、勤閱讀、收集資料、思考與想像的事前準備，以及記得審題與擬定大綱的重要性。

當利用寫作七步驟反覆練習書寫之後，就能夠提升自己寫作的成熟度。並且，在面對任何作文命題時，皆能敏捷而迅速地針對題目發揮，自然而然下筆，有如行雲流水。

如果還一時沒有辦法掌握所有寫作技巧，不妨先利用其中一項方法，然後試著先以這項基本方法完成一篇文章。以《靈感哪裡來——多面向思考與想像》此章節爲例，在寫作文章的時候，除了觀察事物、大量閱讀和收集相關資料之外，更應該寫出自己在觀察事物時所引發的思考脈絡，或是對該事物的想像與情感。

同時，運用前述章節中「豐富的聯想」、「急轉的靈感」、「堆疊的經驗」、「過往的回憶」等技巧，讓自己的文章能具有充沛的情感及鮮明的意象。例如，當我們造訪風景秀麗的自然景觀時，看到淙淙流水，首先我們便可以思考這樣的風景是如何形成的，又在何時開始受人注意，並成爲人們重要的參訪景觀。這些思考可以引導我們進入眼前景色的歷史情境，讓我們在描寫自然山水的過程中，有可靠的素材能夠盡情聯想。此外，當我們看到淙淙流水時，不僅可純粹寫景，若能以當時的感觸爲基礎，將自己「堆疊的經驗」、「過往的回憶」投射於眼前的一景一物，運用藝術並充滿感性的語調寫出，便能成爲一篇令人感同身受的美文。

歐陽脩在《醉翁亭記》的第一段裡先以白描的手法描繪眼前景色，他沿著山路緩步行走，聽見水聲潺潺，看見水流從兩個山峰間瀉下，繞過山峰又轉進一段曲折的路，便看見醉翁亭了。寫到這邊，歐陽脩開始思考這個醉翁亭的由來，於是便接著敘寫建造亭子的是山頂的和尚，而爲亭子取名的則是自稱爲「醉翁」的太守。歐陽脩在這個段落寫下流傳千古的名句：「醉翁之意不在酒，在乎山水之間也。」接下來的第二段與第三段，則分別書寫醉翁亭的四季風景，以及滁州人出遊和太守宴請賓客的歡樂。

《醉翁亭記》的最後一段，作者敘述玩樂後歸去看見山林中禽鳥的快樂，然而禽鳥不知道人們在快樂些什麼，而人們也只知道快樂，並不知道太守的快樂是什麼。其實，文章中的醉翁太守就是歐陽脩自己，他最大的快樂便是成爲一個太守與民同樂。由於歐陽脩本身心境上的快樂，使得他看見的一切山水、人事、禽鳥也都歡樂起來，這便是將「豐富的聯想」發揮得淋漓盡致的絕佳例子。

然而，無論是思考或是想像，都必須以眞誠爲前提。寫作不僅須讓讀者感同身受，更要讓讀者百分之百相信作者。當寫作一篇描繪景物的文章時，如果讀者在閱讀這篇文章後，造訪文章中的景物，卻發現和作者筆下所呈現的差距過大，即有文章不實的嫌疑。

即使是充滿「豐富的聯想」之文章，也必須依據現實的人事物發展，不能讓讀者感到毫無道理。因此，寫作時最重要的就是眞誠地描寫，而非隨意畫蛇添足。當寫好一篇文章時，可先讓自己化身讀者，好好地觀賞自己的文章，思索這樣的靈感或聯想究竟合不合理，能不能充分說服讀者。

二、開始寫作

首先可練習以身邊的人、事、物、景進行書寫，完成一篇文章。在考場上也同樣如此，無論看見何種類型的題目，若能利用自己身邊眞實所見的人、事、物、景完成寫作，便更能以眞心實意打動閱卷者的心。

①人的寫作練習

大多數作文描寫的對象都是以「人」爲中心，然後再鋪陳出整篇文章。人的寫作便要以「人」的特徵爲思考重心，然後再以「過往的回憶」設計並完成一整篇文章。

②事的寫作練習

事的描寫與每個人各自的親身經驗有關，因此適合使用「堆疊的經驗」完成作文。事的描寫可以分爲日常事件、特殊事件或國內外重大事件，通常可以在書寫「事的寫作」時，適當敘述自己的意見與觀點，以增加文章的厚度。

③物的寫作練習

物的寫作包羅萬象，約略分爲植物、動物、礦物、建物與禮物等。由於在物的寫作方面，多數人寫來大同小異，因此如果能使用「急轉的靈感」，便有機會脫穎而出，與衆不同。

④景的寫作練習

景的描寫可分爲人文景觀與自然景觀，描寫人文景觀時通常須要借助對過往歷史的認識，而自然景觀的寫作則是對大自然的觀察。無論人文景觀或自然景觀，都須要運用豐富的想像力，以寫出具有個人特色的文章。

流暢銜接，完整結構——段落的次序與安排

一、段落安排的原則

文章中的段落安排，其實就是綱要的進化與展現。換句話說，在已經確立主旨但尚未下筆寫作的時候，會先安排每一段的綱要，依照綱要所書寫出來的文字，才能夠看出每一個段落的實際內容及鋪排。而在擬完綱要後，接下來就要部署段落。以下為段落安排的五大原則：

①一體原則

整篇文章的內涵一定要維持一致性，所提出的主張與觀點務必始終如一，萬萬不可寫到一半時就亂了陣腳。雖然文章的每一個段落均各自獨立成段，但都必須忠於主旨的支配及帶領，無論各段內容的正面論述、反面論述等，都不可違背中心思想。此外，內容通篇的情調、語氣等方面，也都須有完整的統一性，如此讀來才能一氣呵成，並使閱卷者留下深刻印象。

②次序原則

段落的鋪陳須有層次感，或可說是秩序感，內容材料的使用與觀念要依照次序前後排列，才能讓內文有清楚的條理與妥善的安排。各個觀點的呈現要循著一定次序，所配置的材料也要妥貼穩當，無論是由遠而近、由近而遠；由過去到現在、由現在到過去；由上而下、由下而上；由外而內、由內而外；由小到大、由大到小；先反後正、先正後反；先合後分、先分後合等，都不能凌亂失序，否則會使整篇文

章亂無章法，閱卷者也無法明白文章所要表達的想法。

③ 貫串原則

文章有所謂的文氣，要使內容的氣勢前後連貫、一鼓作氣，否則文章便容易偏離主旨及中心思想。通篇文章須自頭至尾連貫一氣，文句與文句之間、段落與段落之間、題材與題材之間都要相互承接、彼此呼應，使文義及內涵流暢通順。

④ 關鍵原則

全文的主旨，也就是文章的重點與關鍵處必須妥適安排。在一篇文章中，須將重要的文句安置在最恰當的位置，方能凸顯其中心思想。作爲重點的材料不僅要完好，還要充實，其位置可在一篇之首，也能安排在一篇之末，端看題目的性質及作者的觀點而決定。

⑤ 均匀原則

文章的各個段落不可太長或太短，原則上開頭與結尾的段落行數較少，而中間段落的承與轉，通常是整篇文章的高潮處，所以段落行數會較頭尾多一些。此外，還要使得起頭語句具吸引力、正文內容具說服力、結論收尾具震撼力，如此才不會使文章出現虎頭蛇尾或頭重腳輕的問題。

以下用明代張岱的《湖心亭看雪》爲例，此文爲段落安排妥善且架構脈絡完整的文章：

> 崇禎五年十二月，余住西湖。大雪三日，湖中人鳥聲俱絕。是日，更定矣，余拏一小舟，擁毳衣、爐火獨往湖心亭看雪。霧凇沆碭，天與雲、與山、與水，上下一白，湖上影子，唯長堤一痕，湖心亭一點，與余舟一芥，舟中人兩三粒而已。

到亭上，有兩人鋪氈對坐，一童子燒酒，爐正沸。見余大喜，曰：「湖中焉得更有此人？」拉余同飲。余強飲三大白而別，問其姓氏，是金陵人客此。

及下船，舟子喃喃曰：「莫說相公痴，更有痴似相公者。」

此篇文章的篇幅雖然不長，但由內容不難發現全文共可分成四個段落，涵蓋作文的基本架構——起、承、轉、合。一般而言，起是文章的開頭；承是接續開頭的文字再加以闡發；轉則是另起新義或再深入探討論點，作進一步分析；合則是文章的結論。在下一章節中會詳述起、承、轉、合的內容與使用法則，若讀者需要詳細資訊，可閱讀下一章節。

《湖心亭看雪》為張岱的小品傳世之作。作者透過追憶在西湖乘舟看雪的一次經歷，寫出雪後西湖之景清新雅緻的特點，表現深摯的隱逸之思，寄寓幽深的眷戀和感傷的情懷。作者在大雪三日、夜深人靜之後，小舟獨往。不期亭中遇客，三人對酌，臨別才互道名姓。舟子喃喃，以三人為痴，殊不知這三人正是性情中人。

本文最大的特點便是文筆簡練，全文不足二百字，卻融敘事、寫景、抒情於一體，尤其令人驚嘆的是作者對數量詞的錘鍊功夫，「一痕」、「一點」、「一芥」、「兩三粒」，竟將天長永遠的闊大境界，甚至萬籟無聲的寂靜氣氛，全都傳達出來，令人拍案叫絕。作者也善用對比手法，大與小、冷與熱、孤獨與知己，使全文對比鮮明，抒發人生渺茫的深沉感慨和揮之不去的故國之思。作者更採用白描手法，表達其賞雪的驚喜、清高自賞的感情和淡淡的愁緒。

全文情景交融，自然成章，毫無雕琢之感，給人愉悅的感受。其中的「痴」字表達作者不隨流俗、遺世孤立的閒情雅緻，也表現作者對生活的熱愛。更重要的是，此字更形神兼備地寫出賞雪人的情態，將賞雪人融入這迷人雪景之中的痴迷之狀，描繪得生動逼真。

《湖心亭看雪》開頭的第一段將時間、地點以及當下所處的環境情景等交代清楚，爲接下來後文的賞雪舉止鋪陳，使得讀者能快速進入文內的情境。第二段則是承接第一段所描繪的環境情景，作者在此時出遊，運用特別的量詞還有視覺摹寫的角度敘述，使雪景如詩如畫。

第三段則加入一段巧遇金陵人的情節作爲插曲，由第一段和第二段的內容來看，在那無人且靜謐的狀態中，作者賞雪的行徑顯現他與衆不同的品味與嗜好。而正當讀者覺得作者是獨一無二的文人雅士時，作者卻突然巧遇一位同樣爲賞雪而來的他人，讓文章情境出現轉折。結尾的第四段則用舟子的話語結論：「莫說相公痴，更有痴似相公者。」讀者讀完第三段時，內心應該也已出現「湖中焉得更有此人」之感，而舟子的一番話，就像是代替所有讀者道出心中的想法。

二、段落安排的具體做法

① 開頭

文章的開頭最好能引起閱卷者的興趣，進而導入主題，且要針對主題點出關鍵，甚至須有提示通篇重點旨要的作用。此外，內容起頭處應小而美、巧而精，做到引人入勝、誘人深入內容的妙境，即便是引論，也須喚起閱卷者的注意和興趣，如此才能使人想往下繼續閱讀。因此精鍊、有力、鮮明的文字就是文章開頭的訣竅。

② **正文**

正文顧名思義就是整篇文章的主要內容，基本上須詳細論述，當然也可視實際情況簡寫，不重要的細枝末節不須寫入。一般而言，正文可以寫成一段或是分成數段，內容必須豐富而充實，分成前「承」後「轉」兩大段落，也能將這兩大段落分述成數段。寫作的技巧與手法，會因為段落的多寡而有所變化，例如在論說文中的正文部分，可以先「正論」後「反論」，前「正例」後「反例」；或者前「正論、正例」，後「反論、反例」；也可以是前「正、反論」，後「正、反例」等組合方式。

③ **結尾**

文章的結尾作用為總結全文，使文章有適切扼要的收尾，因此結論必須明快且有力。一篇文章的結論若有力，便能為全文畫龍點睛，增加論辯或抒情的效果。完美的結尾包含揭示全篇重點、呼應全文旨要、補充行文動機、提醒問題關鍵，或引用名人錦句、運用例證譬喻、勉勵實現理想等。不過，千萬不可讓結論陷入多而冗長的窘境，更不能再另立新論，否則內容會沒完沒了，先前所擬定的段落綱要及後續的架構安排也就白費了。

不能想到什麼就寫什麼——起、承、轉、合

一般作文的文章組織，均須依照「起、承、轉、合」的順序下筆。所謂「起」，指的是按照題目，在第一個段落或文章前面的一至兩個段落作一個開頭，可視為整篇文章的序言。所謂「承」，主要指的是以承接第一段，或文章前面的一至兩個段落，以「正面」或「承接」的方式寫出來。如果可以在此部分舉出實例，或引用其他人、事、物作為佐證更好。所謂「轉」，主要是指以承接第一段，或之前幾個段落中的意思，但從「反面」或是「歧出」的方式寫出。通常也須要舉出實例，或引用其他人、事、物豐富內容，並能與「承」相互對照。所謂「合」，主要是綜合「承」和「轉」這兩個段落的觀點，敘述說明整篇文章的精要之處，並以回歸「正面」或「呼應題目」的角度書寫。最後，再敘寫個人對於整篇文章與題目的看法。

一、最佳下筆順序

在下筆寫作時，應特別注意脈絡是否清楚、架構完整與否。而讓人能夠一目了然整篇文章意旨的最佳方式，就是下筆時以起、承、轉、合的順序撰寫，不僅可以讓讀者清楚看到作者的寫作意圖，也能讓讀者快速掌握整篇文章的重心。前文曾提到清代鄭燮的《寄弟墨書》，便是一篇結構完整，並有起、承、轉、合之清晰脈絡的文章。

《寄弟墨書》的第一段以抒發自己的心情爲主，先敘述收到家書後，得知今年秋天收穫很豐富的喜悅。中間則正面提倡「農夫」的地位。以一般人對四民先後順序的印象爲依據，針對士、農、工、商分別加以論述，並藉此表達自己敬重農夫的心意。然後再以叮嚀口吻，告知家人對待農人須以禮相待。最後主要爲期許自身，在置產時能夠不貪多，要能知足常樂，並且保持悲天憫人的心態。

利用起、承、轉、合作爲下筆的順序，主要是欲使整篇文章顯得更具說服力，讓讀者能快速跟上作者的意識。而起、承、轉、合這樣的寫作架構，也讓作者在寫作時可以更加得心應手。當有了起、承、轉、合作爲寫作的依據，作者才不會在恣意發揮時，沒有寫作的順序可以憑依，導致整篇文章天馬行空而方寸大亂。

起、承、轉、合不僅是寫作時重要的下筆順序，也是檢查整篇文章的好方法。在撰寫文章時須注意立論的基礎穩不穩固，整篇文章的邏輯、前後觀點有沒有互相衝突等，因此，對照檢查「承」和「轉」這兩大段落，便可以讓我們在寫作時，將正面與承接的觀點盡量放在同一個段落，而反面與轉折的部分也盡量放在同一個段落，最後再以「合」的段落檢視文章的末尾是否呼應主題，或是有沒有解決不同觀點的衝突。當閱覽名家作品時，也可以注意他們的「起、承、轉、合」，以學習最佳的下筆順序，運用於大考作文或日常寫作之中。

二、最佳文章架構

北朝楊衒之的《白馬寺》也是一篇具有起、承、轉、合而文字精鍊的文章：

白馬寺，漢明帝所立也，佛入中國之始。寺在西陽門外三里御道南。帝夢金神長丈六，項背日月光明，胡人號曰佛。遣使向西域求之，乃得經像焉。時白馬負經而來，因以爲名。

明帝崩，起祇洹於陵上。自此以後，百姓塚上，或作浮圖焉。

寺上經函，至今猶存。常燒香供養之，經函時放光明，耀於堂宇，是以道俗禮敬之，如仰眞容。

浮圖前，柰林、蒲萄異於餘處，枝葉繁衍，子實甚大。柰林實重七斤，蒲萄實偉於棗，味並殊美，冠於中京。帝至熟時，常詣取之，或復賜宮人。宮人得之，轉餉親戚，以爲奇味，得者不敢輒食，乃歷數家。京師語曰：「白馬甜榴，一實值牛。」

《白馬寺》的前三段都是寫景記述。第一段寫白馬寺是由漢明帝所建立，此寺是佛教傳入中國的開端，位於西陽門外三里御路南面。當時，明帝夢見了長一丈六尺的金神，頭頸背後還有日月光明，這個金神在外國被稱作佛，因此皇帝便派使臣到西域求經和像。後來，白馬背負經文到來，因此便命名此寺爲白馬寺。第一段的「起」，下筆便清楚地說明這篇文章主角的背景。

第二段的「承」，敘述在明帝逝世之後，皇陵上便建造了佛教的精舍，從此以後，連百姓墳上也有人建造寶塔。從下筆的順序來看，「承」接續第一段「起」。

第三段話鋒一轉，回到白馬寺內的景色。寺裡面的經函一直到如今依然保存著，而且僧人經常燒香供奉它，經函也常常放出光明照耀堂屋，因此僧徒與一般人也禮敬它，就如同仰望著佛。第三段從白馬寺本身敘述佛法不可思議的景象。

第四段則是「合」，敘述寶塔前的石榴、葡萄和別的地方不同，枝葉繁多，果實也特別大。石榴重達七斤，而葡萄比棗還大，味道也都相當特別而甜美，是京城中最美味的水果。皇帝常常在果子成熟時，親自前來採摘或賞賜給宮人；得到的人也不捨得隨便就吃掉，因此不斷轉送。最後以京師裡流傳的話語結尾：「白馬寺的甜榴，一個價值如一頭牛。」

整篇文章相當樸實，謹守起、承、轉、合的下筆順序，讓讀者能清楚了解「白馬寺」的由來、特色和神蹟。這也達到作者寫作的目的，就是將白馬寺的一切告知讀者。尤其是第四段，不但表現第二段中強調白馬寺受到皇帝重視的部分，也承接第三段白馬寺有特殊神蹟之處。

好的開始是成功的一半——十大作文首段寫法

古人歸結優秀的好文章應有「鳳頭」、「豬肚」、「豹尾」的結構，「鳳頭」的意思指的就是文章的開頭要如鳳鳥的頭冠般，擁有色彩斑斕的冠毛以吸引閱卷者注意。當閱卷者覺得文章的開頭很好，便會有耐心繼續閱讀之後的內容，也會再繼續深入理解作者所營造的文字語境。

文章展開的方法有許多種，無論使用哪一種開頭法落筆為文，目的都是想要讓閱卷者受到吸引進而閱讀後續的篇幅。特別是大考應試的命題作文，如果可以讓批閱數以百篇或千篇作品後的閱卷老師對你的作品留下深刻的「第一印象」，那麼就是好的開始，距離高分的目標也就不遠了。

至於要如何書寫出足以吸引人心的文章開頭呢？以下提供一些常用的下筆方式，皆各有巧妙。只要時常練習並靈活運用，日後寫出的作品必有更多元化的風格。

一、破題法

也作開門見山法、直起法或揭旨法，是指文章一開始便直接了當說明主題的意義，道破題目的旨要，直指題目的中心思想。換言之，即開頭就安排文章的主旨，不拐彎抹角也不繞圈子，將描述的主要人、事、物都擺出來，然後引導進入正文內容，這是一種在寫作為文時相當安全又便捷的方法。

梁實秋的《鳥》一文，即使用破題法表達他對於鳥類的喜愛：

我愛鳥。

從前我常見提籠架鳥的人，清早在街上遛達（現在這樣有閒的人少了）。我感覺興味的不是那人的悠閒，卻是那鳥的苦悶。胳膊上架著的鷹，有時頭上蒙著一塊皮子，羽翮不整地蜷伏著不動，那裡有半點瞵視昂藏的神氣？籠裡的鳥更不用說，常年的關在柵欄裡，飲啄倒是方便，冬天還有遮風的棉罩，十分地「優待」，但是如果想要「搏扶搖而直上」，便要撞頭碰壁。鳥到這種地步，我想牠的苦悶，大概是僅次於黏在膠紙上的蒼蠅；牠的快樂，大概是僅優於在標本室裡住著罷？

二、引用法

文章開頭率先引用和題目相關的俗諺或古今中外的名人佳句，接著簡明地闡述並引出主旨，以確立通篇的中心關鍵思想與觀點。可引用名言佳句，將中心思想點明；也可引用人物的言語，凸顯人物的個性；或者引用詩詞，創造文字與讀者之間的共鳴；抑或引用經典俗諺說明事理。這個方法能讓主題在篇頭便圓活鮮明，並且提升文章的美感，以及強化內容的說服力。

羅蘭的《讀書之樂》一文，即使用引用法說明讀書事的相關樂趣與道理：

古人說：「三日不讀書，便覺言語無味，面目可憎。」乍聽之下，這話似乎說得很嚴重。可是，仔細一想，卻覺得十分有理。

一個喜歡讀書的人，假如好久沒有接近書本了，那必定因爲他忙，或因他心思分散在其他瑣碎拉雜的事情上，使他沒有時間或沒有心情讀書。而這些瑣碎的生活項目使人忙碌，正是造成一個人思想膚淺庸俗的最大原因。思想膚淺庸俗形之於外的時候，言語就自然無味，面目也必隨之可憎了。

三、舉例法

在文章一下筆時就先舉出事例，而且務必要具體呈現，才可以作爲自身觀點或想法的論證，進而導入主題。

宋晶宜的《雅量》一文，即使用舉例法鋪陳她對於雅量的見解：

朋友買了一件衣料，綠色的底子帶白色方格，當她拿給我們看時，一位對圍棋十分感興趣的同學說：

「啊，好像棋盤似的。」

「我看倒有點像稿紙。」我說。

「眞像一塊塊綠豆糕。」一位外號叫「大食客」的同學緊接著說。

我們不禁哄堂大笑，同樣的一件衣料，每個人卻有不同的感覺。那位朋友連忙把衣料用紙包好，她覺得衣料就是衣料，不是棋盤，也不是稿紙，更不是綠豆糕。

人人的欣賞觀點不盡相同，那是和個人的性格與生活環境有關。

四、問答法

也作設問法或詰問法，就是按照主題的立意與事理的關鍵重點，在文章一開頭便刻意設計問題，而後再引導進入正文。可以是懸而未決的疑問，製造懸疑並供閱讀者思考；也可以是有問有答的方式，活潑生動；抑或是利用答案在問題反面的問答法，讓題意更加明朗化，並求事理開通。

清代彭端淑的《爲學一首示子姪》一文，即使用問答法引起讀者注意並思考問題的意義：

天下事有難易乎？爲之，則難者亦易矣；不爲，則易者亦難矣。人之爲學有難易乎？學之，則難者亦易矣；不學，則易者亦難矣。

五、解釋法

當作文題目較爲深奧時，或者所談論的內容是一般人較爲生疏的事情，抑或是作者有某種強烈、特別的主張及觀點，便可以用此法先將題目的含義重新解釋一次，以其蘊含全文的相關論點，作爲文章的起筆。不過此法較流於平鋪直敘，特色不夠鮮明，假若沒有必要，盡量不要利用解釋法作爲開頭較佳。

陳火泉的《青鳥就在身邊》一文，即使用解釋法正面說明幸福就在身邊的種種道理與眞諦：

幸福是一種心靈的感受，所謂幸福感，就是本身的欲望得到滿足的時候，所體會的喜悅之感。人的一生，都在企求幸福，都在企求快樂，希望自己和自己所愛的人都能快樂平安地活下去。

六、比喻法

如果遇到難以論述的抽象題目時，便可先藉由性質或是形象較爲相似的易懂事物或比喻說明，然後再引導進入中心旨要。在經過比喻之後，所要解釋的道理通常會較爲容易了解。而要注意的是，所用來比喻的事物，一定要和內容裡所說的道理具有密切的關聯性。

張騰蛟的《那默默的一群》一文，即使用比喻法開頭：

像兵士們護衛著疆土那樣，負責道路清潔的那默默的一群，以忠實的態度，護衛著一條條長長的街道和巷弄，凡被認爲是垃圾的那些東西出現在他們的防區，他們便予以清除。就這樣，這些街道和巷弄才可以經常保有一張清潔的容顏。

七、映襯法

在文章開頭時，如果運用映襯法，也就是將內容性質相反的人事物相互比較一番，那麼便可以明顯地傳達所要說明的事理。

清代彭端淑的《爲學一首示子姪》一文，即使用問答法以及映襯法引起讀者注意：

天下事有難易乎？爲之，則難者亦易矣；不爲，則易者亦難矣。人之爲學有難易乎？學之，則難者亦易矣；不學，則易者亦難矣。

八、情境描寫法

用描摹周遭環境或刻畫人物的方式作爲文章的開端，可以是描繪人物、動物的外貌與形態，也可以是敘述建築物的外觀，給予閱卷者鮮明生動的印象與觀感。此種在文章開頭就先描寫人、物、景的方式，可以有效渲染氛圍，給予讀者身臨其境之感，且能將人物再做烘托，爲觸景生情鋪陳。

張秀亞的《憶父》一文，即使用情境描寫法追憶自己的父親，眞情感人：

> 黃昏時候，如此淒寒，外面的雨愈下愈大了，竹編的短牆外，有一個穿藍衣裳的老人走過，手中執了一把黑布雨傘。雨絲沾上了他皤然的鬢邊，灰白的鬍，……但他的唇邊，依然浮漾著一絲溫藹的微笑，好似陰雲後面的一線晴暉。……我匆匆的走下石階，才要打開門迎他進來，接過他手中滴落著雨珠的舊布傘，……但一聲輕雷，碎在天邊，那幻影突然消失了，我方才意識到父親已逝世十年了，我迷茫的立在冷雨中，心頭感到一陣凜寒。

九、倒敘法

從事情的結果寫起，引人入勝，再回過頭來敘述事情的原因和經過。先說出結果，再談原因，以造成懸念，增強文章的吸引力，但此法只適合寫人記事的文章。

王鼎鈞的《紅頭繩兒》一文，即使用倒敘法開頭，並以時間爲主軸，細數其對紅頭繩兒的思念：

一切要從那口古鐘說起。鐘是大廟的鎮廟之寶，鏽得黑裡透紅，纏著盤旋轉折的紋路，經常發出蒼然悠遠的聲音，穿過廟外的千株槐，拂著林外的萬畝麥，薰陶赤足露背的農夫，勸他們成爲香客。

十、對話法

顧名思義便是以對話開頭，接著才引出內容的旨要與重點。上述宋晶宜的《雅量》一文，除了使用舉例法作爲開頭之外，也運用了對話法加以鋪陳其對於雅量的看法。

說對話，用對句子——正確的詞語應用

一、詞語應用的重要性

在行文或說話時，可以藉由正確運用許多詞彙，以強調所要表達的思維。如果能夠精準地使用各類詞語，便可使自己的字詞及文句深度較他人顯眼。若能充分地運用詞語，便可讓看來平淡的語句，變得如一顆顆閃耀動人的星辰。當你的文字或口語表達能力愈佳，便能有愈多被看見與重視的機會。

相反地，一旦缺少詞語應用的內化過程，所寫出來的文章內容就會顯得生硬而口語化。過於口語化的句子，較缺乏邏輯語感，也會讓敘述顯得不清不楚，無法呈現深刻的內涵，亦會使得文字中理性、感性或知性的力量削弱。

以下列舉兩個正確和錯誤使用詞語的句子：

① **錯誤**：從山頂往下看，整個風景超美麗的，我看得都呆住而且傻了。

② **正確**：由山頂鳥瞰，我所走過的巷弄街道、我所居住的城鎮，以及我來時的行路，都渺小的像是精心製作的玲瓏模型，使我不禁想起孔子所說的「登泰山而小天下」。

① **錯誤**：這場演唱會，人多到整個就是爆滿，超誇張的。

② **正確**：這場萬眾矚目的演唱會，吸引各年齡層的歌迷搶票觀賞，且場場座無虛席。原本預計兩個鐘頭的演唱會，也在粉絲熱情的回應下，破天荒地延長至三個鐘頭。

二、詞語應用決定文章風格

優秀的詞語應用能力，可以翻轉或決定一篇文章的風格取向。換言之，論說文有論說文較爲適合使用的詞語，抒情文有抒情文較爲適合的詞語。以下列舉王鼎鈞的《三種成長》一文爲例：

人是生物的一種，不斷在成長之中：年齡在成長之中，學識技能在成長，品德也在成長。「天增歲月人增壽」，年齡的增長出於自然，但進德修業要靠自己努力，稍一懈怠，就會停止甚至倒退。人生最迫切的問題就是如何使這三者同時成長，免得馬齒徒增，光陰空過，所謂寸陰是競，正是此意。

在人們的感覺上，光陰如順流而下的波浪，品德卻如逆流而上的船舶，前者稍縱即逝，後者步步費力，相形之下，頗欠公平，誠然。然而光陰的消逝，有一定的數量和速度（例如每天二十四小時），固然沒有辦法減少，可是也不會增加。吾人追求知識，鍛鍊技能，涵養德性，開拓胸襟，卻可以憑主觀的意願，提高進度。種瓜得瓜（瓜大），種豆得豆（豆小），而種瓜種豆，操之在我。人生的責任在此，樂趣也在此。

光陰是不會停止的。既然如此，我們也要使品學日有進境，不息不止，這才是一個充實而圓滿的生命。

由上文中不難發現，作者大量使用偏向議論說明的詞語，像「涵養德性」、「開拓胸襟」、「操之在我」、「懈怠」、「逆流而上」等，均屬於較爲剛強且理性的用語，營造論說文的說理氛圍。

以下用徐志摩的《我所知道的康橋》一文爲例：

我在康橋時雖沒馬騎，沒轎子坐，卻也有我的風流：我常常在夕陽西晒時，騎了車迎著天邊扁大的日頭直追。日頭是追不到的，我沒有夸父的荒誕，但晚景的溫存卻被我這樣偷嘗了不少。有三兩幅畫圖似的經驗至今還是栩栩地留著。只說看夕陽，我們平常只知道登山或是臨海，但實際只須遼闊的天際，平地上的晚霞有時也是一樣的神奇。有一次，我趕到一個地方，手把著一家村莊的籬笆，隔著一大田的麥浪，看西天的變幻。有一次，是正衝著一條寬廣的大道，過來了一大群羊，放草歸來的，偌大的太陽在牠們後背放射著萬縷的金輝，天上卻是烏青青的，只剩這不可逼視的威光中的一條大路、一群生物！我心頭頓時感著神異性的壓迫，我眞的跪下了，對著這冉冉漸隱的金光。再有一次，是更不可忘的奇景，那是臨著一大片望不到頭的草原，滿開著豔紅的罌粟，在青草裡亭亭地像是萬盞的金燈，陽光從褐色雲裡斜著過來，幻成一種異樣的紫色，透明似的，不可逼視，剎那間在我迷眩了的視覺中，這草田變成了……，不說也罷，說來你們也是不信的！

由上文不難發現，作者大量使用偏向抒情敘述的詞語，像「晚景的溫存」、「萬縷的金輝」、「神異性的壓迫」、「冉冉漸隱的金光」、「萬盞的金燈」等，均屬於較爲柔和且溫潤的詞語。

詞語應用要能依據主題及旨要選取適切的材料，如此一來，便能進一步闡述自己的中心思想，文義表達也較爲清楚，也更能凸顯內容的精確度，並使語句通順流暢。

適當的拾人牙慧——引用名言佳句為文章加分

一、名句引用的重要性

一篇優秀的作文不外乎有幾個特點，首先爲精準掌握主旨題眼和具有工整平穩的段落結構，以及正面積極的思想觀念，最後就是適切使用故事範例。而最能爲文章畫龍點睛的，非流傳世代的名言錦句莫屬。當在作文中引用知名話語、詩詞、典故、俗諺等，除了可以強化自己的言論、觀點或情感的說服力之外，還可以讓整篇文章的文字充滿力量，並饒富生命力。

而在運用名句時，必須盡量做到古今中外各類齊備，正面反面皆能爲之，在文章中不單單只是闡述淺層表面的詞句意義，還須表現深刻透徹的生命厚度與意涵。

在文章中借助名人睿智的言語，就等於讓自己的文章論點得到名人的支持；獲得名人的代言，自然能提升文章的可信度。還有一點須要注意的是，引用名言佳句時通常會加上引號，因爲引號能吸引閱卷者的注意力。因此在使用名句時，別忘了加上標點符號以作強調。

以下用羅家倫的《運動家的風度》一文爲例：

> 養成運動家的風度，首先要認識「君子之爭」。「君子無所爭，必也射乎。揖讓而升，下而飲，其爭也君子」，這是何等的光明，何等的雍容。運動是要守著一定的規律，在萬目睽睽的監視之下，從公

開競爭而求得勝利的；所以一切不光明的態度、暗箭傷人的舉動，和背地裡占小便宜的心理，都當排斥。犯規的行動，雖然可因此得勝，且未被裁判者所覺察，然而這是有風度的運動家所引爲恥辱而不屑採取的。

有風度的運動家，要有服輸的精神。「君子不怨天，不尤人」，運動家正是這種君子。按照正道做，輸了有何怨尤。我輸了只怪我自己不行；等我充實改進以後，下次再來。人家勝了，是他本事好，我只有佩服他；罵他不但是無聊，而且是無恥。歐美先進國家的人民，因爲受了運動場上的訓練，服輸的精神是很豐富的。這種精神，常從體育的運動場上，帶進了政治的運動場上。譬如這次羅斯福與威爾基競選，在競選的時候，雖然互相批評；但是選舉揭曉以後，羅斯福收到第一個賀電，就是威爾基發的。這賀電的大意是：我們的政策，公諸國民之前，現在國民選擇你的，我竭誠地賀你成功。這和網球結局以後，勝利者和失敗者隔網握手的精神一樣。此次威爾基失敗以後，還幫助羅斯福做種種外交活動；一切以國家爲前提，這也是值得讚許的。

有風度的運動家，不但有服輸的精神，而且更有超越勝敗的心胸。來競爭當然要求勝利，來比賽當然想創紀錄。但是有修養的運動家，必定要達到得失無動於衷的境地。運動所重，乃在運動的精神。「勝固欣然，敗亦可喜」正是重要的運動精神之一；否則就要變成「悻悻然」的小人了！

上述節錄的文章範例中，「君子之爭」、「君子無所爭，必也射乎。揖讓而升，下而飲，其爭也君子」、「君子不怨天，不尤人」、「勝固欣然，敗亦可喜」皆爲引用名句。名句引用固然可提升文章的深度，但若濫用或者誤用名言佳句，不但會貽笑大方，還可能導致語句不通順，甚至使得文章偏離主旨，反倒自曝其短。因此在運用名言錦句時，務必清楚欲引用的名句意涵再下筆，否則寧可文句質樸通順，也不要爲了強求使用名句而紕漏百出。

若確定引用的名言錦句出自於何人何書，宜將出處清楚交代，一來能展現自己的博學多聞，二來也有加分效果。但若不確定名句的出處，便可以「古人說」、「有人說」、「前賢說」等替代，若勉強寫出出處卻交代不清，實爲文章中的嚴重錯誤。

二、名句引用的準備

平時應勤於閱讀，當看到不錯的名言佳句時，便可將其記錄下來，再放入自己的資料庫中，在平常寫作或大考應試時，就能依照當下的主題適時提取使用。當然，能夠記憶愈多類型的名言錦句愈好，代表能夠運用的文字範疇愈加廣闊。

美國二十世紀著名現實主義作家傑克．倫敦被稱爲「啃書骨的人」。爲什麼呢？因爲他的讀書方法相當仔細周密。傑克．倫敦在讀書時，會將書中重要的觀點及名言錦句抄寫在紙條上，而這些紙條有的被插在鏡子的縫隙中，有的則用繩子懸吊在家中，如此一來，他便能隨時隨地閱讀了。此外，他還在自己的口袋裡裝入一疊疊讀書卡片，外出時即能隨時拿出卡片朗讀。在這番反覆琢磨、來回咀嚼的過程中，書本的骨頭和精華當然都被他咬碎吸取了。由此可見，平時就必須勤於收集名言錦句，以免在寫作時有「句到用時方恨少」之慨嘆。

敘述方式不只一種——善用時序營造變化

當組織一篇文章時，需要留意如何描述文中事件的順序。這個用以描述事件順序的方式，便稱爲「時序運用」。作文常見的時序運用有「倒敘法」、「插敘法」、「補敘法」、「分敘法」等，以下分別說明：

一、順敘法

所謂「順敘法」，是指按照時間的先後，將事情發生的經過或人物成長的過程進行敘寫的方式。運用順敘法撰寫文章，容易將內容與人、事、物的發生過程寫得清楚而有條理。但也容易因平鋪直述造成文章呆板單調，因此須特別修飾內容。

二、倒敘法

所謂「倒敘法」，是指將一個事件的結局或事件裡最突出的部分，提到文章最前面的段落敘述，接著再按事件的發展順序，進行結局或突出處的敘述。倒敘法容易吸引讀者閱讀，也能營造讓人想一探究竟的氛圍，但須注意將結局或事件最突出處提前至前面段落，後面的敘述必須合情合理，才不至於使讀者閱讀時感到荒謬。

三、插敘法

所謂「插敘法」，指的是由於作者基於表達上的需要，將敘述的線索中斷，或是暫時將某個段落抹去，再插進和該事件有關的另一件事情。這是為了讓讀者能夠更了解故事情節的發展，或者是為了對某種情況與現象的產生原因有所交代，也可能是為了對人物進行基本資訊的簡介而呈現的敘述方式。但使用插敘法要注意必須符合主題意旨，若隨意發展情節或內容，很容易節外生枝而導致主題不彰。

四、補敘法

所謂「補敘法」，指的是利用少量敘述，針對人物或事件進行簡短補充。其主要的運用並非在事件進行的過程中直接說明枝節問題，而是將零星瑣碎的材料放在整篇文章的最後補充，以加強主要事件的氛圍。同樣地，使用補敘法時，注意莫長篇大論，免得使文章看起來過於累贅。

五、分敘法

所謂「分敘法」，指的是同時敘述兩件或兩件以上、在同一時間不同地點發生的事情。運用分敘法時，也要特別留意多個事件熟輕孰重。水能載舟，亦能覆舟，小心謹慎地使用分敘法，能夠讓文章更添光采，但若不慎，則可能讓文章顯得混亂。

最後一道工序很重要——漂亮結尾，大功告成

一、用特出結尾為文增色

每篇文章的長度不一，但開頭和結尾始終都是最受讀者注意之處。一篇文章中間的轉折和內容的鋪陳或許還無法引人入勝，但如果有一個漂亮的結尾，往往可以爲整篇文章增色不少。以屈原的〈卜居〉爲例，這篇文章以失意政客問卜爲開端，中間充滿許多不遇的怨辭，還有「蟬翼爲重，千鈞爲輕；黃鐘毀棄，瓦釜雷鳴」的名句，但結尾才是最精采之處，在這個世上，也有許多事情是上天和卜卦無法處理的，須依靠自己的意志和理念行事，才能破除疑惑。

換句話說，屈原《卜居》的重點不在卜卦，也不在文章中不斷重複提出的疑惑，而是在告訴自己，也告訴讀者，必須依靠自己的意志去做自己認爲對的事情。

以下爲屈原的《卜居》一文節錄：

屈原既放，三年不得復見。竭知盡忠，而蔽鄣於讒。心煩慮亂，不知所從。往見太卜鄭詹尹，曰：「余有所疑，願因先生決之。」詹尹乃端策拂龜，曰：「君將何以教之？」

屈原曰：「吾寧悃悃款款朴以忠乎？將送往勞來斯無窮乎？寧誅鋤草茆以力耕乎？將遊大人以成名乎？寧正言不諱以危身乎？將從俗富貴以媮生乎？寧超然高舉以保眞乎？將哫訾栗斯、喔咿嚅唲以事婦

人乎？寧廉潔正直以自清乎？將突梯滑稽如脂如韋以絜楹乎？寧昂昂若千里之駒乎？將氾氾若水中之鳧，與波上下，偷以全吾軀乎？寧與騏驥亢軛乎？將隨駑馬之跡乎？寧與黃鵠比翼乎？將與雞鶩爭食乎？此孰吉孰凶？何去何從？世溷濁而不清：蟬翼爲重，千鈞爲輕；黃鐘毀棄，瓦釜雷鳴；讒人高張，賢士無名。吁嗟默默兮，誰知吾之廉貞！」

詹尹乃釋策而謝曰：「夫尺有所短，寸有所長；物有所不足，智有所不明；數有所不逮，神有所不通。用君之心，行君之意。龜策誠不能知此事。」

屈原的《卜居》一文以對話爲主要表現方式，結論也是以對話作結，屬於較特殊的一種寫作方法。這篇文章不僅表現屈原堅定的志向與心境，同時也展現文章結論未必爲固定形式，只要能夠發揮結尾本身的作用即可。

一般來說，我們還可將一篇文章的結尾，分成總結全文、呼應主題、驚鴻一瞥三類。

① 總結全文

所謂「總結全文」，指的是結論要能總結全文的精要，並從精要當中結論這篇文章最重要的結果。但要記得不能只是將前面所說過的一切再敘述一次，而是要能從中提出精要的啓發，免得使閱卷者感到文句重複。

② 呼應主題

所謂「呼應主題」，指的是結論能夠對於整篇文章的主旋律輔以配樂的作用。須注意的是，在整篇文章結束時，不要讓人有流水帳或是過於鋪張的感覺。利用結論呼應主題時，也要小心避免枯燥之感。

③ **驚鴻一瞥**

所謂「驚鴻一瞥」，指的是文章結論以特殊的方式、出人意表的方法，或宏言警句，讓閱卷者有耳目一新之感。同樣地，在追求新感受的同時，也須記得不要偏離整篇文章的主題。

二、學習寫出漂亮結尾

以下列舉兩篇具有亮麗結尾的範文，分別爲清代屠本畯的《蛇虎告語》與宋代蘇軾的《記先夫人不殘鳥雀》。

① **《蛇虎告語》**

東蒙山中人喧傳虎來。艾子采茗，從壁上觀。

聞蛇告虎曰：「君出而人民辟易，禽獸奔駭，勢烜赫哉！余出而免人踐踏，已爲厚幸。欲憑藉寵靈，光輝山岳，何道而可？」虎曰：「憑余軀以行，可耳。」蛇於是憑虎行。

未數里，蛇性不馴。虎被緊纏，負隅聳躍，蛇分二段。蛇怒曰：「憑得片時，害卻一生，冤哉！」虎曰：「不如是，幾被纏殺！」

艾子曰：「倚勢作威，榮施一時，終獲後災，戒之！」

《蛇虎告語》第一段敘述人們都在相互宣傳山裡的老虎來了，而當時艾子正在採茶，就躲在旁邊觀看。第二段承接第一段，敘述艾子聽到蛇對老虎說：「你一出來，人類就全都躲起來了，連飛禽走獸都嚇得逃散，眞是聲勢顯赫啊！而我每一次出門，如果能夠避免被人踐踏，那就是非常幸運了。我眞想藉著你的恩寵，大顯神威於這座山岳，不知道有什麼辦法可以做到呢？」老虎說：「你只要靠在我旁邊走出去，就可以了。」於是蛇就依靠著老虎走出去。第三段描述牠們走沒幾里路，蛇便流露牠的本性，蛇緊緊地纏繞老虎。最後老虎高高地跳起，蛇因此被摔成兩段。蛇憤怒地說：「依靠你一下，卻害了自己一生，眞是冤枉。」老虎說：「我如果不這麼做，就要被你殺死了。」在結論時，敘述者艾子現身說法：「仗著別人的權勢作威作福，就算獲得短暫的榮耀，最後還是會招來後患。」

《蛇虎告語》使用寓言的方式行文，最後以警語提醒讀者文章本身欲傳達的主題。

②《記先夫人不殘鳥雀》

吾昔少年時，所居書室前，有竹柏雜花，叢生滿庭，眾鳥巢其上。武陽君惡殺生，兒童婢僕，皆不得捕取鳥雀。數年間，皆巢於低枝，其可俯而窺也。又有桐花鳳四五，翔集其間。此鳥羽毛，至爲珍異難見，而能馴擾，殊不畏人。閭裡間見之，以爲異事。此無他，不忮之誠，信於異類也。有野老言：「鳥雀巢去人太遠，則其子有蛇、鼠、狐狸、鴟、鳶之憂，人既不殺，則自近人者，欲免此患也。」

由是觀之，異時鳥雀巢不敢近人者，以人甚爲於蛇、鼠之類也。苛政猛於虎，信哉！

《記先夫人不殘鳥雀》分成四段，以起、承、轉、合的方式完成。第一段寫自己回憶年少時所住的書房前面有竹子、柏樹和各類雜花，植物長滿庭院，許多鳥兒都在上面築巢。第二段緊接第一段，因爲母親不喜歡殺生，所以都不准家裡的兒童婢僕捕捉鳥雀。過幾年後，鳥雀都築巢在低枝上，只要低下頭便可看到巢裡剛出生的小雛鳥。還有四、五隻桐花鳳飛翔聚集在竹叢花木間，這種鳥的鳥羽珍貴奇異，且性情溫馴又不怕人。鄉里的人看到這種情形，都非常稀奇。

第三段話鋒一轉，說明這也沒有什麼特殊的原因，只要誠心相處，不去嫉害與歧視，就算不是同類也能獲得信賴。曾經有老人說：「鳥巢若築得離人太遠，牠們的蛋和雛鳥就會受到蛇、鼠、狐狸、鴟、鳶等飛禽走獸的傷害。因此，人只要不殘殺牠們，那麼牠們就會自然與人親近，為的是免去其他野獸的傷害。」第四段總結全文，敘述後來鳥雀的巢不敢築在靠近人的地方，恐怕是因為人比蛇鼠一類的動物更為殘酷所造成的。最後，蘇軾點出名句：「苛刻的施政比老虎更為兇猛。」

4

寫作時的觀點

脫穎而出的關鍵——提出獨到的觀點或見解

一、如何培養個人獨特的觀點

在面對大考作文寫作時，可能會遇到一些看起來較爲普遍的題目，當面臨這種情況時，就必需展現自己豐富的想像力或是提出特殊的觀點，以求在衆多的競爭對手中脫穎而出了。畢竟，大多數人面對尋常的題目時，多半也都以平淡無奇的內容寫作，因此若能提出獨特的觀點，便很容易突出。不過，獨特的觀點並非一蹴可幾，而是須要透過不停地自我要求與練習，才能夠在每一次的寫作時敏捷地寫下獨到而令人印象深刻的觀點。

獨特觀點的練習是以「思考」爲中心慢慢培養而成的。當閱讀一篇文章時，可以先想想「如果是我會怎麼寫」或是「如果是我不會怎麼寫」，這樣就能夠逐漸累積出自我的正反兩面觀點。平常也可以留意時事及網路上的文章，往往能夠發現一些讓人驚豔的觀點，這時候可以做筆記，將這些與衆不同的觀點記錄下來，以便日後寫文章時使用。還有，也可以透過社群的方式，鍛鍊自己的思辨能力，例如在學校參加辯論活動，或與親朋好友談論時事等等，都可以獲得不同觀點的啓發。當獲得各式各樣的材料後，可先整理這些不同的觀點之間是如何對立、衝突、妥協和調和的，再試著將之放進自己的作文當中。

獨特的觀點可以從獨特的個性培養，也就是平常我們必須要求自己的生活要有獨特之處。大多數人的日常生活皆千篇一律，因此需要在日復一日的生活中爲自己創造一些不尋常的小事。例如，每天上下課都走同樣的路線，但偶爾可以走另一條路線，也許是比較遠的，也許是較容易塞車的，也或許是自己未曾走過的。接著，再用心留意當我們走不同路線時，與原本習慣走的路線有什麼不同之處。寫文章也是一樣，每個人行文寫作時通常會有某種慣性，但偶爾要讓自己練習另一種寫法，或放棄原本習慣的寫作順序，用完全不同的另一種方式或格式，在經過多次寫作經驗後，便可逐漸摸索出自己的獨特性。

二、經典文章中的特出觀點

以下爲林語堂的《大自然的享受》一文，請試著找出這篇文章和一般大衆不同的觀點，然後再以《大自然的享受》爲題，另外構思一篇和林語堂不同觀點的文章。如此反覆練習，便可培養出自己獨特的思辨能力與寫作時的獨到觀點。

在這行星上的無數生物中，所有的植物對於大自然完全不能表示什麼態度，一切動物對於大自然，也差不多沒有所謂「態度」。然而世界居然有一種叫做人類的動物，對於自己及四周的環境，均有相當的意識，因而能夠表示對於周遭事物的態度：這是很可怪的事情。人類的智慧對宇宙開始在發出疑問，探索它的祕密，而尋覓它的意義。

人類對宇宙有一種科學的態度，也有一種道德的態度。在科學方面，人類所想要發現的，就是他所居住的地球的內部和外層的化學成分，地球四周的空氣的密度，那些在空氣上層活動著的宇宙線的數量和性質，山與石的構成，以及統御著一般生命的定律。這種科學的興趣與道德的態度有關，可是這種興趣的本身純粹是一種想知道和想探索的欲望。在另一方面，道德的態度有許多不同的表現，對大自然有

時要協調，有時要征服，有時要統制和利用，有時則是目空一切的鄙視最後這種對地球目空一切的鄙

態度，是文化上一種很奇特的產品，尤其是某些宗教的產品。這種態度發源於『失掉了樂園』的假定，而今日一般人因爲受了一種原始的宗教傳統的影響，對於這個假定，信以爲眞，這是很可怪的。

對於這個「失掉了的樂園」的故事是否確實，居然沒有一個人提出疑問來，可謂怪事。伊甸樂園究竟是多麼美麗呢？現在這個物質的宇宙究竟是多麼醜惡呢？自從亞當和夏娃犯罪以後，花不再開了嗎？上帝曾否因爲一個人犯了罪而咒詛蘋果樹，禁止它再結果呢？或是他曾否決定要使蘋果花的色澤比前更暗淡呢？金鶯、夜鶯和雲雀不再唱歌了嗎？雪不再落在山頂上了嗎？湖沼中不再有反影了嗎？落日的餘暉、虹影和輕霧，今日不再籠罩在村落上了嗎？世界上不再有直瀉的瀑布、潺潺的流水，和多蔭的樹木了嗎？所以，「樂園失掉了」的神話是什麼人杜撰出來的呢？什麼人說我們今日是住在一個醜陋的世界呢？我們眞是上帝縱容壞了的忘恩負義的孩子。

以今日的實際事實而言，大自然的景色、聲音、氣息和味道，與我們的視覺、聽覺、嗅覺、味覺等感官之間，是有著一種完美的，幾乎是神祕的協調的。這種宇宙的景色，聲音和氣息與我們的知覺之間的協調，乃是極完美的協調，這種協調成爲目的論的論（伏爾泰所譏笑的目的論）最有力的理由。可是我們不必都變成目的論者。上帝也許曾請我們去參加這個宴會，或許不會請我們。中國人的態度是：不管上帝有沒有邀請我們，我們都是要參加宴會的。當菜餚看來那麼美味可口，而我們的胃口又這麼好的時候，不去嘗嘗盛宴的味道，可就太不近情了。讓哲學家們從事他們的形而上的研究，探索出我們是否也是被邀請的賓客吧；那個近情的人卻趁菜餚還沒有冷的時候，狼吞虎嚥起來。飢餓往往是和健全的常識結連在一起的⋯⋯。

① 新的發現

在上文中，作者使用基督教當中的某些觀點看待大自然的一切。若採取和林語堂不同的角度，用其他宗教的觀點，例如道教、佛教、伊斯蘭教或民間信仰的觀點描寫「大自然的享受」，便可能產生完全不同的論述。另一方面，林語堂使用宗教的譬喻描寫大自然的發現，我們也可以用完全不同的思維來處理這這個題目，例如用自己的親身體驗、童話故事、神話傳說等書寫關於大自然的一切，就能產生和林語堂不同的觀點，也就會有全新的發現。

② 新的體會

林語堂的這篇文章表現出對大自然的熱愛和詠嘆，而這樣百分之百正面的寫法，完全忽略了人類對於大自然的破壞。因此，我們可以試著從反面的觀點敘寫人類對大自然的破壞，然後再「反省」人類的種種行爲已經危害到我們「曾經的享受」，最後再導引至若想保有對大自然的享受，就必須中止人類對大自然的侵害。透過不同的角度看待大自然，不但能保有我們對大自然的熱愛，也能夠在寫作時展現不凡的獨到觀點。

寫出動人的文章並不難——情感真實便能打動人心

一、表達感情但不宜濫情

寫作時最重要的技巧並非修辭方法的使用，而是眞實情感的流露。無論寫景或寫物，或針對某一議題論說，融入眞實的自我情感才能夠感動自己，也感動他人。情感的展現，對於一篇作文可說是成功與否的關鍵。以細膩的筆觸寫出自我最爲眞誠的感受，通常能讓閱卷者有身歷其境的感覺，甚至能讓旁人的情緒隨著作者的思緒與情感而起伏。由於人類的情感往往會受到周遭人、事、物的影響，因此，當我們想在文章內展現自我情感時，通常會以親身經歷過的人、事、物或所見所聞爲依據，表達出喜、怒、哀、樂等不同的情緒。然而，喜、怒、哀、樂等情感的寫法，沒有一定的規矩可依循，也沒有任何硬性的寫作規定。我們可以配合著「獨特觀點」等方式，以突顯自我眞實的喜、怒、哀、樂。最重要的是，無論表現何種情緒，都必須合情合理，不能夠無限制地濫情或陳腔濫調，或爲賦新辭強說愁。唯有能夠說服自己的眞實筆觸，才能夠如實地傳達眞正的情感，也才能夠說服閱卷者。

情感的表達以抒情文的書寫最爲常見，抒情的文章比論說、記敘文的難度高一點，原因在於情感本身是抽象的，且具有高度的個人色彩。如果寫得過於濫情，在一篇文章中將自己的情感百分之百宣洩，會使讀者覺得文章過於矯情，也很難讓旁人感同身受。若在寫文章時過於克制自己的情緒，又會讓讀者覺得作者過於冷血，好似一個無動於衷的旁觀者。因此，寫抒情文時通常會使用第一人稱撰寫，不但能讓讀者相信這些都是作者的親身經歷，也讓讀者知道作者並沒有置身事外。

其實，眞實的情感表達並不難，因爲面對身處的世界，我們不可能毫無情感。從對國家土地的情感，到生活周遭事物的感觸，還有對寵物、對小花小魚的感覺，都是我們情緒表現的所在。然而，偶爾我們會遇到較不熟悉的主題，或是很少碰觸的議題，這個時候若想要加入自己的情感，則可以用想像的方式進行。但所謂想像並非天馬行空，亦須符合現實情況。例如，題目爲某場戰爭，雖然並沒有眞正上過戰場，但可以透過電視新聞的播放獲得相關訊息，我們便可以寫下對新聞報導戰地的眞實感受。又或者當需要書寫某個城市時，我們未必去過這個城市，但還是可以透過閱讀旅遊雜誌收集相關資訊，或觀賞城市相關的照片和明信片，再記下自己觀看圖片和文章時的眞實感受，便能夠有所依據而不失眞地敘寫文章了。

二、如何表現眞實情感

① 眞實情感的呈現

雖然我們在寫作時要追求情感的眞實，但情感這個概念本身是非常抽象的。鄭振鐸在〈黃昏的觀前街〉一文描寫一個城市，但卻不是單純詠嘆城市的偉大或進步，而是眞切地寫下對於城市的感受。例如：「它比城市多了些鄉野的荒涼況味，比鄉村卻又少了些質樸自然的風趣。疏疏的幾簇住宅，到處是綠油油的菜圃，是蓬篙沒膝的廢園，是池塘半繞的空場，是已生了荒草的瓦礫堆。晚間更是淒涼。」

作者將整個城市的基調寫得相當生動，又引人好奇爲何一個城市會有這樣特殊的情景。他在描繪城市大街的過程中，還將這個城市和其他城市比較一番：「『不夜之城』的巴黎，『不夜之城』的倫敦，你如果要看，你且去歌劇院左近走著，你且去辟加德萊圈散步，准保你不會有一刻半秒的安逸。」經過比較，只有一個委尼司（威尼斯）城和觀前街較爲類似：「有觀前街的燠暖溫馥與親切之感的大都市，我只見到了一個委尼司……。」像這樣能夠如實呈現自身感受，但卻又不失於泛濫的情感，就是寫作所要追求的目標。

情感的具體化，必須透過眞實的事物呈現。大至一個國家或城市，小至一件個人的隨身物品，只要能夠產生情感，就能夠憑藉這些載體，將自己想要訴說的情緒表現出來。

② 眞實情感的變化

眞實的情感未必是呆板的，也可以有千變萬化的表現方式。例如鄭振鐸如此描繪一個城市：「那末鱗鱗比比的店房，那末密密接接的市招，那末耀耀煌煌的燈光，那末狹狹小小的街道，竟使你抬起頭來，看不見明月，看不見星光，看不見一絲一毫的黑暗的夜天。她使你不知道黑暗，她使你忘記了這是夜間。」作者便運用了眞實的感情，以環境、天氣、日夜的方式，將對一個城市的眞正體悟，具體而多樣地表現出來。眞實的情感也以細膩的觀察力，結合具體的事物，活潑而生動地展現。

■三劃

字形	字音	詞性	字義	原文	出處
乃	ㄋㄞˇ	連接詞	而且	「乃」中經首之會。	莊子選
			然後	「乃」使蒙恬北築長城而守藩籬。	過秦論
				於是遂去，「乃」令張良留謝。	鴻門宴
			卻	今其智「乃」反不能及。	師說
				今人「乃」以儉相詬病。	訓儉示康
				今「乃」得翫之几席之上。	黃州快哉亭記
				蒙賜月明之照，「乃」爾寂飲。	勞山道士
			則、就	四維不張，國「乃」滅亡。	廉恥
			於是	秦王「乃」除逐客之令。	諫逐客書
				項伯「乃」夜馳之沛公軍。	鴻門宴
				「乃」雄服乘馬，排闥而去。	虯髯客傳
				百廢具興，「乃」重修岳陽樓。	岳陽樓記
				「乃」使人復葺南閣子。	項脊軒志
				師「乃」剪紙如鏡，黏壁間。	勞山道士
				「乃」奮臂以指撥眥。	左忠毅公軼事
			而	「乃」同此血氣，同此官骸。	勸和論
		副詞	竟然	今「乃」棄黔首以資敵國。	諫逐客書
				見漁人，「乃」大驚。	桃花源記
				訪之，「乃」是逸少。	世說新語選
				而其狀貌「乃」如婦人女子。	留侯論
				行三十里，魏武「乃」曰。	世說新語選
			才、始	聞汝喪之七日，「乃」能銜哀致誠。	祭十二郎文
				東野與吾書，「乃」問使者。	

字形	字音	詞性	字義	原文	出處
乃	ㄋㄞˇ	副詞	才、始	「乃」簪一花。	訓儉示康
				急退百步「乃」止。	北投硫穴記
			終於	先生所為文市義者，「乃」今日見之！	馮諼客孟嘗君
				「乃」瞻衡宇，載欣載奔。	歸去來辭
		動詞	是	此人「乃」天下負心者。	虯髯客傳
				「乃」親得之於史公云。	左忠毅公軼事
				余身「乃」行鑊蓋上。	北投硫穴記
已	ㄧˇ	動詞	停止、作罷	學不可以「已」。	勸學
				「已」矣乎！寓形宇內復幾時？	歸去來辭
				雞鳴不「已」於風雨。	廉恥
			治癒	食之「已」瘴癘。	東番記
			完	老夫「已」矣，汝復輕身而昧大義。	左忠毅公軼事
		副詞	然後、後來	庭中始為籬，「已」為牆。	項脊軒志
				「已」而歌曰：「仙仙乎！」	勞山道士
			已經	動刀甚微，謋然「已」解。	莊子選
				天下「已」定。	過秦論
				又聞沛公「已」破咸陽。	鴻門宴
				悟「已」往之不諫。	歸去來辭
				僕自到九江，「已」涉三載。	與元微之書
				家人習奢「已」久，不能頓儉。	訓儉示康
				「已」非三月不能瘳。	指喻
		代詞	如此	之推不得「已」而仕於亂世。	廉恥
		連接詞	卻	五步之內，「已」各不相見。	北投硫穴記
		助詞	矣	即子夏所言四海皆兄弟是「已」。	勸和論
下	ㄒㄧㄚˋ	動詞	謙讓、容納	思江海而「下」百川。	諫太宗十思疏
				其君能「下」人，必能信用其民矣。	留侯論

四劃

字形	字音	詞性	字義	原文	出處
下	ㄒㄧㄚˋ	動詞	低於、不如	今之眾人，其「下」聖人也亦遠矣。	師說
			離去	王子皇孫，辭樓「下」殿。	阿房宮賦
			攻克	方其破荊州，「下」江陵。	前赤壁賦
			落	皆在朝日始出，夕舂未「下」。	晚遊六橋待月記
		形容詞	自謙詞	臣雖「下」愚，知其不可。	諫太宗十思疏
		名詞	地位較低者	思虛心以納「下」。	
			低處	其「下」平曠，有泉側出。	遊褒禪山記

字形	字音	詞性	字義	原文	出處
比	ㄅㄧˇ	動詞	依照	食之「比」門下之客。	馮諼客孟嘗君
			較量	與陳涉度長絜大，「比」權量力。	過秦論
			媲美	比之如父，擬之如天。	原君
		介詞	比較程度、性狀的差別	「比」之諸嶺，尚為竦桀。	水經江水注
	ㄅㄧˋ	副詞	最近	「比」得軟腳病，往往而劇。	祭十二郎文
			等到	「比」去，以手闔門。	項脊軒志
內	ㄋㄚˋ	動詞	接納	向使四君卻客而不「內」。	諫逐客書
				距關，毋「內」諸侯。	鴻門宴
				交戟之衛士欲止不「內」。	
	ㄋㄟˋ	名詞	裡	此非所以跨海「內」。	諫逐客書
				晤言一室之「內」。	蘭亭集序
				非有以禦其「內」，其勢不止。	指喻
			朝廷	「內」自虛而外樹怨於諸侯。	諫逐客書
				然侍衛之臣，不懈於「內」。	前出師表
				酒非「內」法，果、肴非遠方珍異。	訓儉示康

五劃

字形	字音	詞性	字義	原文	出處
叩	ㄎㄡˋ	動詞	敲、擊	「叩」關而攻秦。	過秦論
			磕頭	「叩」而與語，理甚玄妙。	勞山道士
			問	「叩」之寺僧，則史公可法也。	左忠毅公軼事
去	ㄑㄩˋ	動詞	距離	項王軍在鴻門下，沛公軍在霸上，相「去」四十里。	鴻門宴
				平生故人，「去」我萬里。	與元微之書
			離開	漁父莞爾而笑，鼓枻而「去」。	漁父
				沛公今事有急，亡「去」不義。	鴻門宴
				孰謂汝遽「去」吾而歿乎！	祭十二郎文
				「去」者處士第幾？	虬髯客傳
				登斯樓也，則有「去」國懷鄉。	岳陽樓記
				比「去」，以手闔門。	項脊軒志
				余時為桃花所戀，竟不忍「去」湖上。	晚遊六橋待月記
				入而又「去」之者，堯、舜是也。	原君
				王果「去」墻數步，奔而入。	勞山道士
			除掉	盡「去」其帕，乃文簿鑰匙耳。	虬髯客傳
				輒羞赧棄「去」之。	訓儉示康
		形容詞	過去的	長兄「去」夏自徐州至。	與元微之書
白	ㄅㄞˊ	名詞	白雲	縈青繚「白」。	始得西山宴遊記
			白色	天與雲、與山、與水，上下一「白」。	湖心亭看雪
			酒杯	余強飲三大「白」而別。	
		動詞	告訴	門生歸，「白」郗曰。	世說新語選
			陳述	四月十日夜，樂天「白」。	與元微之書
			變白	牽攣乖隔，各欲「白」首。	
		形容詞	白色的	灘頭「白」勃堅相持。	水經江水注

字形	字音	詞性	字義	原文	出處
以	ㄧˇ	名詞	原因	古人秉燭夜遊，良有「以」也。	春夜宴從弟桃花園序
		動詞	用、拿	「以」亂易整，不武。	燭之武退秦師
				舉一隅不「以」三隅反。	論語選
				臣「以」神遇而不「以」目視。	莊子選
				「以」羽為巢，而編之「以」髮。	勸學
				寡人不敢「以」先王之臣為臣！	馮諼客孟嘗君
				董之「以」嚴刑，震之「以」威怒。	諫太宗十思疏
				「以」賂秦之地，封天下之謀臣。	六國論
				石崇「以」奢靡誇人。	訓儉示康
				或「以」錢幣乞之。	傷仲永
				「以」刀鋸鼎鑊待天下之士。	留侯論
				振之「以」清風，照之「以」明月。	黃州快哉亭記
				視之「以」至疎之勢。	指喻
			認為	左右「以」君賤之也。	馮諼客孟嘗君
				咸「以」自騁驥騄於千里。	典論・論文
			憑藉	此四君者，皆「以」客之功。	諫逐客書
				李郎「以」奇特之才，輔清平之主。	虯髯客傳
				子房「以」蓋世之才，不為伊尹、太公之謀。	留侯論
				太尉「以」才略冠天下。	上樞密韓太尉書
				久之，能「以」足音辨人。	項脊軒志
				「以」此伏事公卿，無不寵愛。	廉恥
				史公「以」鳳廬道奉檄守禦。	左忠毅公軼事

字形	字音	詞性	字義	原文	出處
以	ㄧˇ	動詞	如、及	雖乘奔御風，不「以」疾也。	水經江水注
			能夠	終不「以」在吾第。	段太尉逸事狀
			是	公「以」帝室重臣，須收羅豪傑為心。	虯髯客傳
		連接詞	用來	焉用亡鄭「以」陪鄰？	燭之武退秦師
				「以」正君臣，「以」篤父子。	大同與小康
				「以」著其義，「以」考其信。	
				長鋏歸來乎！無「以」為家！	馮諼客孟嘗君
				今乃棄黔首「以」資敵國。	諫逐客書
				引「以」為流觴曲水。	蘭亭集序
				將之贈，「以」佐真主。	虯髯客傳
				聞一言「以」自壯。	上樞密韓太尉書
				即其廬之西南為亭，「以」覽觀江流之勝。	黃州快哉亭記
				垣墻周庭，「以」當南日。	項脊軒志
			為了	君子之學也「以」美其身。	勸學
				燔百家之言，「以」愚黔首。	過秦論
				「以」博我一人之產業。	原君
			而、且	闕秦「以」利晉，唯君圖之。	燭之武退秦師
				請息交「以」絕遊。	歸去來辭
				醉則更相枕「以」臥。	始得西山宴遊記
				日削月割，「以」趨於亡。	六國論
				夷「以」近，則遊者眾，險「以」遠，則至者少。	遊褒禪山記
				天下之所恃「以」無憂，四夷之所憚「以」不敢發。	上樞密韓太尉書
			把	舍鄭「以」為東道主。	燭之武退秦師
				私見張良，具告「以」事。	鴻門宴
				願陛下託臣「以」討賊興復之效。	前出師表
				未始「以」為憂也。	祭十二郎文

字形	字音	詞性	字義	原文	出處
以	ㄧˇ	連接詞	把	眾人皆「以」奢靡為榮。	訓儉示康
				今張君不「以」謫為患。	黃州快哉亭記
				我「以」天下之利盡歸於己。	原君
				「以」我之大私為天下之大公。	
				道士呼王去，授「以」斧。	勞山道士
			因此	民「以」殷盛，國「以」富彊。	諫逐客書
				「以」塞忠諫之路也。	前出師表
				園日涉「以」成趣。	歸去來辭
				斬荊棘，「以」有尺寸之地。	六國論
				「以」故其後名之曰「褒禪」。	遊褒禪山記
			因為	晉侯、秦伯圍鄭，「以」其無禮於晉。	燭之武退秦師
				臣「以」供養無主，辭不赴命。	陳情表
				武仲「以」能屬文，為蘭臺令史。	典論・論文
				張氏「以」髮長委地，立梳床前。	虯髯客傳
				上「以」無隱，益重之。	訓儉示康
				特「以」不早謀於醫，而幾至於甚病。	指喻
		介詞	在、於	汝歿「以」六月二日。	祭十二郎文
			因為	先帝不「以」臣卑鄙。	前出師表
				臣「以」險釁，夙遭閔凶。	陳情表
				但「以」劉日薄西山。	
				猶不能不「以」之興懷。	蘭亭集序
				不「以」隱約而弗務。	諫太宗十思疏
				不「以」物喜，不「以」己悲。	岳陽樓記
				至孫「以」驕溢傾家。	訓儉示康
				「以」其求思之深而無不在也。	遊褒禪山記
				「以」僥倖於不死。	留侯論
				不「以」物傷性。	黃州快哉亭記
				閩、粵「以」其異省也。	勸和論

■六劃

字形	字音	詞性	字義	原文	出處
因	ㄧㄣ	介詞	依照、順著	批大郤，導大窾，「因」其固然。	莊子選
			趁	「因」擊沛公於坐，殺之。	鴻門宴
			由於	無「因」喜以謬賞。	諫太宗十思疏
				「因」坐法華西亭。	始得西山宴遊記
			竟、卻	公見人被暴害，「因」恬然。	段太尉逸事狀
		動詞	承襲	昭襄蒙故業，「因」遺策。	過秦論
			憑藉、利用	踐華為城，「因」河為池。	
				不如「因」善遇之。	鴻門宴
				或「因」寄所託，放浪形骸之外。	蘭亭集序
				「因」文靜見之可也。	虯髯客傳
		副詞	就、乃	項王即日「因」留沛公。	鴻門宴
		連接詞	於是	乃是逸少，「因」嫁女與焉。	世說新語選
				愛不能捨，「因」置草堂。	與元微之書
				「因」摸地上刑械，作投擲勢。	左忠毅公軼事
				以責賜諸民，「因」燒其券。	馮諼客孟嘗君
			並且	具以沛公言報項王。「因」言曰。	鴻門宴
				「因」命家童列拜。	虯髯客傳
安	ㄢ	副詞	豈、怎麼	子非魚，「安」知魚之樂？	莊子選
				「安」能以身之察察，受物之汶汶者乎？	漁父
				為善不積邪，「安」有不聞者乎？	勸學
				君「安」與項伯有故？	鴻門宴
				然亦「安」知其非秦之世？	留侯論
				庶人「安」得共之！	黃州快哉亭記
				「安」可為俗士道哉！	晚遊六橋待月記
				仇池公「安」足道哉！	紀水沙連

字形	字音	詞性	字義	原文	出處
安	ㄢ	副詞	豈、怎麼	更「安」能由親及疏？	勸和論
安	ㄢ	副詞	安穩	此鳥之「安」居簷下。	放鳥
安	ㄢ	代詞	何處、哪裡	沛公「安」在？	鴻門宴
安	ㄢ	代詞	何處、哪裡	固一世之雄也，而今「安」在哉？	前赤壁賦
安	ㄢ	代詞	如何	「安」得使予多暇日？	病梅館記
安	ㄢ	動詞	習慣	始而慚焉，久而「安」焉。	原君
安	ㄢ	名詞	舒適、安全	在於知「安」而不知危。	教戰守策
衣	ㄧˋ	動詞	穿	「衣」冠而見之。	馮諼客孟嘗君
衣	ㄧˋ	動詞	穿	妾不「衣」帛，馬不食粟。	訓儉示康
衣	ㄧˋ	動詞	包紮	裂裳「衣」瘡，手注善藥。	段太尉逸事狀
衣	ㄧ	名詞	衣服	新浴者必振「衣」。	漁父
向	ㄒㄧㄤˋ	動詞	臨近、接近	使天下之士退而不敢西「向」。	諫逐客書
向	ㄒㄧㄤˋ	動詞	朝著	又北「向」，不能得日。	項脊軒志
向	ㄒㄧㄤˋ	動詞	崇尚	常人貴遠賤近，「向」聲背實。	典論．論文
向	ㄒㄧㄤˋ	副詞	先前	「向」使四君卻客而不內。	諫逐客書
向	ㄒㄧㄤˋ	副詞	先前	「向」使三國各愛其地。	六國論
向	ㄒㄧㄤˋ	副詞	先前	「向」使無君，人各得自私也。	原君
向	ㄒㄧㄤˋ	形容詞	從前	便扶「向」路，處處誌之。	桃花源記
向	ㄒㄧㄤˋ	形容詞	從前	始悟「向」之倒峽崩崖。	北投硫穴記
如	ㄖㄨˊ	動詞	順從、依照	「如」期至，即道士與虬髯已到矣。	虬髯客傳
如	ㄖㄨˊ	動詞	往、至	坐須臾，沛公起「如」廁。	鴻門宴
如	ㄖㄨˊ	動詞	往、至	縱一葦之所「如」。	前赤壁賦
如	ㄖㄨˊ	動詞	好像	外與天際，四望「如」一。	始得西山宴遊記
如	ㄖㄨˊ	動詞	好像	聖賢起陸之漸，際會「如」期。	虬髯客傳

字形	字音	詞性	字義	原文	出處
如	ㄖㄨˊ	動詞	好像	自奉養「如」爲河陽掌書記時。	訓儉示康
如	ㄖㄨˊ	動詞	好像	浩浩乎「如」馮虛御風。	前赤壁賦
如	ㄖㄨˊ	動詞	好像	瞻顧遺跡，「如」在昨日。	項脊軒志
如	ㄖㄨˊ	動詞	好像	師乃剪紙「如」鏡，黏壁間。	勞山道士
如	ㄖㄨˊ	動詞	比得上	閱天下之人多矣，無「如」公者。	虬髯客傳
如	ㄖㄨˊ	動詞	比得上	人之欲得產業，誰不「如」我？	原君
如	ㄖㄨˊ	連接詞	假若	「如」使平民皆習於兵。	教戰守策
如	ㄖㄨˊ	連接詞	而	「如」耿蘭之報，不知當言月日。	祭十二郎文
如	ㄖㄨˊ	助詞	形容詞詞尾	男婦雜作山野，默默「如」也。	東番記
宇	ㄩˇ	名詞	儀表氣度	觀李郎儀形器「宇」，眞丈夫也。	虬髯客傳
宇	ㄩˇ	名詞	房屋	乃瞻衡「宇」，載欣載奔。	歸去來辭
宇	ㄩˇ	名詞	房屋	登一頂，有觀「宇」。	勞山道士
宇	ㄩˇ	名詞	整個空間	寓形「宇」內復幾時？	歸去來辭
而	ㄦˊ	動詞	像	左手之拇有疹焉，隆起「而」粟。	指喻
而	ㄦˊ	動詞	可以	秦有餘力「而」制其弊。	過秦論
而	ㄦˊ	代詞	你	某所，「而」母立於茲。	項脊軒志
而	ㄦˊ	代詞	你	既已知吾知之「而」問我。	莊子選
而	ㄦˊ	副詞	才	東犬西吠，客踰庖「而」宴。	項脊軒志
而	ㄦˊ	副詞	才	故西伯幽「而」演易，周旦顯「而」制禮。	典論．論文
而	ㄦˊ	副詞	仍	至無所見，「而」猶不欲歸。	始得西山宴遊記
而	ㄦˊ	副詞	仍	「而」幽我於廣寒乎！	勞山道士
而	ㄦˊ	副詞	居然	此何地也，「而」汝前來！	左忠毅公軼事
而	ㄦˊ	連接詞	若	人「而」如此，則禍敗亂亡。	廉恥

字形	字音	詞性	字義	原文	出處
而	ㄦˊ	連接詞	則、就	蓬生麻中，不扶「而」直。	勸學
				質的張「而」弓矢至焉。	
				不以隱約「而」弗務，不以康樂「而」加思。	典論・論文
				莫不殷憂「而」道著，功成「而」德衰。	諫太宗十思疏
				人非生「而」知之者。	師說
				起視四境，「而」秦兵又至矣！	六國論
				耳得之「而」為聲。	前赤壁賦
				果至二月「而」後瘳。	指喻
			反而	未有封侯之賞，「而」聽細說。	鴻門宴
			但是	所解數千牛矣，「而」刀刃若新發於硎。	莊子選
				故不問「而」告謂之傲。	勸學
				秦無亡矢遺鏃之費，「而」天下諸侯已困矣。	過秦論
				先帝創業未半，「而」中道崩殂。	前出師表
				「而」人多不強力。	典論・論文
				終苟免「而」不懷仁。	諫太宗十思疏
				其下聖人也亦遠矣，「而」恥學於師。	師說
				吾年未四十，「而」視茫茫。	祭十二郎文
				「而」未始知西山之怪特。	始得西山宴遊記
				惜其用武「而」不終也。	六國論
				盡吾志也「而」不能至者。	遊褒禪山記
				夫有報人之志，「而」不能下人者。	留侯論
				逝者如斯，「而」未嘗往也。	前赤壁賦
				疲思慮，「而」僅克之。	指喻

字形	字音	詞性	字義	原文	出處
而	ㄦˊ	連接詞	但是	入「而」又去之者，堯、舜是也。	原君
				「而」往復挹注，竟不少減。	勞山道士
			並且	生於高山之上，「而」臨百仞之淵。	勸學
				甿隸之人，「而」遷徙之徒也。	過秦論
				奚惆悵「而」獨悲？	歸去來辭
				以其求思之深「而」無不在也。	遊褒禪山記
				「而」傳以善藥。	指喻
			所以	聖人不凝滯於物，「而」能與世推移。	漁父
				仁義不施，「而」攻守之勢異也。	過秦論
				吾行負神明，「而」使汝夭。	祭十二郎文

七劃

字形	字音	詞性	字義	原文	出處
見	ㄐㄧㄢˋ	助詞	被	眾人皆醉我獨醒，是以「見」放。	漁父
				匹夫「見」辱，拔劍而起。	留侯論
		副詞	動詞前的代詞性受格	生孩六月，慈父「見」背。	陳情表
				他人「見」問，故不言。	虯髯客傳
		動詞	接見	吾負之，未嘗「見」也。	馮諼客孟嘗君
			看到	斯不自「見」之患也。	典論・論文
				誠能「見」可欲，則思知足以自戒。	諫太宗十思疏
	ㄒㄧㄢˋ	動詞	顯露	「見」意於篇籍。	典論・論文
				觀其所以微「見」其意者。	留侯論
				高祖發怒，「見」於詞色。	
				動乎其言而「見」乎其文。	上樞密韓太尉書

字形	字音	詞性	字義	原文	出處
見	ㄒㄧㄢˋ	動詞	炫耀	夫人善於自「見」。	典論・論文
兵	ㄅㄧㄥ	名詞	武器	「兵」強者士勇。	諫逐客書
				陳利「兵」而誰何！	過秦論
				今南方已定，「兵」甲已足。	前出師表
				六國破滅，非「兵」不利。	六國論
			軍備	以去「兵」爲王者之盛節。	教戰守策
			武力	先迎之者，富而「兵」彊。	馮諼客孟嘗君
				是故燕雖小國而後亡，斯用「兵」之效也。	六國論
			戰爭	故謀用是作，而「兵」由此起。	大同與小康
			士兵	今天下屯聚之「兵」。	教戰守策
走	ㄗㄡˇ	動詞	逃跑	四人持劍盾步「走」。	鴻門宴
			疾行	諸門人環聽奔「走」。	勞山道士
		形容詞	供使役的	「走」卒類士服。	訓儉示康

八劃

字形	字音	詞性	字義	原文	出處
易	ㄧˋ	動詞	改變	孝公用商鞅之法，移風「易」俗。	諫逐客書
				以亂「易」整，不武。	燭之武退秦師
			交換	「易」之以百金，獻諸朝。	郁離子選
				以俄頃淫樂，不「易」無窮之悲。	原君
		形容詞	簡單、容易	君子「易」事而難說也。	論語選
				審容膝之「易」安。	歸去來辭
				豈其取之「易」而守之難乎？	諫太宗十思疏
				與秦相較，或未「易」量。	六國論
				非有以治其外，疾末「易」爲也。	指喻

字形	字音	詞性	字義	原文	出處
固	ㄍㄨˋ	副詞	本來	批大郤，導大窾，因其「固」然。	莊子選
				龍吟雲萃，「固」非偶然也。	虯髯客傳
				至於顛覆，理「固」宜然。	六國論
				「固」一世之雄也，而今安在哉？	前赤壁賦
				今夫不受之天，「固」眾人。	傷仲永
				我「固」爲子孫創業也！	原君
				豈設君之道「固」如是乎？	原君
				我「固」謂不能作苦，今果然。	勞山道士
				我非子，「固」不知子矣。	莊子選
			當然	「固」不如也，且爲之奈何？	鴻門宴
				生乎吾前，其聞道也，「固」先乎吾。	師說
				諸侯之所大患，「固」不在戰矣。	六國論
				此「固」秦皇之所不能驚。	留侯論
			堅持、堅決	孟嘗君「固」辭不往也。	馮諼客孟嘗君
				君臣「固」守，以窺周室。	過秦論
			難道	則學「固」豈可以少哉？	墨池記
			一定	「固」未嘗無獨醒之人也。	廉恥
			終於	「固」知一死生爲虛誕。	蘭亭集序
			確實	奇構異形，「固」難以辭敘。	水經江水注
		動詞	安定	城郭溝池以爲「固」。	大同與小康
				根不「固」而求木之長。	諫太宗十思疏
				攝緘縢，「固」扃鐍。	原君
		形容詞	堅定	獨夫之心，日益驕「固」。	阿房宮賦
			鄙陋	人皆嗤吾「固」陋。	訓儉示康
			堅硬	雍州之地，殽函之「固」。	過秦論
委	ㄨㄟˇ	動詞	拋棄	謋然已解，牛不知其死也，如土「委」地。	莊子選

字形	字音	詞性	字義	原文	出處
委	ㄨㄟˇ	動詞	託付	「委」命下吏。	過秦論
委	ㄨㄟˇ	動詞	託付	曷不「委」心任去留？	歸去來辭
委	ㄨㄟˇ	動詞	放置	張氏以髮長「委」地，立梳床前。	虬髯客傳
治	ㄓˋ	動詞	整理	約車「治」裝，載券契而行。	馮諼客孟嘗君
治	ㄓˋ	動詞	修建	「治」居第於封丘門內。	訓儉示康
治	ㄓˋ	動詞	研究	將歸益「治」其文，且學爲政。	上樞密韓太尉書
治	ㄓˋ	動詞	診療	不速「治」，且能傷生。	指喻
治	ㄓˋ	動詞	統理	伏惟聖朝以孝「治」天下。	陳情表
治	ㄓˋ	動詞	統理	禮、義，「治」人之大法。	廉恥
治	ㄓˋ	動詞	統理	史公「治」兵，往來桐城。	左忠毅公軼事
治	ㄓˋ	動詞	懲罰	不效，則「治」臣之罪。	前出師表
治	ㄓˋ	形容詞	昇平	天下豈不大「治」？	教戰守策
治	ㄓˋ	名詞	地方政府所在處	遠障諸羅邑「治」。	望玉山記
服	ㄈㄨˊ	動詞	欽佩、順從	百姓樂用，諸侯親「服」。	諫逐客書
服	ㄈㄨˊ	動詞	欽佩、順從	以此相「服」，亦良難矣。	典論．論文
服	ㄈㄨˊ	動詞	欽佩、順從	汝非徒身當「服」行。	訓儉示康
服	ㄈㄨˊ	動詞	降服	彊國請「服」，弱國入朝。	過秦論
服	ㄈㄨˊ	動詞	降服	君子不近，庶人不「服」。	勸學
服	ㄈㄨˊ	動詞	穿戴	「服」太阿之劍。	諫逐客書
服	ㄈㄨˊ	動詞	穿戴	亦不敢「服」垢弊以矯俗干名。	訓儉示康
服	ㄈㄨˊ	動詞	吃	必「服」寒藥，疾可憂。	金石錄後序
服	ㄈㄨˊ	形容詞	佩帶的	文車二駟，「服」劍一。	馮諼客孟嘗君
幸	ㄒㄧㄥˋ	動詞	古代帝王親臨某地	婦女無所「幸」。	鴻門宴
幸	ㄒㄧㄥˋ	動詞	古代帝王親臨某地	隋煬帝之「幸」江都也。	虬髯客傳
幸	ㄒㄧㄥˋ	動詞	親自	今事有急，故「幸」來告良。	鴻門宴
幸	ㄒㄧㄥˋ	動詞	希望	教吾子與汝子，「幸」其成。	祭十二郎文
幸	ㄒㄧㄥˋ	動詞	希望	計之詳矣，「幸」無疑焉。	虬髯客傳

字形	字音	詞性	字義	原文	出處
幸	ㄒㄧㄥˋ	副詞	可能、或許	朱泚「幸」致貨幣。	段太尉逸事狀
幸	ㄒㄧㄥˋ	副詞	多虧	公「幸」教晞以道。	段太尉逸事狀
幸	ㄒㄧㄥˋ	副詞	意外而得	今夕「幸」逢一妹。	虬髯客傳
幸	ㄒㄧㄥˋ	副詞	意外而得	然「幸」得賜歸待選。	上樞密韓太尉書
幸	ㄒㄧㄥˋ	名詞	福分	太尉苟以爲可教而辱教之，又「幸」矣！	上樞密韓太尉書
果	ㄍㄨㄛˇ	副詞	竟然	「果」不用吾言。	段太尉逸事狀
果	ㄍㄨㄛˇ	副詞	究竟	當今生民之患，「果」安在哉？	教戰守策
果	ㄍㄨㄛˇ	副詞	能	吾去汴州，汝不「果」來。	祭十二郎文
卒	ㄗㄨˊ	動詞	死亡	慧褒始舍於其址，而「卒」葬之。	遊褒禪山記
卒	ㄗㄨˊ	動詞	結束	庶劉僥倖，保「卒」餘年。	陳情表
卒	ㄗㄨˊ	名詞	士兵	率罷弊之「卒」。	過秦論
卒	ㄗㄨˊ	名詞	士兵	料大王士「卒」足以當項王乎？	鴻門宴
卒	ㄗㄨˊ	名詞	士兵	持五十金，涕泣謀於禁「卒」。	左忠毅公軼事
卒	ㄗㄨˊ	名詞	供驅遣、差役的人	走「卒」類士服。	訓儉示康
卒	ㄗㄨˊ	副詞	最終	「卒」以此死東市。	訓儉示康
卒	ㄗㄨˊ	副詞	最終	「卒」之爲眾人。	傷仲永
卒	ㄗㄨˊ	副詞	最終	盈虛者如彼，而「卒」莫消長也。	前赤壁賦
卒	ㄗㄨˊ	副詞	最終	狙公「卒」餒而死。	郁離子選
卒	ㄘㄨˋ	副詞	突然	「卒」然臨之而不驚。	留侯論
卒	ㄘㄨˋ	副詞	突然	「卒」然相遇於草野之間。	留侯論

■九劃

字形	字音	詞性	字義	原文	出處
爲	ㄨㄟˋ	介詞	因爲	「爲」之四顧，「爲」之躊躇滿志。	莊子選
爲	ㄨㄟˋ	介詞	因爲	近拇之指皆「爲」之痛。	指喻

字形	字音	詞性	字義	原文	出處
爲	ㄨㄟˋ	介詞	替、給	誰習計會，能「爲」文收責於薛者乎？	馮諼客孟嘗君
				余稍「爲」修葺。	項脊軒志
				吾從板外相「爲」應答。	
			與	安可「爲」俗士道哉！	晚遊六橋待月記
			被	無使「爲」積威之所劫哉！	六國論
				余時「爲」桃花所戀。	晚遊六橋待月記
			向	不足「爲」外人道也。	桃花源記
		動詞	僞裝	手長鑱，「爲」除不潔者。	左忠毅公軼事
	ㄨㄟˊ	動詞	治理	「爲」國者，無使爲積威之所劫哉！	六國論
				非有以治其外，疾未易「爲」也。	指喻
			築	即其廬之西南「爲」亭。	黃州快哉亭記
				庭中始「爲」籬，已「爲」牆。	項脊軒志
			行、做	若有作奸犯科，及「爲」忠善者。	前出師表
				亦不願汝曹「爲」之。	廉恥
			擔任	孟嘗君「爲」相數十年。	馮諼客孟嘗君
			養	長鋏歸來乎！無以「爲」家！	馮諼客孟嘗君
			有	之推不得已而仕於亂世，猶「爲」此言。	廉恥
			好像	歌吹「爲」風，粉汗「爲」雨。	晚遊六橋待月記
			安排	天實「爲」之，謂之奈何！	與元微之書
			命	謂之巫山，蓋因山「爲」名也。	水經江水注
			當作	捕魚「爲」業。	桃花源記
			是	聖人之所以「爲」聖。	師說
				臣之進退，實「爲」狼狽。	陳情表

字形	字音	詞性	字義	原文	出處
爲	ㄨㄟˊ	動詞	是	此不足「爲」勇也。	留侯論
				楚王之所以「爲」樂。	黃州快哉亭記
				西湖最盛，「爲」春「爲」月。	晚遊六橋待月記
		名詞	表現	或異二者之「爲」。	岳陽樓記
施	ㄕ	動詞	安置	「施」薪若一，火就燥也。	勸學
			實行	仁義不「施」，而攻守之勢異也。	過秦論
				悉以諮之，然後「施」行。	前出師表
				雖有賁、育，無所復「施」。	留侯論
施	ㄧˋ	動詞	延及	使之西面事秦，功「施」到今。	諫逐客書
				「施」及孝文王。	過秦論
	ㄧˊ	形容詞	舒緩前進貌	其隙也，則「施施」而行。	始得西山宴遊記
故	ㄍㄨˋ	形容詞	原來的以前的	以「故」相爲上將軍。	馮諼客孟嘗君
				惠文、武、昭襄蒙「故」業。	過秦論
				凡在「故」老，猶蒙矜育。	陳情表
				平生「故」人，去我萬里。	與元微之書
				至於長洲之濱，「故」城之墟。	黃州快哉亭記
				張功甫玉照堂「故」物也。	晚遊六橋待月記
				凡上肴核尚「故」。	勞山道士
			世代爲官	行七，「故」家子。	勞山道士
		連接詞	因此	「故」君子居必擇鄉。	勸學
				「故」外戶而不閉。	大同與小康
				泰山不讓土壤，「故」能成其大。	諫逐客書
				今事有急，「故」幸來告良。	鴻門宴
				「故」臨崩寄臣以大事也。	前出師表
				「故」西伯幽而演易。	典論・論文

字形	字音	詞性	字義	原文	出處
故	ㄍㄨˋ	連接詞	因此	是「故」無貴無賤。	師說
故	ㄍㄨˋ	連接詞	因此	「故」捨汝而旅食京師。	祭十二郎文
故	ㄍㄨˋ	連接詞	因此	「故」爲之文以志。	始得西山宴遊記
故	ㄍㄨˋ	連接詞	因此	絲蘿非獨生，願托喬木，「故」來奔耳。	虬髯客傳
故	ㄍㄨˋ	連接詞	因此	「故」不隨俗靡者蓋鮮矣。	訓儉示康
故	ㄍㄨˋ	連接詞	才	「故」知其盜不遠矣。	金石錄後序
故	ㄍㄨˋ	名詞	原因	何「故」至於斯？	漁父
故	ㄍㄨˋ	名詞	原因	無「故」加之而不怒。	留侯論
故	ㄍㄨˋ	名詞	原因	非一朝一夕之「故」。	廉恥
故	ㄍㄨˋ	名詞	舊識	君安與項伯有「故」？	鴻門宴
故	ㄍㄨˋ	名詞	意外之事	以爲變「故」無自而有。	教戰守策
故	ㄍㄨˋ	副詞	特地	今「故」錄三泰，以先奉報。	與元微之書
故	ㄍㄨˋ	副詞	從前	軒東「故」嘗爲廚。	項脊軒志
故	ㄍㄨˋ	副詞	本來	吾「故」所能致也。	虬髯客傳
卻	ㄑㄩㄝˋ	動詞	推辭、拒絕	向使四君「卻」客而不內。	諫逐客書
卻	ㄑㄩㄝˋ	動詞	推辭、拒絕	王者不「卻」眾庶。	諫逐客書
卻	ㄑㄩㄝˋ	動詞	推辭、拒絕	兼議從容，無前「卻」也。	虬髯客傳
卻	ㄑㄩㄝˋ	動詞	退	「卻」匈奴七百餘里。	過秦論
卻	ㄑㄩㄝˋ	動詞	退	取一人頭並心肝，「卻」頭囊中。	虬髯客傳
卻	ㄑㄩㄝˋ	動詞	退	李牧連「卻」之。	六國論
致	ㄓˋ	動詞	招引、延攬	以「致」天下之士。	過秦論
致	ㄓˋ	動詞	獲取、達到	秦以區區之地，「致」萬乘之權。	過秦論
信	ㄒㄧㄣˋ	形容詞	誠實可靠的	此四君者，皆明智而忠「信」。	過秦論
信	ㄒㄧㄣˋ	形容詞	誠實可靠的	「信」者效其忠。	諫太宗十思疏
信	ㄒㄧㄣˋ	副詞	確實	足以極視聽之娛，「信」可樂也。	蘭亭集序
信	ㄒㄧㄣˋ	副詞	隨意	「信」手把筆，隨意亂書。	與元微之書

字形	字音	詞性	字義	原文	出處
信	ㄒㄧㄣˋ	動詞	聽從	願陛下聽之「信」之。	前出師表
信	ㄒㄧㄣˋ	動詞	不懷疑	公雖自「信」清約。	訓儉示康
信	ㄒㄧㄣˋ	動詞	連住第二晚	流連「信」宿，不覺忘返。	水經江水注
信	ㄒㄧㄣˋ	名詞	使者	丞相語郗「信」。	世說新語選
信	ㄒㄧㄣˋ	名詞	誠實	選賢與能，講「信」修睦。	大同與小康
相	ㄒㄧㄤ	助詞	替代動詞受格	生不能「相」養以共居。	祭十二郎文
相	ㄒㄧㄤ	助詞	替代動詞受格	歸告張氏，具禮「相」賀。	虬髯客傳
相	ㄒㄧㄤ	副詞	互相	母孫二人，更「相」爲命。	陳情表
相	ㄒㄧㄤ	副詞	互相	夫人之「相」與。	蘭亭集序
相	ㄒㄧㄤ	副詞	互相	世與我而「相」違。	歸去來辭
相	ㄒㄧㄤ	副詞	互相	阡陌交通，雞犬「相」聞。	桃花源記
相	ㄒㄧㄤ	副詞	互相	巫醫、樂師、百工之人，不恥「相」師。	師說
相	ㄒㄧㄤ	副詞	互相	不得與汝「相」養以生。	祭十二郎文
相	ㄒㄧㄤ	副詞	互相	醉則更「相」枕以臥。	始得西山宴遊記
相	ㄒㄧㄤ	副詞	互相	當時士大夫家皆然，人不「相」非也。	訓儉示康
相	ㄒㄧㄤ	副詞	互相	「相」與枕藉乎舟中。	前赤壁賦
相	ㄒㄧㄤˋ	動詞	審視	「相」彼鳥矣。	放鳥
相	ㄒㄧㄤˋ	動詞	占斷吉凶禍福	有善「相」者思見郎君。	虬髯客傳
相	ㄒㄧㄤˋ	動詞	輔佐、幫助	季文子「相」三君。	訓儉示康
相	ㄒㄧㄤˋ	動詞	輔佐、幫助	至於幽暗昏惑，而無物以「相」之。	遊褒禪山記
相	ㄒㄧㄤˋ	名詞	輔佐國君治國者	孟嘗君爲「相」數十年。	馮諼客孟嘗君
相	ㄒㄧㄤˋ	名詞	輔佐國君治國者	沛公欲王關中，使子嬰爲「相」。	鴻門宴
要	ㄧㄠˋ	副詞	總括	而「要」以不能免也。	教戰守策
要	ㄧㄠ	動詞	邀請	便「要」還家，設酒殺雞作食。	桃花源記

十劃

字形	字音	詞性	字義	原文	出處
素	ㄙㄨˋ	副詞	一向	「素」善留侯張良。	鴻門宴
				文靜「素」奇其人。	虯髯客傳
		形容詞	樸質無華、清淡	「素」面華衣而拜，靖驚答拜。	虯髯客傳
				淡屬「素」敦古處。	勸和論
			白色的	「素」髮垂領，而神觀爽邁。	勞山道士
		名詞	本性	至於引氣不齊，巧拙有「素」。	典論・論文
			交情	非有平生之「素」。	留侯論
逆	ㄋㄧˋ	動詞	迎接	靖歸「逆」旅，其夜五更初。	虯髯客傳
				鄭伯肉袒牽羊以「逆」。	留侯論
		形容詞	違背的	「逆」閹防伺甚嚴。	左忠毅公軼事
		名詞	背叛者	林「逆」倡亂以來。	勸和論
		副詞	反、倒	當崩之日，水「逆」流百餘里。	水經江水注
冥	ㄇㄧㄥˊ	動詞	暗合	心凝形釋，與萬化「冥」合。	始得西山宴遊記
		形容詞	幽暗	薄暮「冥冥」，虎嘯猿啼。	岳陽樓記
				入於宕「冥」之山，不知其所終。	郁離子選
			靜默	「冥」然兀坐，萬籟有聲。	項脊軒志
			專注	無「冥冥」之志者，無昭昭之明。	勸學

十一劃

字形	字音	詞性	字義	原文	出處
假	ㄐㄧㄚˇ	動詞	借	「假」輿馬者，非利足也，而致千里。	勸學
				不「假」良史之辭。	典論・論文
			依傍	於學無所遺，於辭無所「假」。	典論・論文
				然則吾何「假」於彼而爲之役乎？	郁離子選
假	ㄐㄧㄚˇ	動詞	提供	大塊「假」我以文章。	春夜宴從弟桃花園序
			代替	吾未晡食，請「假」設草具。	段太尉逸事狀
習	ㄒㄧˊ	動詞	熟悉	誰「習」計會，能爲文收責於薛者乎？	馮諼客孟嘗君
			看	仰矚俯映，彌「習」彌佳。	水經江水注
被	ㄅㄟˋ	動詞	蒙受、遭遇	寡人不祥，「被」於宗廟之祟。	馮諼客孟嘗君
			影響	「被」於來世者如何哉？	墨池記
		名詞	被子	外人頗有公孫布「被」之譏。	訓儉示康
族	ㄗㄨˊ	形容詞	一般的	「族」庖月更刀，折也。	莊子選
		名詞	筋骨肌肉糾結處	每至於「族」，吾見其難爲。	
			群類	遂並起而亡秦「族」矣。	過秦論
				士大夫之「族」，曰師曰弟子云者。	師說
			親屬	其詩以養父母、收「族」爲意。	傷仲永
		動詞	滅	「族」秦者，秦也。	阿房宮賦

十二劃

字形	字音	詞性	字義	原文	出處
間	ㄐㄧㄢ	名詞	地方	與燕、趙「間」豪俊交游。	上樞密韓太尉書
				指茅廬後山麓「間」。	北投硫穴記
			兩者之中	到東、西二林「間」香鑪峰下。	與元微之書
		名詞	空隙	彼節者有「間」，而刀刃者無厚。	莊子選
	ㄐㄧㄢˋ	副詞	偶爾	「間」有佳者，豪飲能一斗。	東番記
		動詞	交雜	而驚濤與沸鼎聲「間」之。	北投硫穴記
			分隔	遂與外人「間」隔。	桃花源記
			挑撥	大抵爲其主遊「間」秦耳。	諫逐客書

字形	字音	詞性	字義	原文	出處
就	ㄐㄧㄡˋ	動詞	趨、親近	施薪若一，火「就」燥也。	勸學
			歸、返	孟嘗君「就」國於薛。	馮諼客孟嘗君
			開始進入	引觴滿酌，頹然「就」醉。	始得西山宴遊記
				精采驚人，長揖「就」坐。	虯髯客傳
			到	故「就」酒家觴之。	訓儉示康
				還「就」深林小憩。	北投硫穴記
			成功、完成	三窟已「就」，君姑高枕為樂矣。	馮諼客孟嘗君
				河海不擇細流，故能「就」其深。	諫逐客書
				自是指物作詩立「就」。	傷仲永
				然後可以「就」大事。	留侯論
				使之忍小忿而「就」大謀。	
				某業所「就」，孰與仲多。	原君
			就職	吾不以一日輟汝而「就」也。	祭十二郎文
			謀求	與汝「就」食江南。	
			接受	臣具以表聞，辭不「就」職。	陳情表
		副詞	將要發生	三徑「就」荒，松菊猶存。	歸去來辭
惡	ㄜˋ	形容詞	粗劣的	士志於道，而恥「惡」衣「惡」食者。	論語選
	ㄨ	代詞	怎麼	學「惡」乎始？「惡」乎終？	勸學
	ㄨˋ	動詞	討厭	貨「惡」其棄於地也。	大同與小康
				左右皆「惡」之，以為貪而不知足。	馮諼客孟嘗君
虛	ㄒㄩ	動詞	空出	梁王「虛」上位，以故相為上將軍。	馮諼客孟嘗君
		形容詞	空	內自「虛」而外樹怨於諸侯。	諫逐客書
				及牆，「虛」若無物。	勞山道士
			不自滿	慮壅蔽，則思「虛」心以納下。	諫太宗十思疏
			不真實	我皇家垂福萬葉，豈「虛」然哉！	虯髯客傳

字形	字音	詞性	字義	原文	出處
進	ㄐㄧㄣˋ	動詞	呈獻、奉上	錦繡之飾，不「進」於前。	諫逐客書
				斟酌損益，「進」盡忠言。	前出師表
			前進	九國之師，逡巡遁逃而不敢「進」。	過秦論
				臣之「進」退，實為狼狽。	陳情表
景	ㄐㄧㄥˇ	形容詞	大	凡昔元首，承天「景」命。	諫太宗十思疏
		名詞	日光	「景」翳翳以將入。	歸去來辭
				至若春和「景」明。	岳陽樓記
			景色	四時之「景」不同，而樂亦無窮也。	醉翁亭記
				月「景」尤不可言。	晚遊六橋待月記
	ㄧㄥˇ	名詞	形影	贏糧而「景」從。	過秦論
揭	ㄐㄧㄝ	動詞	高舉	「揭」其劍過其友。	馮諼客孟嘗君
			懸掛	書晉王右軍墨池之六字於楹間以「揭」之。	墨池記

■十三劃

字形	字音	詞性	字義	原文	出處
過	ㄍㄨㄛˋ	名詞	錯誤	日參省乎己，則知明而行無「過」矣。	勸學
				以考其信，著有「過」。	大同與小康
				聞大王有意督「過」之。	鴻門宴
				以為鬼物，亦已「過」矣。	留侯論
		動詞	超出	雖張、蔡不「過」也。	典論‧論文
				「過」蒙拔擢，寵命優渥。	陳情表
				古之所謂豪傑之士者，必有「過」人之節。	留侯論
				此其中宜有以「過」人者。	黃州快哉亭記
			拜訪	揭其劍「過」其友。	馮諼客孟嘗君
				「過」秦、漢之故都。	上樞密韓太尉書
				一日，大母「過」余曰。	項脊軒志

字形	字音	詞性	字義	原文	出處
過	ㄍㄨㄛˋ	動詞	經、越	遂命僕人，「過」湘江。	始得西山宴遊記
				貴人「過」而見之。	郁離子選
會	ㄏㄨㄟˋ	介詞	適、值	「會」其怒，不敢獻。	鴻門宴
		動詞	聚合	「會」於會稽山陰之蘭亭。	蘭亭集序
				遷客騷人，多「會」於此。	岳陽樓記
			招待	器皿非滿案，不敢「會」賓友。	訓儉示康
	ㄎㄨㄞˋ	名詞	計算財務	誰習計「會」，能爲文收責於薛者乎？	馮諼客孟嘗君

十四劃

字形	字音	詞性	字義	原文	出處
蓋	ㄏㄜˊ	副詞	怎麼	技「蓋」至此乎？	莊子選
	ㄍㄞˋ	副詞	大概	仲尼之歎，「蓋」歎魯也。	大同與小康
				「蓋」追先帝之殊遇。	前出師表
				「蓋」東野之使者，不知問家人以日月。	祭十二郎文
				「蓋」其又深，則其至又加少矣。	遊褒禪山記
			實在	故不隨俗靡者「蓋」鮮矣！	訓儉示康
		名詞	傘	今已亭亭如「蓋」矣。	項脊軒志
		連接詞	發語詞 無義	「蓋」君子審己以度人。	典論・論文
				「蓋」文章，經國之大業。	典論・論文
				「蓋」亭之所見，南北百里。	黃州快哉亭記
				「蓋」余所至，比好遊者尚不能十一。	遊褒禪山記
				「蓋」眾人之所可知者。	指喻
與	ㄩˋ	動詞	參加	仲尼「與」於蜡賓。	大同與小康
				此則人之變也，而風何「與」焉！	黃州快哉亭記
			親附	「與」嬴而不助五國也。	六國論

字形	字音	詞性	字義	原文	出處
與	ㄐㄩˇ	動詞	選舉	選賢「與」能，講信修睦。	大同與小康
	ㄩˇ	動詞	結交	合從締交，相「與」爲一。	過秦論
				夫人之相「與」。	蘭亭集序
			給予	東野「與」吾書。	祭十二郎文
				借旁近「與」之。	傷仲永
			親善	失其所「與」，不知。	燭之武退秦師
		連接詞	和	大道之行也，「與」三代之英。	大同與小康
				臣請入，「與」之同命。	鴻門宴
				外「與」天際，四望如一。	始得西山宴遊記
遠	ㄩㄢˋ	動詞	遠離	親賢臣，「遠」小人。	前出師表
				謹身節用，「遠」罪豐家。	訓儉示康
	ㄩㄢˇ	形容詞	時空距離大	「遠」者數世，近者及身。	原君
稱	ㄔㄥˋ	動詞	相符合	其狀貌乃如婦人女子，不「稱」其志氣。	留侯論
				不能「稱」前時之聞。	傷仲永
				充乎天地之間，「稱」其氣之小大。	上樞密韓太尉書
	ㄔㄥ	動詞	稱頌	沒世而名不「稱」。	放鳥
			述說	曾無「稱」有山水之美也。	水經江水注
漸	ㄐㄧㄢˋ	名詞	事物發展的開端	聖賢起陸之「漸」，際會如期。	虯髯客傳
		副詞	逐步	山行六七里，「漸」聞水聲潺潺。	醉翁亭記
				三人移席，「漸」入月中。	勞山道士
	ㄐㄧㄢ	動詞	浸濕	蘭槐之根是爲芷，其「漸」之滫。	勸學

十五劃

字形	字音	詞性	字義	原文	出處
適	ㄕˋ	副詞	僅、只	快意當前，「適」觀而已矣。	諫逐客書

字形	字音	詞性	字義	原文	出處
適	ㄕˋ	副詞	恰巧	靖位至左僕射平章事，「適」東南蠻入奏。	虯髯客傳
		形容詞	舒服、安閒	窮耳目之勝以自「適」也哉！	黃州快哉亭記
		動詞	往	將何「適」而非快？	黃州快哉亭記
				期年出之，抱以「適」市。	郁離子選
			享受	而吾與子所共「適」。	前赤壁賦
數	ㄕㄨˋ	名詞	數目、數量	此盡是寶貨泉貝之「數」。	虯髯客傳
			方法	其「數」則始乎誦經，終乎讀禮。	勸學
			命運	勝負之「數」，存亡之理。	六國論
		形容詞	幾	所見不過「數」百里之間。	上樞密韓太尉書
	ㄕㄨㄛˋ	副詞	屢次	范增「數」目項王。	鴻門宴
				會「數」而禮勤，物薄而情厚。	訓儉示康
				石簣「數」爲余言。	晚遊六橋待月記
	ㄕㄨˇ	動詞	計算	以侈自敗者多矣，不可遍「數」。	訓儉示康
				漁夫樵父之舍，皆可指「數」。	黃州快哉亭記
趣	ㄑㄩˋ	名詞	小路	園日涉以成「趣」。	歸去來辭
	ㄑㄩ	名詞	趨向	意有所極，夢亦同「趣」。	始得西山宴遊記

■十六劃

字形	字音	詞性	字義	原文	出處
興	ㄒㄧㄥ	動詞	舉辦、發動	猶不能不以之「興」懷。	蘭亭集序
				每覽昔人「興」感之由。	
				政通人和，百廢具「興」。	岳陽樓記
				天下有公利而莫或「興」之。	原君
			事物的發生	積土成山，風雨「興」焉。	勸學
				是故謀閉而不「興」。	大同與小康
				清風徐來，水波不「興」。	前赤壁賦
			建造	籌軍防，「興」土宜。	臺灣通史序
			發揚	若無「興」德之言，則責攸之、禕、允之。	前出師表
			盛行	自分類「興」，元氣剝削殆盡。	勸和論
		形容詞	昌盛	「興」復漢室，還於舊都。	前出師表
	ㄒㄧㄥˋ	名詞	情致	余適有觀海之「興」。	東番記

■十七劃

字形	字音	詞性	字義	原文	出處
舉	ㄐㄩˇ	形容詞	整個的	「舉」世皆濁我獨清。	漁父
				雖「舉」家錦衣玉食，何患不能？	訓儉示康
		副詞	全部、盡	秦王有虎狼之心，殺人如不能「舉」。	鴻門宴
				「舉」以予人，如棄草芥。	六國論
				遂謂天下之大，「舉」可以如是行矣。	勞山道士
		動詞	攻取、佔領	「舉」地千里，至今治強。	諫逐客書
				西「舉」巴、蜀。	過秦論
			推薦、推選	是以眾「舉」寵爲督。	前出師表
			提出	「舉」一隅不以三隅反。	論語選
				聊「舉」數人以訓汝。	訓儉示康
			抬起	「舉」頭但見山僧一、兩人。	與元微之書
				「舉」酒屬客，誦明月之詩。	前赤壁賦
				今乃得翫之几席之上，「舉」目而足。	黃州快哉亭記
隱	ㄧㄣˇ	動詞	隱匿	攢蹙累積，莫得遯「隱」。	始得西山宴遊記
				日星「隱」耀，山岳潛形。	岳陽樓記

字形	字音	詞性	字義	原文	出處
隱	ㄧㄣˇ	動詞	遮瞞	兄之問，則無「隱」耳。	虯髯客傳
				上以無「隱」，益重之。	訓儉示康
			不施行	大道既「隱」，天下爲家。	大同與小康
		形容詞	深藏不露	行無「隱」而不形。	勸學
				擇一深「隱」處駐一妹。	虯髯客傳
				有「隱」君子者，出而試之？	留侯論
			窮困的	不以「隱」約而弗務。	典論・論文
			突起	有地「隱」然而高。	墨池記
		名詞	痛苦	有以文人畫士孤癖之「隱」。	病梅館記
謝	ㄒㄧㄝˋ	動詞	賠罪、認錯	封書「謝」孟嘗君曰。	馮諼客孟嘗君
				旦日不可不蚤自來「謝」項王。	鴻門宴
			道謝	噲拜「謝」，起，立而飲之。	鴻門宴
				果在牆外矣。大喜，入「謝」。	勞山道士
			推辭	「謝」草木之榮華？	望玉山記
薄	ㄅㄛˊ	動詞	接近	但以劉日「薄」西山。	陳情表
				「薄」暮冥冥，虎嘯猿啼。	岳陽樓記
				其門人甚眾，「薄」暮畢集。	勞山道士
				炎日「薄」茅上。	北投硫穴記
		形容詞	不厚的	雲「薄」於紙。	望玉山記
			卑賤	不宜妄自菲「薄」。	前出師表
			稀疏	門衰祚「薄」，晚有兒息。	陳情表
			微不足道	會數而禮勤，物「薄」而情厚。	訓儉示康
矯	ㄐㄧㄠˇ	動詞	違背	不敢服垢弊以「矯」俗干名。	訓儉示康
			高舉	時「矯」首而遐觀。	歸去來辭

十八劃

字形	字音	詞性	字義	原文	出處
歸	ㄍㄨㄟ	動詞	女子出嫁	男有分，女有「歸」。	大同與小康
				後五年，吾妻來「歸」。	項脊軒志
			返回	「歸」去來兮！田園將蕪胡不「歸」？	歸去來辭
				止一歲，請「歸」取其孥。	祭十二郎文
				覺而起，起而「歸」。	始得西山宴遊記
				靖「歸」逆旅，其夜五更初。	虯髯客傳
				將「歸」益治其文。	上樞密韓太尉書
				工之僑以「歸」，謀諸漆工。	郁離子選
				吾妻「歸」寧，述諸小妹語。	項脊軒志
				遂助資斧遣之「歸」。	勞山道士
			依附、趨從	微斯人，吾誰與「歸」？	岳陽樓記
				句踐之困於會稽，而「歸」臣妾於吳者。	留侯論
			聚攏、合併	雲「歸」而巖穴暝。	醉翁亭記
				我以天下之利盡「歸」於己。	原君
		名詞	回去	不堪其苦，陰有「歸」志。	勞山道士
簡	ㄐㄧㄢˇ	動詞	挑選	是以先帝「簡」拔以遺陛下。	前出師表
				「簡」能而任之。	諫太宗十思疏
		名詞	古代書寫用的竹片	斷「簡」殘編，蒐羅匪易。	臺灣通史序
		形容詞	不繁瑣	裸以出入，自以爲易「簡」云。	東番記

二十一劃

字形	字音	詞性	字義	原文	出處
顧	ㄍㄨˋ	動詞	回頭看	孟嘗君「顧」謂馮諼。	馮諼客孟嘗君
				瞻「顧」遺跡，如在昨日。	項脊軒志
			看、張望	提刀而立，爲之四「顧」。	莊子選
				滿坐風生，「顧」盼暐如也。	虯髯客傳
				其行若飛，回「顧」已失。	

字形	字音	詞性	字義	原文	出處
顧	ㄍㄨˋ	動詞	看、張望	北「顧」黃河之奔流。	上樞密韓太尉書
				每移案，「顧」視無可置者。	項脊軒志
				驚「顧」之間，已復爲箸。	勞山道士
			關注、掛念	願君「顧」先王之宗廟。	馮諼客孟嘗君
				大行不「顧」細謹。	鴻門宴
				忽之而不「顧」。	指喻
			拜訪	三「顧」臣於草廬之中。	前出師表
		連接詞	但是	「顧」人之常情。	訓儉示康
				「顧」分類之害，莫甚於臺灣。	勸和論
屬	ㄓㄨˇ	動詞	囑託	使人「屬」孟嘗君。	馮諼客孟嘗君
				「屬」予作文以記之。	岳陽樓記
			傾注	舉酒「屬」客，誦明月之詩。	前赤壁賦
			寫作	武仲以能「屬」文，爲蘭臺令史。	典論・論文
			連接	常有高猿長嘯，「屬」引淒異。	水經江水注
	ㄕㄨˇ	動詞	歸於	淡「屬」素敦古處。	勸和論
		名詞	類	蘇秦、杜赫之「屬」爲之謀。	過秦論
				若「屬」皆且爲所虜。	鴻門宴
				有良田、美池、桑竹之「屬」。	桃花源記

國家圖書館出版品預行編目資料

神拿分!核心選文15篇+國寫滿點神攻略 / 遲嘯川 編著 . --
初版. --新北市：典藏閣，采舍國際有限公司發行,
2021.09面； 公分． -- (經典今點；12)

ISBN 978-986-271-907-7 （平裝）

1.國文科 2.文言文 3.作文 4.中等教育

524.31 110013127

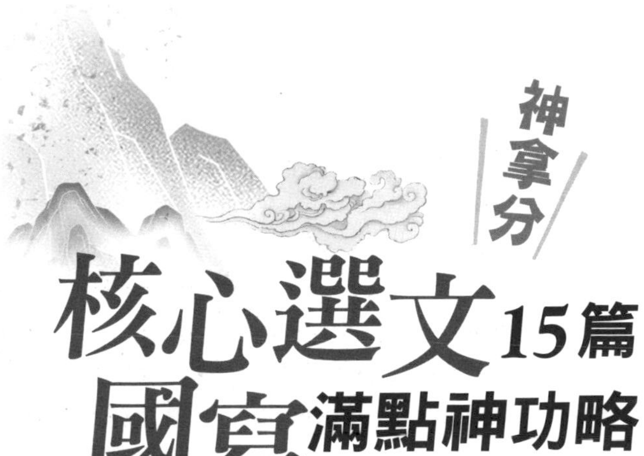

智慧，

不是死的默念，而是生的沉思。

——巴魯赫・斯賓諾莎（Baruch de Spinoza）

典藏風華，品悅智識

智慧，

不是死的默念，而是生的沉思。

——巴魯赫·斯賓諾莎（Baruch de Spinoza）